主　　　编：曲青山　黄书元
副 主 编：冯　俊　辛广伟

编委会主任：李　颖　陈鹏鸣
编 委 会：（按姓氏拼音为序）
　　　　　　蔡文祥　陈兴芜　陈智英　樊原成　房向东
　　　　　　龚江红　韩丽璞　何志明　胡长青　胡彦威
　　　　　　黄立新　黄　沛　吉日木图　李海平　李树军
　　　　　　林　毅　刘　哲　彭克诚　曲　仲　宋亚萍
　　　　　　王景霞　王为松　王　旭　温六零　谢清风
　　　　　　徐　海　姚德海　叶国斌　游道勤　赵石定
　　　　　　钟永宁

编委会办公室
主　　任：陈少铭
成　　员：张双子　陈郝杰

2018年主题出版重点出版物

曲青山
黄书元　主编

中国改革开放全景录

山 西 卷

《中国改革开放全景录·山西卷》编委会 / 编著

山西出版传媒集团　山西人民出版社

《中国改革开放全景录·山西卷》
编委会

主　编：崔建周
编　委：孙丽丽　孙　磊　张爱权
　　　　杨　静　刘宏新　张杰颖
　　　　马学会　张　敏

《中国改革开放全景录·山西卷》
出版工作委员会

主　任：胡彦威
执行主任：姚　军　梁晋华
委　员：秦继华　高　雷

总　　序*

曲青山

为庆祝改革开放 40 周年，中央党史研究室、人民出版社决定联合全国各省区市相关单位共同编写出版《中国改革开放全景录》大型丛书。这是党史界、出版界围绕中心、服务大局，积极作为、主动履职的一件大事。

一、我们为什么要庆祝改革开放

党的十九届一中全会后，习近平总书记在十九届中央政治局常委同中外记者见面时的讲话中指出："中共十九大到二十大的 5 年，正处在实现'两个一百年'奋斗目标的历史交汇期，第一个百年目标要实现，第二个百年奋斗目标要开篇。这其中有一些重要的时间节点，是我们工作的坐标。"第一个重要坐标就是 2018 年改革开放 40 周年。为什么将改革开放同中华人民

---

* 此文为曲青山同志在 2018 年 1 月 10 日《中国改革开放全景录》丛书编写出版第三次工作会议上的讲话。

共和国成立、全面建成小康社会、中国共产党成立等重大历史事件一道确立为党和国家工作全局的坐标呢？因为改革开放是决定当代中国命运的关键一招，也是决定实现"两个一百年"奋斗目标、实现中华民族伟大复兴中国梦的关键一招。改革开放是我们党在经过曲折、反思后，实现伟大历史转折和伟大飞跃，大踏步赶上世界潮流、走近世界舞台中央的一个重要法宝，改革开放对党、对国家、对民族、对世界都产生了重大而深远的影响。

改革开放使党的面貌发生了历史性变化。 改革开放40年来，我们坚持党要管党、全面从严治党，党的建设质量不断提高，党的执政地位更加巩固，为开创、坚持和发展中国特色社会主义提供了坚强的政治保证和组织保证。特别是党的十八大以来，以习近平同志为核心的党中央坚定不移推进全面从严治党，形成了反腐败斗争压倒性态势，消除了党和国家内部存在的严重隐患，党内政治生活气象更新，党内政治生态明显好转，全党理想信念更加坚定、党性更加坚强，党自我净化、自我完善、自我革新、自我提高能力显著提高，党的执政基础和群众基础更加巩固，为党和国家事业取得的全方位、开创性成就，发生的深层次、根本性变革提供了坚强政治保证。改革开放取得的巨大成就，使得中国共产党成为一个拥有8900多万名党员、450多万个基层党组织的世界第一大党，成为一个在拥有13亿多人口的中国长期执政的党。

改革开放使中国的面貌发生了历史性变化。 改革开放之初，我们党发出了"走自己的道路，建设有中国特色的社会主义"的伟大号召。经过长期努力，中国特色社会主义进入了新时代，意味着科学社会主义在21世纪的中国焕发出强大生机活力，在世界上高高举起了中国特色社会主义伟大旗帜。从1978年到2017年，我国国内生产总值由3679亿元增长到82.7万亿元；城镇居民人均可支配收入和农村居民人均可支配收入分别由1978年的343.4元、133.6元增加到2017年的36396元、13432元；农村贫困发生率从1978年的97.5%大幅下降到2017年的3.1%以下。220多种主要工农业产品生产能力稳居世界第一位，改革开放前长期困扰我们的短缺经济和供给不足状况已经发生根本性转变，我国社会主要矛盾已经转化为人民日益增长的美好生活需要和不平衡不充分的发展之间的矛盾。改革开放取得的巨大成就，使得具有5000多年文明历史的古老中国重新焕发出强大生机活力，使得中国这个世界上最大的发展中国家在短短40年时间里摆脱贫困并跃升为世界第二大经济体，彻底摆脱被"开除球籍"的危险。可以说，没有改革开放，就没有中国的今天；离开改革开放，也没有中国的明天。

改革开放使中华民族的面貌发生了历史性变化。习近平总书记曾深刻指出："60多年前我们党领导人民经过长期艰苦卓绝的斗争建立了新中国，30多年前我们党领导人民开始了改革开放，这两件大事大大加快了实现中华民族伟大复兴的历史进程。"党的十一届三中全会以来，中国共产党团结带领人民进行改革开放新的伟大革命，破除阻碍国家和民族发展的一切思想和体制障碍,开辟了中国特色社会主义道路,形成了中国特色社会主义理论体系,确立了中国特色社会主义制度,发展了中国特色社会主义文化,使中国大踏步赶上时代,使久经磨难的中华民族迎来了从站起来、富起来到强起来的伟大飞跃。改革开放取得的巨大成就,使我们比历史上任何时期都更接近中华民族伟大复兴的目标,比历史上任何时期都更有信心、有能力实现这个目标。今天的中华民族充满自信,正日益走近世界舞台中央,迎来了实现伟大复兴的光明前景。

改革开放使世界格局的面貌发生了历史性变化。改革开放既改变了中国的面貌,又重塑了世界格局。40年来,我国综合国力不断增强,国际地位显著提高,国际影响力、感召力、塑造力进一步提升,中国同世界的关系进入新阶段,国内国际两个大局联系更加紧密。作为世界和平的建设者、全球发展的贡献者、国际秩序的维护者,在全球治理体系变革等关乎人类前途命运的重大课题上,再也不能少了中国声音。正如习近平总书记指出:"世界那么大,问题那么多,国际社会期待听到中国声音、看到中国方案,中国不能缺席。"改革开放取得的巨大成就,也拓展了发展中国家走向现代化的途径,给世界上那些既希望加快发展又希望保持自身独立性的国家和民族提供了全新选择,为解决人类问题贡献了中国智慧和中国方案。

改革开放是我们党的历史上一次伟大觉醒,正是这个伟大觉醒孕育了新时期从理论到实践的伟大创造。40年来的伟大实践充分证明："只有社会主义才能救中国，只有改革开放才能发展中国、发展社会主义、发展马克思主义。"我们坚信，在以习近平同志为核心的党中央坚强领导下，中华民族伟大复兴必将在改革开放的伟大进程中得以实现。

二、我们为什么要编写出版《中国改革开放全景录》

庆祝改革开放40周年，是党和国家政治生活中的一件大事。中央党史研究室是直属党中央的党史研究机构，是中央主管党史业务的工作部门。人民出版社是党和国家重要的宣传思想文化阵地。双方合作编写出版《中国改革开放全景录》，这是党史界和出版界共同为庆祝改革开放40周年献上的一份厚礼，具有重要意义。

第一，编写出版《中国改革开放全景录》是为了记史存史、资政育人

准确记载和反映党的历史，发挥党史以史鉴今、资政育人重要作用，是党史工作者的重要任务，也是出版工作者的使命责任。做好丛书编写工作，必须紧紧围绕记史存史、资政育人这一目标展开，把改革开放的历史研究好、记载好，把改革开放的成功经验梳理好、总结好，把改革开放的伟大成就宣传好、维护好。

一是生动记录改革开放波澜壮阔的历史进程，为改革画像，为先贤留名，为人民存史。从党的十一届三中全会作出把党和

中国改革开放全景录

国家工作中心转移到经济建设上来、实行改革开放的历史性决策以来，已经40年了。按照中国传统的说法，改革开放已经进入不惑之年。40年，改革的春风吹遍神州大地，创造出一个又一个彪炳史册的人间奇迹。我们编写《中国改革开放全景录》丛书，就是要生动记录我们党团结带领全国各族人民进行改革开放的伟大实践，集中反映改革开放和社会主义现代化建设取得的历史性成就，充分彰显中国特色社会主义道路自信、理论自信、制度自信、文化自信，为后世留一份珍贵的历史资料。

二是总结好改革开放的历史经验，发挥党史资政作用，为新时代全面深化改革开放贡献智慧和力量。早在延安时期，毛泽东同志就指出："如果不把党的历史搞清楚，不把党在历史上所走的路搞清楚，便不能把事情办得更好。"改革开放40年的历史，蕴含着丰富的管党治党和治国理政的经验和智慧，是一笔宝贵的政治财富，在丛书的编写过程中需要我们予以深入挖掘和总结。比如，我们统筹推进"五位一体"总体布局和协调推进"四个全面"战略布局，就需要总结党领导经济建设、政治建设、文化建设、社会建设、生态文明建设的经验，需要总结全面建成小康社会、全面深化改革、全面依法治国、全面从严治党的经验，从中寻找历史借鉴和启示。

三是用改革开放历史激励人民、教育人民、启迪人民，增进改革共识。编写《中国改革开放全景录》丛书，就是要用人民群众喜闻乐见的形式和方法，把改革开放的伟大成就、基本经验和重大事件、典型人物具体生动地表现出来,引导广大群众充分认识改革开放是当代中国发展进步的必由之路,是实现中国梦的必由之路,激励广大群众以逢山开路、遇水架桥的韧劲,将改革进行到底。

第二,把握好《中国改革开放全景录》的特点和亮点

丛书编写成功与否,原因是多方面的,其中一个重要因素是看它有没有特点,有没有使读者眼前一亮的独特气质。与社会上出版的其他书籍相比,《中国改革开放全景录》应呈现以下几个鲜明的特点和亮点。

一是系统性。编写这套丛书,要力争系统地反映改革开放40年来的全部历史,系统地反映我国改革发展稳定、内政外交国防、治党治国治军各方面取得的成就,系统地反映改革开放对生产力和生产关系、经济基础和上层建筑的促进与完善。

二是完整性。这套丛书从时间跨度上看,涵盖了从1978年党的十一届三中全会至今40年的历史,是一部完整地记录改革开放全过程的历史丛书;从地域分布上看,既有反映全国改革开放历程的中央卷,又有31个省、自治区、直辖市各自的地方卷,可以全方位反映出改革开放给中国带来的发展变化。

三是准确性。参与丛书编写的大都是各省区市党史研究室和社会科学院的领导同志与专家学者,很多同志长期从事本地区改革开放历史研究,学养深厚,对其中的重点难点问题比较了解熟悉,在资料利用方面又有得天独厚的优势。

四是生动性。这套丛书主要面向普通读者，以写事为主，夹叙夹议，要求在文字上力求生动鲜明简洁，并辅之以记录改革开放重大事件和重要人物的图片。应做到可读可信可取，既引人入胜，又给人启发。

总之，我们必须牢牢把握这套丛书既是记录改革开放全过程和各方面的资料书，又是能够阐明改革开放所以然的理论著作的这样一个定位，以生动再现和总结党的十一届三中全会以来40年波澜壮阔的历史。

三、我们应该怎样把《中国改革开放全景录》编写成一部精品力作

《中国改革开放全景录》丛书已列入中宣部、国家新闻出版广电总局重点图书，所以，我们要认认真真、扎扎实实、群策群力、按时保质推进编写工作，注意史学规范，做到言之有物、言之有据，史论结合、论从史出，确保丛书成为一部明白晓畅而又严谨切实的历史著作。

一是要坚持正确政治导向。丛书编写工作，要高举中国特色社会主义伟大旗帜，以习近平新时代中国特色社会主义思想为指导，以习近平总书记关于改革开放重要论述为根本遵循，牢牢把握改革开放40年历史的主题和主线、主流和本质，深刻阐释历史和人民在艰苦探索中选择了改革开放，正确对待改革开放中的一些失误和曲折，旗帜鲜明地反对各种歪曲、丑

化、否定改革开放历史的言行。

二是要通力合作、集体攻关。要编写这样一套丛书，是很不容易的，无论哪一个人哪一方面单打独斗都很难完成，必须依靠全党、全社会各方面的力量，齐心协力、集体攻关。中国历史上的大型丛书如《四库全书》等，都是当时举全国之力完成的。1983年开始启动的《当代中国》丛书，也是全党、全军、全国各条战线10多万工作人员前后用时15年时间集体合作完成的。《中国改革开放全景录》这套丛书虽然规模体量没有那么大，但没有通力合作、集体攻关的精神是完成不了的。做好丛书编写出版工作，不是少数人、个别人的任务，必须整合包括党政机关、党校、行政学院、社会科学院、高等院校、出版社在内的各方面力量。

三是要建立责任共同体。既然丛书的编写出版需要通力合作、集体攻关，那么大家就是一个责任共同体，要相互理解、相互配合、相互支持，最后达到双赢、共赢的结果。所谓责任共同体，就是我离不开你、你离不开我，我中有你、你中有我。具体来说，中央党史研究室的同志要认真把好书稿总体的政治关、史实关、文字关；人民出版社的同志要做好丛书的总体组织协调和出版工作。相信我们双方一定能尽心尽力把丛书编写好，一起承担责任，一起应对挑战，一起分享成绩。

四是要抓紧时间。抓而不紧，等于没抓。为了丛书的顺利出版，人民出版社和各地人民出版社提前谋划，做了大量工作，各项工作正在如期进行。希望大家发扬时不我待、只争朝夕的精神，把各项工作往前赶，打出提前量，力争丛书按时出版。

我们处在历史的一个重要节点上，一代人有一代人的历史任务。我们这一代人是乘着改革开放的东风成长起来的，我们都是改革开放的受益者，也是改革开放的参与者、见证者。身处这个伟大时代，是我们的光荣和幸运。把改革开放的历史记录好、研究好、出版好、宣传好，更是我们这一代党史工作者和出版工作者义不容辞的职责。让我们共同努力，携手完成《中国改革开放全景录》的编写出版工作，向庆祝改革开放40周年献礼，向党和人民献礼！

2018年1月10日

目　录

第一章　山西改革开放的恢宏历程 … 1
第一节　起步阶段 … 2
第二节　深化阶段 … 6
第三节　突破阶段 … 12
第四节　全面深化阶段 … 25

第二章　改革开放铸就山西辉煌 … 37
第一节　经济发展大跨越 … 37
第二节　供给能力大提高 … 41
第三节　基础设施大发展 … 47
第四节　对外经济大飞跃 … 56
第五节　人民生活大改善 … 60
第六节　社会事业大进步 … 64

第三章　谱写"三农"翻天覆地新篇章 … 73
第一节　农业生产经营体制的巨大变革 … 73
第二节　农业结构发生重大变化 … 82

第三节　农民收入稳步增加 …………………………………… 92

■ 第四章　经济结构不断优化升级 ……………………………… 103
　　第一节　公有制经济不断发展壮大 …………………………… 103
　　第二节　非公有制经济持续健康发展 ………………………… 112
　　第三节　产业结构趋于优化合理 ……………………………… 121

■ 第五章　国家综合能源基地建设不断推进 …………………… 131
　　第一节　全国能源基地重化工基地战略定位的确立 ………… 131
　　第二节　山西能源重化工基地建设的实施 …………………… 134
　　第三节　国家能源与工业基地战略的调整 …………………… 138
　　第四节　山西推动能源产业科学发展 ………………………… 146

■ 第六章　基础设施建设成绩斐然 ……………………………… 157
　　第一节　交通运输事业日益完善 ……………………………… 157
　　第二节　水利事业蓬勃发展 …………………………………… 166
　　第三节　信息基础设施建设突飞猛进 ………………………… 173
　　第四节　城乡公共设施逐步改善 ……………………………… 177

■ 第七章　城镇化建设深入推进 ………………………………… 187
　　第一节　城镇化稳步发展 ……………………………………… 187
　　第二节　城镇化进程快速推进 ………………………………… 194
　　第三节　新型城镇化水平显著提高 …………………………… 198

■ 第八章　持续推进扶贫攻坚 …………………………………… 209
　　第一节　山西扶贫工作的启动 ………………………………… 210

第二节　山西扶贫工作的大规模展开 …………… 211
　　第三节　山西扶贫进入攻坚阶段 ………………… 216
　　第四节　扶贫攻坚持续推进 ……………………… 223
　　第五节　全力开展精准扶贫 ……………………… 228

第九章　从温饱到全面小康的民生巨变 …………… 239
　　第一节　从温饱到全面小康的建设历程 ………… 239
　　第二节　吃穿住行显著改善 ……………………… 245
　　第三节　就业工作成就突出 ……………………… 249
　　第四节　教育事业健康发展 ……………………… 257
　　第五节　医疗卫生事业快速发展 ………………… 264

第十章　文化事业长足发展 …………………………… 273
　　第一节　文艺创作日益繁荣 ……………………… 273
　　第二节　公共文化服务体系粗具规模 …………… 279
　　第三节　文化产业蓬勃发展 ……………………… 283
　　第四节　文化遗产保护成效显著 ………………… 292
　　第五节　文化体制改革不断深化 ………………… 299

第十一章　生态文明建设实现强势崛起 ……………… 303
　　第一节　环境保护工作在积极探索中推进 ……… 303
　　第二节　控制环境污染和扭转恶化趋势 ………… 306
　　第三节　生态文明建设加快推进 ………………… 313

第十二章　民主政治建设成效显著 …………………… 329
　　第一节　人民当家做主得到切实保障 …………… 329

第二节　政权机关建设不断加强 ················· 336
第三节　法治山西建设稳步推进 ················· 343
第四节　党的建设全面推进 ····················· 348

第十三章　在新一轮改革开放中彰显山西气魄 ········· 357

第一节　永远铭记改革开放40年的宝贵经验 ········· 358
第二节　以更大的政治勇气和智慧全面深化改革 ······· 369

后　记 ··· 373

第一章
山西改革开放的恢宏历程

1978年12月18日至22日,中国共产党十一届三中全会召开。会议指出,鉴于中央在二中全会以来的工作进展顺利,全国范围大规模揭批林彪、"四人帮"的群众运动已经基本上胜利完成,全党工作的着重点应该从1979年转移到社会主义现代化建设上来。全会确立了解放思想、实事求是的思想路线;否定了"两个凡是"的错误方针,果断地停止使用"以阶级斗争为纲"的错误口号。十一届三中全会是中华人民共和国成立以来我党历史上具有深远意义的伟大转折,作出了把党和国家工作重点转移到社会主义现代化建设上来和实行改革开放的战略决策,开启了改革开放的历史新时期。

中共十一届三中全会闭幕以后,1978年12月28日至1979年1月8日,中共山西省委召开了常委扩大会议;1月9日至23日,召开了省委四届二次全体扩大会议,传达贯彻党的十一届三中全会关于实行工作重点转移和改革开放重大决策的精神,讨论贯彻《中共中央关于加快农业发展若干问题的决定(草案)》。这两次会议之后,全省广大干部和群众的思想逐步统一到了三中全会的精神上,大家认识到要紧密联系山西的实际,把山西的工作重点转移到社会主义现代化建设上来。

中国共产党领导的这场划时代的新的伟大革命,使中国人民走上了中国特色社会主义的广阔道路,迎来了中华民族伟大复兴的光明前景。改革开放犹如滚滚春潮,在三晋大地涌动。在这场春潮中,作为华夏文明重要发祥地的山西焕发出了新的光彩和活力。这个为共和国做出重大贡献的能源基地和老工业基地又重新燃起斗志,这些曾经为中国革命英勇奋战的老区人民又开始奋起拼搏。回眸改革开放的40年,中国大地发生了历史性变化。40年的破浪前行,40年的不懈奋斗,山西人民与全国人民一道,以一往无前的进取精神和波澜壮阔的创新实践,在三晋大地上谱写出了建设中国特色社会主义事业的壮丽史诗。全省经济持续快速发展、社会事业全面进步、干部群众发展观念、进取精神和创造活力明显增强。可以说,山西在经济、政治、文化、社会建设以及生态文明建设和党的建设等方面均取得了前所未有的突破和发展,展现出了兴晋富民的美好前景。梳理山西改革开放40年的发展脉络,大致走过了四个阶段。

第一节　起步阶段

从党的十一届三中全会召开到1982年9月党的十二大召开前夕,是"拨乱反正和改革起步的四年"。山西省的拨乱反正主要围绕5个问题进行:一是深入开展真理标准问题大讨论,推倒"两个凡是",揭开新时期思想解放的序幕;二是否定"文化大革命";三是平反冤假错案,解决历史遗留问题;四是对混入各级领导岗位和党内的"三种人"进行了坚决而彻底的清理；五是纠正"学大寨"运动中"左"的错误。这次拨乱反正在思想上、政治上、组织上为集中精力搞改革和建设扫清了障碍。

改革起步的"解放生产力"带来了显著成效，农村经济开始活跃起来，短短三到四年就初步解决了中国老百姓的温饱问题。在改革开放方针的引领下，山西改变了过去由于交通闭塞带来的经济和思想的封闭，坚定地迈出了改革开放的步伐。在这一阶段，山西的改革首先从农村开始。

山西省是最早实行包产到组、包产到户、联产到劳和包干到户责任制的地方。运城地区的闻喜，吕梁地区的离石、方山等县试行和推广的联产到劳、包产到户和包干到户的家庭联产承包责任制吹响了山西农村改革的号角。1979年山西各地首先废弃大寨劳动管理办法，恢复了"三小五定"及定额计酬的劳动管理形式（即小段安排、小段作业、小段检查验收，定人员、定时间、定标准、定质量、定报酬）。

从1979年初到1980年春，山西省实行包产到户的县区虽然为数不多，但为山西解放思想、从实际出发、因地制宜地发展农村经济闯出了一条新路。1980年10月21日山西省委向中共中央报送《关于全省农业学大寨经验教训的初步总结》报告。11月23日，中共中央转发这个报告，并在批语中指出："各地应认真总结学大寨和三中全会以来农业战线上的经验教训，以利于进一步肃清农业战线上左倾路线的影响，更好地贯彻执行三中全会以来中央制定的各项农村政策。"1981年全省掀起了建立包产到户、包干到户责任制的农村改革热潮，长期困扰农村的温饱问题迅速解决。如果从1981年7月全面启动计算的话，山西仅用半年时间就在全省69%

的生产队推行了包干到户，基本建立了家庭联产承包责任制。正如当时任山西省副省长的霍泛回忆说："发展速度之快，如水之就下，来势之猛，如狂风骤雨，势不可挡。"1982年山西全省农业总产值达到63.63亿元，比1978年增加17.42亿元，增长37.7%，这4年间，平均每年增加4.36亿元，平均每年递增8.4%，4年的增加量相当于1958年至1978年20年的增加量。

随着以包干到户为主要形式的农业生产责任制的推行和多种经营的发展，在山西广大农村出现了一个新的经济群体——专业户和重点户，这使一部分农民率先走上富裕之路。这一新生事物破土而出后，得到了中共山西省委的高度重视。张学仲是朔州市应县义井乡北杨庄村农民，靠着养猪全家每年收入在1万元左右，成为远近闻名的"冒尖户"。1982年2月19日，张学仲参加了山西省劳动模范表彰大会，还向省委领导谈了自己当年的致富计划，即4个"8"、5个"1"（养8头牛、80头猪、8只羊、产8吨粮；产1万斤玉米、1万斤山药蛋、1万斤甜菜、售1万斤粮、收入1万元）。此外，还要帮助10户乡亲发展养畜业。2月20日，《山西农民报》以3个整版的篇幅集中报道了张学仲一家勤劳致富的事迹，张学仲成为全省农民学习的榜样。从1982年初到1982年8月，短短半年多的时间，全省的专业户和重点户从1.8万户发展到64.3万户，占到总农户的12.8%。迅速发展的专业户、重点户，成为农村经济发展的生力军和商品生产的排头兵。

与此同时，国有企业开展了扩大自主权改革。1979年2月22日，中共山西省委决定，太原钢铁公司进行扩大企业自主权试点。5月又确定全省30个大中型企业进行扩大企业自主权试点。到1980年2月，全省共有110个企业进行扩权试点。1980年11月，中共山西省委、省政府召开全省工业会议，对扩大企业自主权试点工作进行了总结，决定全省国有企业普遍实行这一改革。从1981年起扩大企业自主权的工作在国营企业中全面推开，这标志着城市经济体制改革的启动。

1979年5月5日至20日山西省委召开工作会议，贯彻中央关于对国民经济实行"调整、改革、整顿、提高"的八字方针，部署全省国民经济的调整工作。经过3年调整，到1982年基本上纠正了国民经济比例严重失调问题，并逐步探索经济体制的改革。

随着思想的解放和对个体私营经济的正确认识，广大城乡个体私营经济开始恢复和发展。1980年11月21日至26日，中共山西省委召开了全省劳动就业会议，鼓励发展个体经济，广开就业门路。全省的个体工商户从十一届三中全会前的204户发展到1982年底的3.8万户。

除此以外，根据山西的特点，山西省委制定和开始实施煤炭能源基地发展战略。1979年9月19日，中共山西省委、省革委向中央和国务院呈送了《关于把山西建设成为全国煤炭能源基地的报告》。1980年7月30日山西省政府向国务院报送了《山

常家沟村砂锅专业户

西能源基地建设规划纲要（草案）》，1982年4月，国务院批复同意开展对山西能源基地建设的综合研究，这标志着山西能源基地建设决策的基本确定。

第二节　深化阶段

从1982年十二大召开到20世纪90年代初，是"开始全面改革，确立中国特色社会主义根本道路、基本路线并大胆探索改革目标的10年"。其在"解放生产力"上的显著成效，就是出现了"隔几年上一个台阶"式的加速发展，城市经济活跃起来，对外开放由点到线再到面，乡镇企业异军突起。在这10年期间，中央的历届全会指引着全国的改革步伐，山西省委和省政府紧紧围绕中央的精神推进全方位的改革。

1982年9月1日至11日，中国共产党第十二次全国代表大会在北京召开，第一次提出了"建设有中国特色的社会主义"的崭新命题，确定了在20世纪最后20年内工农业总产值翻两番和人民生活达小康的经济建设总目标，提出了"系统地进行经济体制改革"的任务，并强调经济体制改革是进行四个现代化建设的一项重要保证，决定大会之后要"抓紧制定改革的总体方案和实施步骤"。

十二大的召开，标志着政治上拨乱反正的完成、历史性转变的实现和全面开创社会主义现代化建设新局面的开始。1982年12月11日至18日山西省委召开四届六次全体扩大会议。会议学习贯彻邓小平在党的十二大提出的关于建设有中国特色的社会主义的思想，并讨论和部署全面开创山西省社会主义现代化建设新局面的问题。会议指出，山西经济的发展速度，"六五"期间要达到年平均递增6%，"七五"期间达到7%，1990年以后迈出更大的步伐。由此，山西进入改革开放深入发展和全面开创山西社会主义现代化建设的新阶段，改革的节点性成果不断涌现。

1984年4月2日山西省国际经济技术合作洽谈会首次在太原召开，成为山西招商引资的重要形式，14个国家和地区以及国家有关部门和其他省市的代表参加了会议。4月29日在邓小平倡导支持下，我国最大的中外合作经营的平朔安太堡露天煤矿最终协议

山西平朔安太堡露天煤矿选煤区

在北京举行签字仪式。该项目由中国煤炭开发总公司和美国西方石油公司共同投资经营,设计能力年产煤炭1500万吨,总投资约为6.5亿美元。

1984年7月26日至31日省政府召开全省第二步利改税工作和全省商业体制改革工作会议。决定从1984年10月1日起,在全省普遍进行第二步利改税。国营企业上缴财政收入由"税利并存"逐步过渡到完全的"以税代利",税后利润归企业自己使用,这是经济体制改革的一项重大措施。11月7日,德意志联邦共和国北威州经济代表团应邀来山西访问,双方签订《中华人民共和国山西省人民政府、德意志联邦共和国北莱茵—威斯特法伦州政府关于发展经济技术合作关系的意向书》。

中共中央于1984年10月召开了十二届三中全会,讨论通过了《中共中央关于经济体制改革的决定》,提出了加快以城市为重心的整个经济体制改革,规定了改革的性质、方向、任务和方针政策,标志着改革开始由农村走向城市和整个经济领域。

1985年3月1日,山西省委、省政府颁发了《山西省以增强企业活力为中心的经济体制改革实施方案》及其12个方面的配套细则,指出增强国有企业的活力"是以城市为重点的整个经济体制改革的中心环节",标志着全省以城市为重点的经济体制改革的全面展开,山西国有企业的改革推进到了一个新的阶段,即进一步扩大企业自主权、开展横向经济联合、试行厂长(经理)负责制以及劳动制度改革。此外,还对所有权和经营权两权分离和产权制度改革进行了初步探索。1985年中央作出关于科技体制和教育体制改革的决定后,科技、教育体制改革也相继展开。这一个阶段,农村在巩固完善家庭联产承包责任制的同时,发展商品经济,调整产业结构，乡镇企业异军突起，增强了农村经济的实力。1985年6月29日至7月6日，中国共产党山西省第五次代表大会召开，通过《山西省第七个五年计划期间国民经济和社会发展纲要（草案）》，提出"到本世纪末，实现工农业年总产值翻两番，使全省人民尽快富裕起来，达到小康水平"的目标。到1985年12月底，山西"六五"计划胜利完成。与1980年相比，1985年全省地区生产总值219亿元，增长1倍；财政总收入24.99亿元，增长19%；城镇居民人均可支配收入595.3元，增长56.8%；农民人均纯收入358.3元，增长1.3倍。

继1984年、1985年举办两届山西省国际经济技术合作洽谈会后，1986年8月26日至9月5日山西省举办了第三届洽谈会、首届进出口商品交易会和首届民间艺术节（简称"两会一节"），有27个国家和地区的客商参加，吸引了省内外近30万人。

1987年10月25日至11月1日，中国共产党第十三次全国代表大会召开，主题是深化改革，制定了"三步走"发展战略和各项改革任务。11月17日山西省委对学习和宣传党的十三大精神作出部署。18日至21日，省委、省政府在长治市召开全省深化企业改革现场会，总结企业改革经验，主要是进行党政职能分开，有效地推行厂长负责制；围绕企业领导制度这个中心，进行全面配套改革；从改革分配制度入手，打破平均主义。这次会议标志着全省企业内部改革进入了全面配套改革的新阶段。

1988年5月30日至6月3日省委召开工作会议，决定在全省开展生产力标准大讨论，对于促进广大干部解放思想、推动生产力的发展起到了积极作用。根据党的十三届二中全会提出的实施沿海发展战略的决策，山西省委制定了《抓住实施沿海发展战略机遇，加快山西经济发展方案》，提出全省经济发展的长远目标是使山西成为在国际市场上有竞争力的能源、原材料和重工业产品的重要产区；近期任务是抓住重点，调整产业结构和产品结构，优先发展电力工业，加快发展消费品工业，把发展乡镇工业作为经济发展的战略重点，大力发展城镇集体经济、个体经济，鼓励城乡私营经济发展，建立有山西特色的经济区和经济开发试验区。9月26日召开了十三届三中全会，通过了《关于价格、工资改革的初步方案》和《中共中央关于加强和改进企业思想政治工作的通知》，确定了治理经济环境、整顿经济秩序、全面深化改革的指导方针。

1989年11月6日至9日，中国共产党第十三届中央委员会第五次全体会议在北京召开，通过了《中共中央关于进一步治理整顿和深化改革的决定》。12月21日至25日，山西省委召开五届八次全体扩大会议，通过《中共山西省委关于贯彻中央进一步治理整顿和深化改革决定的实施方案》。到1991年，治理整顿取得了一定成效，通货膨胀得到控制，财政收入增加，农业投入有所增加。1990年全省粮食总产量达到96.9亿千克。到1990年12月底，"七五"计划胜利完成，同时山西基本上建成了一个以煤炭、电力、机械、冶金、化工为主的有自己特色的能源基地。与1985年相比，1990年全省地区生产总值429.3亿元，增长96%；财政总收入51.7亿元，增长1.07倍；城镇居民人均可支配收入1290.9元，增长1.17倍；农民人均纯收入603.51元，增长68%。"七五"期间，安太堡露天煤矿、马兰煤矿、东曲煤矿、神头电厂、大同二电厂等一批重点建设项目建成投产。1990年原煤产量达到2.86亿吨，发电量达到314.2亿千瓦时，分别比1985年增长33.5%和70.2%。5年累计外调煤炭8.9亿吨，外送电量266.4亿千瓦时，有力地支援了全国的经济建设。

1991年2月26日至3月4日,中国共产党山西省第六次代表大会召开。大会通过《中共山西省委关于制定国民经济和社会发展第八个五年计划的建议》,指出坚持社会主义物质文明建设和精神文明建设一起抓,促进全省政治、经济和社会的进一步稳定发展。7月13日,省委、省政府作出《关于进一步加快乡镇企业发展的规定》(32条)提出要大力发展乡镇企业,坚持"四个轮子"(乡镇办、村办、联办、户办)一起转。1991年全省乡镇企业总产值达到283.9亿元,1992年达到404.6亿元,比1991年猛增42.5%。

纺织工业蓬勃发展

1992年2月29日,山西省委发出《关于学习贯彻中发〔1992〕2号文件的通知》,全省掀起学习邓小平"南方谈话"的热潮,获得了思想上的又一次解放,山西的改革和发展进入新的历史阶段。

4月10日至14日山西省委召开六届三次全体扩大会议，通过《关于进一步解放思想，加快改革开放，促进经济发展的意见》，提出把发展个体、私营经济作为振兴山西经济的战略重点，要求放手发展、大力发展。之后，山西省工商局、省体改委联合制定了《关于贯彻落实省委、省政府〈意见〉，大力发展个体私营经济的实施意见》，共提出了23条扶持发展的具体措施，推动了个体私营经济的迅猛发展。8月20日，全省地、市委书记座谈会召开，时任省委书记的王茂林提出："应该把推动我省经济登上新台阶的问题，提上重要议事日程，加以深入研究。"10月4日，山西省委下发了《关于在全省开展山西经济上新台阶大讨论的通知》，这是一次解放思想、清除障碍、缩短山西与全国发展差距的大讨论。山西省委专门成立了大讨论指导组，广大干部群众踊跃参与，进展顺利。

第三节　突破阶段

从1992年到十八大之前，是山西省改革开放的突破阶段。这一阶段，随着社会主义市场经济体制的初步建立，现代市场体系和宏观调控体系不断健全，多种所有制共同发展，农村改革逐步深化，对外开放的广度和深度继续拓展。

1992年中国共产党第十四次全国代表大会第一次正式提出："我国经济体制改革的目标是建立社会主义市场经济体制，以利于进一步解放和发展生产力。"11月5日至12日，省委召开六届五次全体扩大会议，通过了《关于促进经济上新台阶的意见》，指出20世纪的最后8年，摆在全省人民面前的根本任务，就是确保实现第二步战略目标。1993年9月,省委又把《意见》概括为"三个基础、四个重点"经济发展战略,作为工作的总纲和重点。

1992年年初邓小平的"南方谈话"和党的十四大的召开把改革开放和现代化建设推向了新的阶段。1994年1月4日至6日山西省委召开六届七次全体会议,通过《中共山西省委、山西省人民政府贯彻〈中共中央关于建立社会主义市场经济体制若干问题的决定〉的实施意见》。这是山西建立社会主义市场经济体制的行动纲领,全省掀起了新一轮的改革大潮。

1994年2月4日山西省委、省政府制定了《关于进一步深化农村改革,加快农业和农村经济发展的主要政策措施》。2月21日山西省政府发出《延长土地承包期允许土地使用权有偿转让的实施办法》。截至1996年年底,全省有93%以上的行政村完成了延长土地承包期工作。3月17日至21日山西省农村股份合作制培训会议在长治召开。全省推行农村股份合作制,到1997年年底,全省农村股份合作制经济组织发展到10万多家,参股农户97万户,资金总额达到161亿元。1994年3月25日山西省政府转发省经委、省体改委《关于选择30户大中型企业进行建立现代企业制度试点的实施意见》。1996年国有大中型企业建立现代企业制度试点又扩大为60户。到1997年年底有50户完成了改制。

1995年10月6日至8日,全省第四次农村小康建设现场会议在阳泉召开,总结农村小康建设的经验。到1995年12月底,山西省"八五"计划胜利完成。相比1990年,1995年全省地区生产总值1076亿元,增长1.5倍;财政总收入129.4亿元,增长1.5倍;城镇居民人均可支配收入3301.9元,增长1.56倍;农民人均纯收入1208.3元,增长1倍。

1996年1月31日至2月6日，中国共产党山西省第七次代表大会召开，通过了《中共山西省委关于制定全省国民经济和社会发展第九个五年计划和2010年远景目标的建议》，提出了兴晋富民的跨世纪宏伟目标和"三步走"赶超战略。这是山西省在发展社会主义市场经济条件下的第一个中长期规划。6月6日至9日，省委召开七届二次全体会议，通过《关于进一步扩大对外开放的若干意见》《关于调整产业结构的实施意见》和《关于"九五"期间实现扶贫攻坚目标的实施意见》。扩大开放、结构调整和扶贫攻坚被统称为山西省的"三件大事"。

1997年7月29日，省委、省政府作出《关于进一步推进农业产业化经营的实施意见》，全省的农业产业化进入大跨步发展阶段。10月27日，山西省委、省政府制定了《贯彻落实中共中央、国务院〈关于尽快解决农村贫困人口温饱问题的决定〉的实施意见》，提出要对贫困户建档立卡，把扶贫工作落实到村到户。

1998年1月21日至22日，山西省委召开七届七次全体会议，通过《中共山西省委关于到2000年实现"三个基本"目标的决议》，提出到2000年，国有大中型企业基本走出困境、农村贫困人口基本解决温饱问题、全省农村基本实现小康。2月出台的《关于实现"三个基本"目标的标准和年度安排意见》做了进一步的明确。5月29日至31日，山西省委、省政府召开全省国有企业下岗职工基本生活保障和再就业工作会议。6月29日，省委、省政府作出《关于贯彻〈中共中央、国务院关于切实做好国有企业下岗职工基本生活保障和再就业工作的通知〉的实施意见》。11月23日，山西省委、省政府召开全省推进国有企业改革三年走出困境工作会议，制定了《山西省国有工业企业三年走出困境的"375"攻坚计划》，即用

3年时间,使地方国有大中型企业70%实现赢利,省定34户优势企业实现利税占到地方国有大中型企业的70%,下岗职工实现再就业达到70%;实施减员增效、市场营销、扶优扶强、扭亏增盈、"千户百强"5个攻坚工程。

1999年9月16日,山西省委和省政府根据年初中共中央、国务院制定的《关于进一步加强扶贫开发工作的决定》出台了《实施意见》,确定了到2000年全省扶贫工作的具体目标并明确了扶贫攻坚的基本政策。10月27日至28日,山西省委、省政府在运城召开全省调整经济结构工作会议,提出了"以发展潜力产品为切入点,以培育'一增三优'为主攻方向"的结构调整思路,拉开了山西经济结构调整的序幕。12月9日至10日,山西省委召开七届九次全体会议,通过《中共山西省委关于贯彻〈中共中央关于国有企业改革和发展若干重大问题的决定〉的实施意见》,提出"以调整经济结构为中心,以改革开放为动力,抓好五项创新(技术创新、金融创新、人才机制创新、环境创新和观念创新),实现三个提高(提高经济增长的质量和速度、提高全省综合经济实力、提高人民群众生活水平)"的经济发展思路。随后,山西省政府在12月19日作出《关于培育一增三优发展潜力产品推进产业优化升级的实施意见》,提出调整和优化产业结构是山西经济工作中的重中之重。12月24日省委、省政府作出《关于加强技术创新发展高科技实现产业化的决定》,提出加强技术创新,发展高科技,实现产业化是实现山西经济跨越式发展的必然抉择。

为了进一步解决农民负担、深化农村改革,2000年以来,我国开始推进农村税费改革。2000年3月2日,中共中央、国务院下发《关于进行农村税费改革试点工作的通知》。7月5日,山西省委、省政府发出《关于印发〈山西省农村税费改革试点工作方案〉的通知》,选择在临猗、泽州、代县、襄垣、太谷这5县进行农村税费改革试点工作。2003年山西省全面推行农村税费改革,农民负担由改革前的20.5亿元下降到6.23亿元,减负率达到69.6%,基本上做到了村村减负、户户受益。

2000年12月11日至13日,山西省委召开七届十次全体会议,通过《中共山西省委关于制定国民经济和社会发展第十个五年计划的建议》,提出以提高人民生活水平为根本出发点,围绕经济结构调整,抓好"八大战略工程",构建"六大支撑体系"。到2000年12月底,"九五"计划胜利完成。与1995年相比,2000年全省地区生产总值1845.7亿元,增长72%;财政总收入194.6亿元,增长50%;城镇居民人均可支配收入4724.1元,增长43%;农民人均纯收入1905.61元,增长58%。

随着经济结构调整的深入推进和创新实践的发展,2001年9月29日,山西省委、省政府作出《关于进一步推进经济结构调整实施"1311"规划的意见》。确定在"十五"期间,在市场选择的基础上,要集中抓好100个农业产业化龙头企业、30个战略性工业潜力产品、10个旅游景区景点和100个高新技术产业化项目。10月25日至29日,中国共产党山西省第八次代表大会召开,指出按照"三个代表"重要思想的要求,全面推进山西改革开放和现代化建设事业。12月28日至29日,山西省委、省政府召开全省扶贫开发工作会议,拟定了《山西省2001—2010年农村扶贫开发总体规划》,确定了山西省未来10年扶贫开发的主要目标、重点扶持对象和途径措施。

2002年3月,根据国家的相关规定,山西85个县(区)全

关帝庙

面铺开退耕还林工程,从2000年开始,在忻州、吕梁、临汾、运城的16个县开展了退耕还林还草试点。山西省2002年退耕还林283.37万亩,宜林荒山荒地造林375.55万亩。12月24日至25日省委召开八届三次全体会议,通过《中共山西省委关于贯彻党的十六大精神,全面建设小康社会的意见》,提出:"本世纪头20年我省经济建设和改革的主要任务是,完善社会主义市场经济体制,推动经济结构战略性调整。"

2003年8月19日,经山西省委、省政府批准,《山西省建设文化强省发展规划纲要(2003年—2010年)》出台。11月20日至21日,山西省委召开八届五次全体会议,通过《中共山西省委贯彻落实〈中共中央关于完善社会主义市场经济体制若干问题的决定〉的实施意见》,提出实现山西跨越式发展,必须不断完善社会

山西汾酒股份有限公司

主义市场经济体制，进一步解放和发展社会生产力。

2004年1月31日，国务院颁布《关于推进资本市场改革开放和稳定发展的若干意见》（通称"国九条"）。从1994年山西省第一只股票"山西汾酒"上市至2004年，10年间山西资本市场已经粗具规模。截至2004年年末，23家上市公司、24只股票分别在上海、深圳、香港证券交易所挂牌。为深入贯彻党的十六大和十六届三中全会精神，2004年5月20日，山西省委、省政府制定了《关于进一步加快非公有制经济发展的决定》，提出逐步缩小山西省与东部发达省份的差距，使山西省非公有制经济在中西部地区处于先进水平，促进全省国民经济翻两番目标的提前实现。6月10日，山西民营经济工作现场会在临汾市尧都区召开，提出民营经济要做大做强实现新突破。

2005年1月11日，山西省委作出《中共山西省委贯彻落实〈中共中央关于在全党开展以实践"三个代表"重要思想为主要内容的保持共产党员先进性教育活动的意见〉的实施意见》。18日，省委召开全省保持共产党员先进性教育活动工作会议。全省先进性教育活动从2005年1月开始，分三批进行，每批半年左右。6月28日山西省委出台了《山西省推荐领导干部工作规定》《山西省考察领导干部工作规定》和《山西省讨论决定领导干部工作规定》，以期从制度上打造任用党政干部的好环境。7月29日至31日，时任中共中央总书记的胡锦涛来山西视察工作，提出四点要求，一是做好"三农"工作，促进农村全面发展；二是加快推进经济结构调整，切实转变经济增长方式；三是关心群众生产生活，积极构建和谐社会；四是加强和改进党的建设，为改革发展提供政治保障。8月5日省委召开全省领导干部大会，传达贯彻胡锦涛总书记视察山西重要讲话精神，将"加快科学发展、建设和谐山西、致力求真务实"确立为全省工作的总体要求。11月9日至10日，山西省委召开八届七次全体会议，通过《中共山西省委关于制定国民经济和社会发展第十一个五年规划的建议》，提出要把山西建成国家的新型能源和工业基地，构建充满活力、富裕文明、和谐稳定、山川秀美的新山西。到2005年年底，"十五"计划胜利完成。2005年全省地区生产总值完成4100亿元，年均增长13%；财政总收入757.9亿元，年均增长31.3%，超额完成了"十五"时期的主要经济指标。

2006年3月1日至2日，山西省委召开全省建设社会主义新农村工作会议，讨论了《中共山西省委、山西省人民政府关于加快建设社会主义新农村的意见（讨论稿）》，提出了山西省"十一五"期间社会主义新农村建设目标要求。3月27日，全省对外开放大会召开，出台了《山西省委、省政府关于进一步扩大对外开放的决定》《山西省改善投资环境扩大招商引资的实施办法》，并确定了煤化工、装备制造业等十大重点招商引资领域，标志着山西省对外开放掀起了新一轮浪潮。3月28日，省委召开全省领导干部大会，传达贯彻3月17日至19日温家宝总理考察山西重要讲话精神，高度重视"三农"工作，扎实推进社会主义新农村建设。4月7日山西省政府召开加快推进省属国有企业改革动员会议，出台了《关于进一步加快推进国有企业改革的意见》及13个配套文件，提出力争用两到三年时间，基本完成全省国有企业改革的主要任务。6月10日，山西省启动了"蓝天碧水工程"，规定各市、县主要负责人是"蓝天碧水工程"第一责任人，将环境保护和该工程实施情况作为干部年度考核的重要内容，实行环保一票否决制。7月6日省委、省政府作出《关于实施中部地区崛起战略的意见》、12日作出《关于加快晋西北、太行山革命老区开发的决定》。实施"两区"开发是解决山西突出问题和薄弱环节的重大举措。8月28日全省经济结构调整工作会议召开，提出以科学发展观为指导调整经济结构。10月26日至30日，中国共产党山西省第九次代表大会召开，指出山西在发展上要重点走出"四条路子"、实现"三个跨越"。

2007年1月26日至27日，全省党风廉政建设干部大会和省纪委二次全会召开，指出了领导干部做人从政的基本规范和主要原则。4月2日山西省煤炭工业可持续发展政策措施试点工作动员会议召开，翻开了山西乃至全国煤炭工业新的一页。8月27日，山西省科学技术大会召开，旨在推动全省发展从资源依赖型向创新驱动型转变。同时出台了《关于加快推进科技进步和创新的决定》以及13个系列配套文件。2007年10月25日，山西省委召开传达贯彻党的十七大精神会议，指出高举中国特色社会主义伟大旗帜，进一步加快新基地新山西建设步伐。11月20日至21日，山西省委、省政府召开和谐山西建设推进会，强调要着力抓好"五大惠民工程"，认真落实"四项保障措施"。12月9日省委出台了《山西省构建和谐社会主要工作及指标考核方案（试行）》，在全国率先对构建和谐社会工作进行全面考核。12月26日至27日，全省经济工作会议召开，指出要重点实施"四大攻坚"、强化"四大支撑"、建设和谐山西。

2008年1月31日，时任中共中央总书记的胡锦涛到山西视察工作，胡锦涛总书记着眼全国发展大局，阐明了救援南方雨雪冰冻灾害的紧迫性，对搞好煤炭生产和电煤运输提出有力举措和明确要求。2月2日，山西省委召开领导干部大会，传达贯彻重要讲话精神，提出要为国家分忧，为灾区解难，多产煤、保安全、促发展。7月28日至29日，时任中共中央政治局常委、国务院副总理的李克强来山西考察工作，先后到大同、太原等地考察，强调要深入贯彻落实科学发展观，着力解决经济运行中的突出矛盾和问题，保障经济平稳较快发展。8月6日，省委、省政府出台了《关于开展集体林权制度改革的意见》，提出创新集体林经营机制，进一步明晰集体林地使用权和林木所有权。10月7日，山西省深入学习实践科学发展观活动动员大会暨第一批学习实践活动单位主要领导干部专题研讨班开班式举行，提出牢牢把握以人为本这个核心。12月18日，中共山西省委九届六次全体会议通过《中共山西省委贯彻落实〈中共中央关于推进农村改革发展若干重大问题的决定〉的实施意见》，提出以科学发展观为指导，把山西省农村改革发展不断引向深入。

2009年年初山西省"两会"期间，省政府提出将用两年的时间在全省农村实现"五个全覆盖"。4月，山西省针对煤矿"多小散乱"、安全事故频发、资源回收率低和生态环境破坏的严重状况，以壮士断腕的决心和勇气全面推进煤炭资源整合与煤矿企业兼并重组工作。4月15日,在2008年《关于加快推进煤矿企业兼并重组的实施意见》基础上,山西省政府出台《关于进一步推进煤矿企业兼并重组整合有关问题的通知》,明确兼并重组整合的目标是到2010年年底,全省矿井数量控制在1000座,煤矿企业规模原则上不低于年产300万吨,矿井生产规模不低于年产90万吨,保留矿井全部实现机械化开采。7月4日至5日,中共中央政治局常委、国务院总理温家宝先后到太原、大同就经济社会发展和群众生活问题进行调查研究。温家宝指出,必须统一认识、坚定信心、狠抓落实,实现经济平稳较快发展。9月18日中国共产党第十七届中央委员会第四次全体会议通过《中共中央关于加强和改进新形势下党的建设若干重大问题的决定》,提出办好中国的事情,关键在党。9月21日,山西省委召开会议,传达贯彻党的十七届四中全会精神,指出要深刻领会"三个历史性转变"的科学判断,清醒认识党的历史方位的深刻变化,加深对执政党建设6条基本经验的理解,常怀忧党之心,恪尽兴党之责。

2010年6月11日,山西省委召开会议,对在基层党组织和党员中深入开展创先争优活动以及在全省开展学习型党组织建设进行动员部署。创先争优活动坚持以创建"五个好"党组织和争做"五带头"党员为基本标准。7月29日,山西省委召开全省领导干部大会。提出以科学发展观为指导,从山西省情实际出发,进一步明确发展方向、完善发展思路、突出发展重点。8月28日,省委召开兴起学习弘扬右玉精神新高潮大会,提出右玉精神的核心理念是以人为本,为民利民,忠实践行党的宗旨。9月16日至18日,第三届中国(太原)国际能源产业博览会在太原举行。太重集团惊艳亮相,带动了"山西制造"向"山西创造"的转变。11月28日至30日,省委召开九届十一次全体会议,审议通过《中共山西省委关于制定国民经济和社会发展第十二个五年规划的建议》,提出要从山西省实际出发,以解放思想为先导,以转型跨越发展为目标,以推进国家资源型经济转型综合配套改革试验区建设为重要抓手,以安全生产为重要保障,再造一个新山西。12月13日,国新办在京举行新闻发布会:经国务院同意,国家发改委已正式批复设立"山西省国家资源型经济转型综合配套改革试验区"。这是我国第一个全省域、全方位、系统性的国家级综合配套改革试验区,是首次以"资源型经济转型"为主题设立的综合配套改革试验区,是山西加快转变经济发展方式的重要抓手。截至2010年12月底,"十一五"规划胜利完成。相比于2009年,2010年全省生产总值达到8700亿元,增长13%;财政总收入完成1810亿元,增长17.8%;城镇居民人均可支配收入、农民人均纯收入分别达到15 640元、4730元,增

太原重型机械集团有限公司研发的智能型电牵引采煤机

长11.8%、11.6%。

2011年1月19日至24日，山西省人大十一届五次会议召开，通过了《关于山西省国民经济和社会发展第十二个五年规划纲要的决议》。4月2日至4日，时任中共中央政治局常委、国务院总理的温家宝先后到3个国家扶贫开发工作重点县——岚县、兴县、临县进行深入考察。4月上旬，晋城市发布《国家循环经济标准化考核评估方案》和《晋城市国家循环经济标准化试点工作实施方案》，正式启动国家级循环经济标准化试点城市建设试点工作。5月19日，环境保护部、商务部、科学技术部正式批复同意太原经济技术开发区建设国家生态工业示范园区，这是中部地区获批建设的第一家国家级经济技术开发区，对太原向中西部一流开发区挺进有积极的推动作用。6月10日至11日，时任中共中央政治局常委、国务院副总理的李克强在山西进行考察，他强调，要按照加快转变经济发展方式的要求，以更有力的举措，全面落实好"十二五"规划纲要，推动转型发展、创新发展、和谐发展。10月27日至31日，中国共产党山西省第十次代表大会在太原召开。这次会议的召开，对于全省上下进一步把思想和行动统一到中央和省委的决策部署上来，紧紧抓住建设转型综改试验区的宝贵机遇，加快实现全面建设小康社会目标有重要的意义。

第四节　全面深化阶段

党的十八大以来的 5 年，是砥砺奋进的 5 年，是全面深化改革的 5 年。山西省汲取了党员干部塌方式腐败、经济发展断崖式下降的惨痛教训，坚决推进"四个全面"战略布局，实现了"由疲转兴""由乱转治"。在十八大以来的 5 年里，山西省稳步推进国有企业改革，认真开展"三基"建设，稳妥开展监察体制改革试点工作，各项领域改革都取得了重大成就。

2012 年 11 月 8 日至 14 日，中国共产党第十八次全国代表大会举行。胡锦涛作《坚定不移沿着中国特色社会主义道路前进，为全面建成小康社会而奋斗》的报告，大会确定了全面建成小康社会和全面深化改革开放的目标。11 月 15 日，中共十八届一中全会举行，习近平主持并讲话。全会选举产生新一届中央政治局，习近平为中央委员会总书记。12 月 15 日至 16 日，中央经济工作会议举行。习近平分析国际国内经济形势，提出 2013 年经济工作总体要求和主要任务。会议强调，要紧紧围绕科学发展主题和加快转变经济发展方式主线，以提高经济增长质量和效益为中心，稳中求进，开拓创新，扎实开局，进一步深化改革开放。

2012 年 12 月 28 日至 29 日，山西省委十届四次全会暨全省经济工作会议在太原举行，通过了《中共山西省委关于贯彻落实党的十八大精神，加快推进转型跨越发展的指导意见》，指出 2013 年是全面深入贯彻落实党的十八大精神的开局之年，要以建设转型综改试验区为总抓手，以提高经济增长质量和效益为中心。

2013年1月23日，山西省第十二届人民代表大会第一次会议召开，提出了围绕转型跨越发展再造一个新山西的总体战略。11月9日至12日，中国共产党第十八届中央委员会第三次全体会议召开，会议通过了《中共中央关于全面深化改革若干重大问题的决定》，提出全面深化改革的总目标是完善和发展中国特色社会主义制度，推进国家治理体系和治理能力现代化。12月11日，中共中央办公厅印发《关于培育和践行社会主义核心价值观的意见》。25日，中共中央办公厅、国务院办公厅印发《关于进一步把社会主义核心价值观融入法治建设的指导意见》。

2014年1月13日至15日，中国共产党第十八届中央纪律检查委员会第三次全体会议在北京开幕。这次全会的主要任务回顾总结2013年党风廉政建设和反腐败工作，研究部署2014年任务。1月16日，山西省委召开省委常委会议，认真传达习近平总书记的重要讲话精神和王岐山同志的报告精神，研究贯彻落实意见。2月13日山西出台了《中共山西省委关于深入贯彻党的十八届三中全会精神　加快推进转型综改试验区建设的若干意见》，提出以转型综改试验区建设为切入点深入推进改革，大力推进政府职能转变，发挥市场配置资源的决定性作用。3月17日山西省委印发《山西省贯彻落实〈建立健全惩治和预防腐败体系2013—2017年工作规划〉的实施办法》，力求经过5年的努力，坚决遏制腐败蔓延势头，取得人民群众比较满意的进展和成效。3月21日山西召开了全省政府职能转变和机构改革工作电视电话会，安排部署省、市、县的主要任务。4月14日，山西全省培育和践行社会主义核心价值观电视电话会议在太原召开，会议要求把培育和践行社会主义核心价值观融入全省国民教育全过程，要与传承三晋灿烂文化有机结合。

5月22日，山西省委、省政府召开全省城镇化工作会议，贯彻落实中央城镇化工作会议精神，总结部署全省城镇化工作。会议提出要按照以人为本、提升质量的要求，紧紧围绕"一核一圈三群"总体布局，走出一条具有资源型地区特色的新型城镇化道路。9月1日，山西省委召开全省领导干部大会，宣布中共中央关于山西省委主要负责同志职务调整的决定。中共中央政治局常委、中央书记处书记刘云山出席会议并作重要讲话。刘云山指出，山西全省经济社会发展取得新的成绩的同时也要看到，山西省的政治生态存在不少问题，党风廉政建设和反腐败斗争形势严峻。中央高度重视山西存在的问题，高度重视山西领导班子和干部队伍建设，决定对山西省委班子作重大调整。2014年10月20日至23日，中国共产党第十八届中央委员会第四次全体会议在北京召开，会议通过了《中共中央关于全面推进依法治国若干重大问题的决定》。2014年12月7日，中共山西省委十届六次全会在太原召开，通过了《中共山西省委关于贯彻落实党的十八届四中全会精神 加快推进法治山西建设的实施意见》，提出要实施"六权治本"，深入推进反腐败斗争，要适应经济发展新常态，着力推进"六大发展"。

2015年10月26日至29日，中国共产党第十八届中央委员会第五次全体会议在北京召开，通过了《中共中央关于制定国民经济和社会发展第十三个五年规划的建议》，提出到2020年全面建成小康社会，是我们党确定的"两个一百年"奋斗目标的第一个百年奋斗目标。2015年12月4日，中共山西省委十届七次全体会议通过《中共山西省委关于制定国民经济和社会发展第十三个五年规划的建议》，提出以转型综改试验区建设为统领，以改革创新为动力，以转方式、调结构、增效益、提速度为基点，主动适应经济发展新常态，着力做好煤与非煤两篇文章，着力净化政治生态，着力建设文化强省，着力保障和改善民生，着力加强生态文明建设，确保如期全面建成小康社会。2015年12月的中央农村工作会议，首次提出了农业供给侧改革。到2015年年底，"十二五"规划确定的目标任务基本完成。全省地区生产总值由2010年的9188.8亿元提高到2015年的12 802.6亿元，年均增长7.9%（2011年突破万亿大关）。全社会固定资产投资累计完成5.4万亿元，年均增长21.7%（2013年突破万亿大关），超额完成"五年五万亿"的目标。

  2016年1月4日至5日，国务院总理李克强在山西省太原市考察，希望山西全面贯彻落实中央经济工作会议精神，以新的发展理念和良好的工作状态，攻坚克难，顶住压力促调整，在加快结构性改革中实现升级发展。1月7日，山西省召开领导干部会议，传达贯彻中共中央政治局常委、国务院总理李克强考察山西重要讲话精神，对贯彻落实作出安排部署。1月15日，省委常委会召开会议，审议通过了《山西省国民经济和社会发展第十三个五年规划纲要（草案）》。1月28日，国家发展改革委国家能源局正式批复了《山西省电力体制改革综合试点实施方案》，同意山西省成为全国电力体制改革综合试点省之一。这是国家电网覆盖范围内第一个全省域电改综合试点，是国家层面对山西省转型综改试验区建设的又一重大改革试点授权。2月19日，省政府召开转型综改领导组（扩大）会议，专题审议《山西省国家资源型经济转型综合配套改革试验实施方案（2016—2020年）》和《山西省国家资源型经济转型综合配套改革试验2016年行动计划》。4月21日召开了省委全面深化改革领导小组第二十次会议，原则通过《山西省煤炭供给侧结构性改革实施意见》。4月24日，山西省委、省政府印发《意见》，提出要着力去产能、去库存、去杠杆、降成本、补短板，全力推动全省煤炭供给侧结构性改革，实现煤炭产业"六型"转变，促进全省"六大发展"。5月10日，山西省推进煤炭供给侧结构性改革工作领导小组召开会议，审议并通过了关于探索建立煤炭战略储备体系、关于推进煤炭绿色低碳消费、关于加大采煤沉陷区治理力度等14个山西省煤炭供给侧结构性改革实施意见配套的实施细则，决定修改完善后下发执行。5月26日，省委全面深化改革领导小组召开第二十一次会议，原则通过《山西省生态文明体制改革实施方案》。《实施方案》7月13日印发，从健全自然资源资产产权制度、建立国土空间开发保护制度等7个方面，提出了40项工作任务，明确了各项任务的牵头单位、参加单位、进度及成果要求，确保各项任务落实到位。6月23日，山西省推进煤炭供给侧结构性改革工作领导小组召开会议，审议通过了关于进一步加强煤炭资源税征收管理、关于煤炭企业职工带薪转岗教育培训和关于进一步加强煤炭生产经营建设投资等统计工作的实施细则。7月7日至9日，省委书记深入太原市就经济发展进行调研时强调，要深入贯彻习近平总书记提出的新发展理念，切实增强定力，坚定不移推进供给侧结构性改革，强化创新驱动，加快转型升级，推动山西经济稳步向好，实现浴火重生，逐步振兴崛起。要抓住市场倒逼的历史机遇，把深化供给侧结构性改革和建设综改试验区紧密结合起来，努力走出一条资源型地区转型升级新路。7月15日，省委书记在学习贯彻习近平总书记七一重要讲话精神暨全省"两优一先"表彰大会上作主题讲话时指出，要进一步坚定"四个自信"，不断增强"四个意识"，自觉同以习近平同志为核心的党中央保持高度一致，要进一步全面深化各领域改革，扩大对内对外开放，充分发挥转型综改试验区建设对全省经济社会体制改革的牵引作用。9月19日至22日，山西省委书记深入吕梁、忻州，就推进脱贫攻坚进行调研，并主持召开座谈会，强调要强化责任担当，精准扶贫脱贫，确保贫困地区与全省同步进入小康。10月18日，山西省召开的省委常委会议听取省政府党组关于第三季度全省经济形势报告，研究部署第四季度经济工作，一是进一步强化"稳"的基础。要以更有力的举措稳增长，推动经济增长尽快回归合理区间。二是进一步加快"转"的步伐。要进一步抓住市场倒逼的历史机遇，主动转型、全面转型、深度转型、创新转型。三是进一步加大"改"的力度。要针对制约山西省转型的体制机制障碍，不断深化改革添动力。全力推动深化转型综合配套改革，坚决推进供给侧结构性改革，加快电力供给侧结构性改革步伐。支持在太原建设综改示范区。四是进一步培育"创"的氛围。必须把创新驱动摆到全局工作的突出位置，加快培育新动能，改造提升传统动能。党的十八届六中全会召开之后，10月28日山西省委召开常委会议，会议传达了习近平总书记受中央政治局委托作的工作报告、关于《关于新形势下党内政治生活的若干准则（讨论稿）》和《中国共产党党内监督条例（讨论稿）》的说明，以及习近平总书记在全会第二次全体会议上的重要讲话，对贯彻落实党的十八届六中全会精神作出了全面部署。这次会议对山西坚决贯彻党中央全面从严治党的重大战略决策，推进山西各级党组织和所有党员干部牢固树立"四个意识"、坚定"两个维护"，具有十分重要的意义。11月5日，中国共产党山西省第十一届委员会第一次全体会议在太原举行，提出了今后5年的总体思路、目标要求和重大任务，全省上下在事关山西全局和长远的重大问题上形成高度共识，对山西省情和发展规律的认知和把握达到新的高度。11

月7日，中共中央办公厅印发《关于在北京市、山西省、浙江省开展国家监察体制改革试点方案》，部署在3省市设立各级监察委员会，从体制机制、制度建设上先行先试、探索实践，为在全国推开积累经验。12月29日至31日，中国共产党山西省第十一届委员会第二次全体会议暨经济工作会议召开，提出2017年是全面贯彻省第十一次党代会精神的起步之年，是供给侧结构性改革的深化之年，也是山西走出经济困难局面的攻坚之年，做好经济工作意义重大。总的要求是坚持新发展理念，坚持稳中求进工作总基调，坚持深化供给侧结构性改革与深化转型综改试验区建设有机结合，坚持以提高发展质量和效益为中心，以优异成绩迎接党的十九大胜利召开。

2017年1月18日，山西省监察委员会正式成立。1月19日，新成立的省监察委员会召开第一次干部大会。对进一步深化监察体制改革试点工作，加强监察委员会干部队伍建设，推进市县监察体制改革试点工作提出要求。截止到3月30日，在两个多月的时间里，全省130家市县监察委员会全部组建挂牌，将原来分散在全省131个纪委监察厅（局）的4430余名纪检监察干部和135个检察机关反贪、反渎、预防等部门的1885名检察干部整合至监察委员会，与纪委合署办公，履行党的纪律检查和国家监察两项职能，对全体党员和所有行使公权力的公职人员进行监督。2月9日，山西省召开国有资产监督管理暨党风廉政建设工作会议，指出了目前山西省国资国企存在的14项主要问题。其中布局不合理，一煤独大和股权结构单一，国有资本一股独大两项问题非常严重，提出要按照省委提出的"市场化取向、竞争力目标、专业化重组、股份制改造、现代化管理、科学化监管"的"六句话"总体要求来推进。3月16

日,晋商晋才回乡创业创新工程启动大会在北京举办。大会的主题是"新机遇、新晋商、新发展",旨在推介山西良好的投资环境和优越的创业创新平台,邀请海内外晋商晋才回乡创业创新,和家乡人一道"塑造美好形象、实现振兴崛起"。随后,山西省委、省政府发布《关于深入推进农业供给侧结构性改革 加快培育农业农村发展新动能的实施方案》,围绕调结构、提品质、转方式、促融合、降成本、促改革、补短板等8方面,推出41条政策措施,为山西省当前和今后一个时期的农业供给侧结构性改革指明了方向。4月28日,中国共产党山西省第十一届委员会第三次全体会议召开,会议对推进"两学一做"学习教育常态化制度化、开展维护核心见诸行动主题教育进行动员部署。4月28日至5月28日,中央第二环境保护督察组对山西省开展环境保护督察,并形成督察意见。督察组于7月30日向山西省委、省政府进行了反馈。督察指出,尽管近年来尤其是2016年下半年以来,山西省委不断强化绿色发展对经济社会发展全局全域的统领作用,把生态环保摆在全局工作的突出位置,生态环境保护工作取得积极进展,但多年形成的一些突出环境问题未得到有效解决,形势依然严峻:一是重发展、轻保护问题较为突出,二是不作为、慢作为问题多见,三是大气和水环境形势严峻,四是生态破坏问题依然突出。5月31日至6月1日,在长治召开了全省农村环境集中整治现场会,要求在全省大力推广长治市"五道五治"经验做法,扎实开展为期三个月的农村环境集中整治行动,加快建设美丽乡村,切实增强群众的获得感和幸福感。6月21日至23日,中共中央总书记、国家主席、中央军委主席习近平在山西视察,在听取了山西省委和省政府的工作汇报后,对山西经济社会发展取得的成绩和各项工作给予了肯定,指出"山西政治生态已经由'乱'转'治',山西发展已经由'疲'转'兴'",希望山西广大干部群众紧紧抓住机遇,勇于改革创新,果敢应对挑战,善于攻坚克难,不断推动各项事业向前发展。7月12日,中共山西省委十一届四次全体会议召开,会议深入学习贯彻习近平总书记视察山西重要讲话精神,审议通过《中共山西省委关于深入学习贯彻习总书记视察山西重要讲话精神的实施意见》《中共山西省委关于深入学习贯彻习总书记在深度贫困地区脱贫攻坚座谈会上重要讲话精神的实施意见》,对进一步做好下半年重点工作进行部署。7月26日至27日,在省部级主要领导干部"学习习近平总书记重要讲话精神,迎接党的十九大"专题研讨班上,中共中央总书记、国家主席、中央军委主席习近平发表了重要讲话,提出:"中国特色社会主义是改革开放以来党的全部理论和实践的主题,全党必须高举中国特色社会主义伟大旗帜,牢固树立中国特色社会主义道路自信、理论自信、制度自信、文化自信,确保党和国家事业始终沿着正确方向胜利前进。"7月30日,山西召开省委常委扩大会议,强调要把深入学习贯彻习近平总书记重要讲话精神作为当前首要政治任务,把思想和行动统一到习近平总书记的重要讲话精神上来,牢固树立"四个意识",切实增强"四个自信",自觉在思想上、政治上、行动上同以习近平同志为核心的党中央保持高度一致。8月18日,首届山西艺术节在山西大剧院隆重开幕,包含四大板块29项活动,历时40天。这是山西首次举办的综合性艺术盛会,是山西坚定文化自信,建设文化强省的表现。9月4日至5日,中共中央政治局常委、国务院总理李克强在山西长治、临汾考察。李克强总理说,有落后的产能,没有落后的人力。人是最宝贵的资源,要盘活现有存量,加快矿区后勤服务社会化,发展壮大新产业、新业态，更大释放人的潜能。9月11日，国务院出台《关于支持山西省进一步深化改革　促进资源型经济转型发展的意见》，《意见》是十八大以来国务院第一次专门就一个省的经济转型发展给予全面指导和支持，来之不易，非同凡响。《意见》鲜明提出山西要"建成资源型经济转型发展示范区""打造能源革命排头兵"，"示范区"和"排头兵"确立了山西在全国经济发展格局中的战略地位和作用。9月15日，山西召开十一届省委第四十二次常委会议，通过了《贯彻落实〈国务院关于支持山西省进一步深化改革　促进资源型经济转型发展的意见〉行动计划》《山西打造全国能源革命排头兵行动方案》和《关于强化实施创新驱动发展战略　进一步推进大众创业万众创新深入发展的实施意见》。《行动计划》确定了山西经济转型发展的主要目标：到2020年，重点领域供给侧结构性改革取得阶段性成果，能源革命总体效果不断显现，支撑资源型经济转型的体制机制基本建立。到2030年，多点产业支撑、多元优势互补、多极市场承载、内在竞争充分的现代产业体系基本形成，清洁、安全、高效的现代能源体系基本建成，资源型经济转型任务基本完成。9月20日至23日，山西省旅游发展大会在晋中市举办，以"华夏古文明，山西好风光"为主题，融工作推进、招商引资、旅游推介为一体。10月18日至10月24日，中国共产党第十九次全国代表大会召开。大会的主题是不忘初心，牢记使命，高举中国特色社会主义伟大旗帜，决胜全面建成小康社会，夺取新时代中国特色社会主义伟大胜利，为实现中华民族伟大复兴的中国梦不懈奋斗。11月6日至7日，中国共产党山西省第十一届委员会第五次全体会议召开。会议深入学习贯彻党的十九大精神和习近平总书记在十九届一中全会上的重要讲话精神，进一步对全省学习宣传贯彻党的十九大精神作出全面部署,并就做好当前工作提出要求。会议认为,2017年是山西发展进程中极不平常的一年,是山西经历重大转折、奋力开创新局面的一年。6月,习近平总书记亲临山西视察并发表重要讲话,为山西省进一步指明了前进方向,在山西发展史上具有重要里程碑意义。会议强调,当前山西改革发展处在关键时刻,面对决胜全面建成小康社会、打赢脱贫攻坚战的艰巨任务,面对建设资源型经济转型发展示范区、打造能源革命排头兵、构建内陆地区对外开放新高地的时代使命,面对山西人民日益增长的美好生活需要,全省广大党员干部尤其是领导干部一定要大力弘扬首创精神、奋斗精神、奉献精神,勇于担当、自加压力,迈出适应新时代节拍的铿锵步伐,创造无愧于新时代的业绩。11月初,为了深入推进工作,谋划明年思路,转变干部作风,提高工作本领,山西省委决定组织开展省、市、县三级万名干部大调研活动,重点面向经济社会发展领域展开。省委办公厅、省政府办公厅印发《关于在全省开展万名干部大调研的工作方案》的通知,开启了山西万名干部大调研活动。此次大调研活动的参加人员为省级领导,各市、县(市、区)和省直各部门县处级以上领导干部,省管本专科院校和省管国有企业负责同志。调研工作到12月15日结束。调研要紧紧围绕深入贯彻落实党的十九大精神和习近平总书记视察山西重要讲话精神,结合自身职责和正在做的事情,对全省经济社会发展中的重大问题开展。11月21日至23日,省委书记深入临汾、吕梁沿黄贫困县,在基层听取意见,在一线解决问题。他强调要扎实推进脱贫攻坚,加快沿黄公路规划建设步伐,为沿黄地区脱贫攻坚、区域发展提供有力支撑。12月26日,山西召开了十一届省委第五十一次常委会议,认真学习贯彻习近平总书记在寻乌扶贫调研报告上的重要批示,传达贯彻中宣部、中组部、教育部党组召开的加强和改进高校思想政治工作座谈会精神,研究 2018 年全省经济工作主要目标和重大举措,讨论构建内陆地区对外开放新高地和营造企业家健康成长环境的政策措施,听取全省万名干部大调研情况汇报。会议指出,习近平总书记在寻乌扶贫调研报告上就大兴调查研究之风作出重要批示,对于深入学习贯彻十九大精神,坚持求真务实作风、大力开展调查研究,具有重要指导意义。组织开展万名干部大调研是省委贯彻落实习近平总书记重要指示的具体举措。

第二章
改革开放铸就山西辉煌

改革开放的不断深入,为山西经济社会发展注入了强大的动力和活力。山西在改革开放 40 年的历程里取得了令人瞩目的发展成就,经济社会发生了整体性的深刻变化,这种变化不唯表现在经济发展速度和规模方面,还体现在产业结构变动、基础设施建设、人民生活改善、社会事业进步等方方面面。应当说,山西改革开放的发展是全方位的发展,山西改革开放的成就是全方位的成就。改革开放,铸就了今天走向辉煌的山西。

第一节 经济发展大跨越

改革开放 40 年里,山西的经济得到了跨越式的快速发展。与此同时,一些长期困扰山西经济的深层次矛盾和问题开始破题,一些长期制约山西经济发展的薄弱环节得到明显加强,干部群众发展理念、精神状态和创造活力不断提升,正阔步前进在全面建设小康社会的征程上。

一、国民经济持续快速增长，综合实力显著增强

改革开放的不断深入推进，促进了山西国民经济的快速发展。山西在40年的改革开放进程中，国民经济实现了持续快速增长，综合经济实力也得到显著增强。

从地区生产总值来看，1978年山西全省地区生产总值仅为88亿元，到2008年已增长至6938.73亿元，按可比价格计算增长了15.3倍，年均增长10.1%。党的十六大召开之后，山西步入快速发展的轨道，GDP总量连续突破4000亿元、5000亿元、6000亿元三大台阶，年均增速达到13.8%，成为改革开放以来增长最快的时期。"十二五"期间，山西全省地区生产总值由2010年的9088.1亿元增加到12 802.6亿元，年均增长7.9%。2016年，山西全省地区生产总值进一步增长至12 928.3亿元。与此同时，山西人均生产总值也实现了同步增长。1978年山西人均生产总值仅为365元，到"十二五"期末已增加到35 018元，2017年人均地区生产总值达到40 557元。

作为体现地方经济实力的标杆，山西财政总收入节节攀升。1978年，山西全省财政收入仅为19.6亿元，1988年翻了一番，达到39.0亿元。1995年超过百亿元，达到129.4亿元。2006年突破1000亿元大关。2007年达到1200.5亿元，比1978年增长60.1倍，年均增长15.2%。到"十一五"期末，山西全省财政总收入达到1810.7亿元，其中一般预算收入969.7亿元。"十二五"期间，山西一般公共预算收入由2010年的969.7亿元增加到1642.2亿元，

年均增长11.1%。2017年全年全省一般公共预算收入为1866.8亿元，增长19.9%。伴随着财政收入的增长，财政支出规模持续扩大，为经济建设和各项社会事业发展提供了雄厚的财力支持。

二、产业结构不断优化升级

产业结构优化升级是改革开放以来山西国民经济的重大变化之一。随着改革开放的深入推进，全省农业产业化步伐不断加快，工业主体地位进一步巩固，第三产业发展稳步推进。特别是党的十八大召开以来，山西加大力度优化产业结构，改造和提升传统产业，大力推进培育新的支柱产业，三次产业的比例关系更加趋于合理。1978年，山西省三次产业的比例为20.7∶58.5∶20.8，2008年演变为4.3∶61.5∶34.2。2017年，战略性新兴产业、非煤产业增加值占规定工业增加值比重分别达到9%、51.3%；服务业占GDP比重达到53.5%；旅游总收入由1813亿元增加到5360.2亿元，年均增长24.2%；高端碳纤维、笔尖钢、高铁轮轴钢等一批关键技术取得新突破，高新技术企业由290家增加到1117家。

农业生产全面进步，农村经济活力不断增强。改革开放以来，从深化农村家庭联产承包责任制到农村综合改革的推进，山西农业生产取得全面进步。一是农业生产能力大幅提高，全省粮食总产量逐年提高。1978年，山西全省粮食总产量只有70.7亿千克，分别于1982年、1990年和1996年，依次迈上80亿千克、90亿千克和100亿千克三大台阶。2010年山西粮食产量达108.5亿千克。"十二五"期间，全省粮食连续5年获得丰收，产量年均达到

127亿千克。2016年、2017年全省粮食综合生产能力稳定在130亿千克左右。二是畜牧业生产发展迅速。1978年，山西大牲畜存栏223.64万头，全省肉类总产量为15.42万吨。2017年全年全省猪牛羊肉总产量68.1万吨。三是农业生产条件明显改善。2017年全年全省机械耕地面积2733.2千公顷，增长0.7%；机械播种面积2617.0千公顷，增长0.4%；机械收获面积1854.6千公顷，增长1.4%。全年全省农机化经营总收入90.6亿元。近年来，山西在稳定粮食生产的同时，不断推进农村经济结构调整，初步形成了优质杂粮、草食畜、干鲜果和蔬菜四大特色产业，农业与农村经济呈现蓬勃发展的新气象。

工业经济迅猛发展，新型能源和工业基地建设全面推进。1978年山西全省工业增加值仅为48.1亿元，到2008年山西已形成拥有37个工业行业大类、147个行业中类、283个行业小类的比较完整的工业体系，拥有规模以上工业企业4500多家。全省工业增加值达到3833.8亿元。2016年全年全省规模以上工业企业实现主营业务收入13 957.0亿元，实现利润208.7亿元。随着结构调整的深入推进，传统产业的增长方式也发生了重大转变。一方面，煤炭产业集中度和整体素质不断提升。"十二五"期间，山西加快实施"革命兴煤"，大力推进"六型转变"，加快重组整合矿井改造，推进现代化矿井建设，形成3个亿吨级、4个5000万吨级的大型煤炭集团，潞安煤制油等一批现代煤化工项目积极推进，主力火电企业80%以上实现煤电联营；另一方面，新型产业逐步壮大。围绕发展七大非煤产业，山西通过设立战略新兴产业发展投资引导资金，布局实施了一批装备制造、新能源、节能环保等新兴产业项目。非煤产业投资占工业投资比重由2010年的64.1%提高到

2015年的80.2%，非煤产业增加值占工业增加值比重由42.4%提高到53.2%。装备制造业增加值占工业增加值比重由5.8%提高到10.4%。2016年，在经济局面极为困难的条件下，山西坚定推进煤炭行业去产能，退出煤炭产能2325万吨。2017年，山西退出煤炭产能2265万吨。

服务业稳步推进，成为经济发展的重要推动力量。1979年至2007年，山西全省服务业年均增速达到11.8%，高出整体经济增速1.7个百分点，服务业占全省经济总量的比重由1978年的20.8%上升到2007年的35.5%，上升14.5个百分点。至"十一五"期末，服务业占全省地区生产总值比重达到37%。"十二五"期间，服务业占全省地区生产总值比重进一步提高到了53%。2016年，全省第三产业增加值达到7217.4亿元，增长7.0%，占全省地区生产总值的比重达到55.8%。2017年，全省第三产业增加值达到8013.9亿元，增长7.8%，占生产总值的比重为53.5%。服务业各领域整体水平全面提升，为推进城市化进程和全省经济的又好又快发展提供了强劲的动力。

第二节　供给能力大提高

作为全国的能源基地，改革开放以来，山西的能源产业实现了飞速发展，产业规模不断扩大，供给能力持续提高，在国家的现代化建设中做出了重要贡献。

一、煤炭产量持续增长，保障国家经济发展的作用不断强化

改革开放以来，依靠独特的区位优势和丰富的矿产资源，山西作为全国能源原材料基地的定位逐步清晰，在全国能源供应中发挥了主力军的作用。改革开放初期，经过大规模投资建设，山西省煤炭产能大幅提高。1979年全省煤炭产量突破1亿吨，1985年突破2亿吨，到1990年达到2.86亿吨。20世纪90年代，山西煤炭产量增长缓慢。进入21世纪以后，山西煤炭产业进入高速发展的黄金期。煤炭产量由2000年的2.5亿吨提高到2011年的8.7亿吨，11年增长了2.5倍。山西煤炭行业经过"三大战役"、资源整合兼并重组，产业在集约化、规模化、现代化方面有了长足发展。进入"十二五"时期，全国经济增速放缓，煤价大幅下跌。2012年、2013年、2014年山西煤炭产量分别为9.1亿吨、9.6亿吨、9.77亿吨。2016年4月，山西省人民政府发布《山西省煤炭供给侧结构性改革实施意见》，明确提出要按照"依法淘汰关闭一批、重组整合一批、减量置换退出一批、依规核减一批、搁置延缓开采或通过市场机制淘汰一批"的要求，实现煤炭过剩产能有序退出，到2020年全省有序退出煤炭过剩产能1亿吨以上。2016年，山西圆满超额完成煤炭去产能任务，主动将关闭退出煤炭产能任务由21座煤矿增加为25座，退出过剩产能2325万吨。2017年，山西进一步关闭煤矿27座，退出产能2265万吨。

二、冶金工业规模不断扩大，产品供给能力持续增强

据统计，1978年山西粗钢产量为119.99万吨，至2007年增加到2503.4万吨，在全国排第五位，是1978年的21倍，30年年平均增长10.66%；1978年山西生铁产量为150.39万吨，至2007年增加到3427.2万吨，在全国排第五位，是1978年的23倍，30年年平均增长10.98%；1978年山西钢材产量为74.04万吨，至2007

太原钢铁集团有限公司是全球产能最大、工艺技术装备水平最高、品种规格最全的不锈钢企业

年增加到 2092.80 万吨，在全国排第八位，是 1978 年的 28 倍，30 年年平均增长 11.78%；1978 年山西铝产量为 0.5 万吨，至 2007 年增加到 105.75 万吨，是 1978 年的 211 倍，30 年年平均增长 19.54%。除此以外，镁、氧化铝等有色金属产品也从无到有，发展迅速。

"十二五"以来，山西依托铁矿石等资源能源优势，钢铁产业规模继续扩大。2017 年，山西全省生产生铁 3591.9 万吨、粗钢 4429.7 万吨、钢材 4335.4 万吨、原铝 98.5 万吨、氧化铝 1928.3 万吨。与此同时，山西冶金行业依靠技术工艺创新，积极开发新产品，走上优质化、规模化、高技术含量、高附加值的精品发展道路，努力培育新的竞争优势。一批优质产品如太钢 400 系不锈钢、核电用钢、超纯铁素体、铁路货车用钢、电工钢等高端产品的生产比例逐年增加，钢铁工业产品结构不断优化。

三、焦化产业快速发展，产业素质日益提高

改革开放 40 年来，山西焦炭工业在生产能力、企业规模、技术水平和经济总量等方面实现了快速发展。依托丰富的焦煤资源，适应国际、国内经济发展的需要，山西焦炭工业经过 40 年的发展，已成为国内乃至全球焦炭产量最大、输出量最多的生产基地。1978 年山西焦炭产量仅为 356.51 万吨，1988 年达到 1051 万吨，1998 年达到 5703 万吨。进入 21 世纪以来，山西按照"控制总量，调整结构，优化布局，保护环境，综合利用"的发展原则，不断推动焦化产业结构优化升级，在大力发展大机焦的同时，致力于淘汰土焦、改良

焦等落后生产力，焦化工业得到了迅猛发展。2003年焦炭产量达到6747万吨，2005年达到7981万吨，2008年达到8239万吨，2010年达到8476.3万吨。"十二五"以来，山西针对焦炭工业发展中存在的突出问题，以结构调整为主线，以自主创新为动力，以控制总量、淘汰落后、企业重组、技术改造、优化布局、节能减排、循环经济为重点，不断推动焦化产业优化升级和可持续发展。经过行业结构的大力调整，在产业素质明显提高的基础上，2016年山西全省实现焦炭产量8186万吨，2017年全省实现焦炭产量8383.1万吨。

四、电力产业蓬勃发展，输送电力持续增长

改革开放40年来，作为山西能源工业另一大支柱产业的山西电力工业生产建设，也取得了令人鼓舞的成绩。火电建设从小到大，水电建设从无到有，输变电建设从低到高，火电基地建设蓬勃发展，发电量迅猛增长。1978年全省发电量仅为106.63亿千瓦时，1998年达到554.03亿千瓦时，2000年达到624.71亿千瓦时。进入21世纪以后，山西电力工业以大力发展循环经济，着力建设新型能源和工业基地为指导，加快建设大型坑口电站和综合利用中煤、煤矸石的环保型电厂，发展能耗低、污染轻、耗水少、容量大的新型电力，资源配置不断优化。2005年发电量完成1316.5亿千瓦时，2007年发电量完成1760.51亿千瓦时。与此同时，山西电网建设也逐步完善。至2007年，山西电网已建成220千伏线路7890千米/255条，500千伏线路5287千米/58条。全省电网拥有220千伏及以上变电站97座，主变容量共计3540万千伏安。"十一五"期间，山西发

国内首座1000千伏特高压站

电装机从 2300 万千瓦增加到 5000 万千瓦以上。山西电网已建设成为结构合理、技术先进、安全可靠、运行灵活、标准统一、经济高效的现代化坚强电网。"十二五"期间，山西新增电力装机 2795 万千瓦，总装机达到 6966 万千瓦。晋电外送"两交一直"等一批重大项目加快建设，新一轮农网改造升级工程完成，新增 110 千伏及以上线路超过 1 万千米，新增变电容量 4686 万千伏安。2017 年年末山西全省发电装机容量 8072.7 万千瓦，（全社会）发电量达到 2765.5 亿千瓦时，全年向省外输送电力 774.9 亿千瓦时。

第三节　基础设施大发展

改革开放以来，随着大规模的经济建设，山西固定资产投资规模逐步扩大，基础设施建设投资逐步增加，基础设施建设日趋完善，全省基础设施状况得到根本性改变。

一、立体化交通体系日趋完善

改革开放40年来，山西的公路建设和运输生产得到很大发展，公路框架渐成规模，运输格局日趋合理。1978年，全省公路通车里程仅仅有27 261千米，其中二级路188千米，三级路3200千米，四级路16 487千米，等外路7386千米，符合技术标准的公路只占通车总里程的73%。"六五"期间，全省新建公路1411千米，桥梁516座，高级、次高级路面1200千米，新修通7个县油路和175个乡公路。"七五"期间，全省新增公路里程2022千米，纵贯全省南北的大运公路和新建、改建的9条煤炭外运公路建成通车，全省交通运输面貌发生了显著变化。1996年全省人民集资建成的太旧高速公路，是山西省第一条全封闭、全立交高等级公路，实现了山西高速公路零的突破。进入21世纪以来，山西以调整路网结构和运输结构为主线，大力实施"三小时高速通达"、县际公路改造、乡通油路、村村通水泥路"四大工程"，山西交通事业也进入历史上发展最快最好的时期，并跨入全国先进行列。至2008年，全省公路里程数已经达到12.5万千米。其中，高速公路里程达到1965.2千米，实现了与河北、河南、陕西等周边省份的全联通，基本实现了省会与各地级市3小时通达。全省84.6%的建制村通了水泥（油）路。省内铁路营业里程也达到2512千米，比1978年增加455千米。到"十一五"期末，全省公路里程数达到13.2万千米，其中高速公路3002.5千米。航空方面逐步形成了以太原武宿机场

荣获"鲁班奖"的太原武宿立交桥

为中心的，与长治、大同、运城、五台山等支线相结合的省内民用机场体系。

"十二五"期间，太中银铁路、山西中南部铁路通道、大西高铁太原至西安段等先后建成通车，太原地铁2号线、阳泉北至大寨铁路、晋中至太原轻轨、大同至张家口铁路等一批重大项目开工建设，铁路新增营业里程1422千米。灵丘至平鲁、忻州至保德等一批高速公路建成通车，高速公路新增通车里程2025千米。新建改建国省干线公路2538千米、农村公路19 065千米。吕梁机场、五台山机场、临汾机场建成通航。通达、便捷的立体化现代交通运输体系日益完善。2017年，山西全省铁路里程增加到5293千米，公路里程增加到14.3万千米，高速公路里程增加到5335千米，建成打通高速公路出省口10个、民用航空航线211条，大同、运城、五台山航空口岸开放和中鼎物流园区建设加快推进。

二、水利建设成效显著

改革开放40年，是山西水利事业创新发展思路、突破发展瓶颈、实现重大历史跨越的40年。从1980年开始，山西省政府明确提出了大力开源、全面节流、统一管理、加强保护的水利发展政策，采取了一系列在全国具有开创性的措施。改革开放40年来，历届山西省委、省政府都非常重视解决水问题，都把水利建设作为山西经济发展的战略重点，并带领全省人民坚持不懈治山治水、除害兴利，使山西水利建设取得了巨大成就。到2008年，全省共建成大中型水库731座，总库容46亿立方米；建成大中型灌区172处，有效灌溉面积120万亩；2000年以来启动的农村饮水解困和饮水安全工程累计使1000多万农民群众告别了吃水难；累计治理水土流失面积4.92万平方千米，治理度达到45%；建成近4000千米河道堤防，部分县城防洪标准达到十年一遇，太原、大同等重点城市达到百年一遇。到2010年，全省7座大型水库蓄水总量达到5.02亿立方米，当年全省解决农村饮水安全未达标人口316.4万，全省农村饮水安全人口全部达标。2017年，山西省突出抓好大水网攻坚和河流生态修复两个重点，强力推进农田水利、农村饮水、水保生态三大任务，全面提升水资源管理、水库安全运行与河道管理、防汛抗旱减灾、水利改革创新四项能力，持续推进水利改革发展各项工作向前迈进。2017年年末，全省大型水库蓄水量11.5亿立方米。

太原市娄烦县开展汾河水库环库绿化

"十二五"期间，山西继续积极推进水利建设。35项应急水源工程全部建成投用，病险水库除险加固全面完成，"两纵十横、六河连通"的大水网工程完成总投资的60%，辛安泉供水工程实现通水运行。古贤水利枢纽工程前期工作积极推进。全省供水量由60亿立方米提高到75亿立方米。2016年，山西水利突出抓好大水网攻坚和河流生态修复两个重点，东山供水工程具备通水条件，以汾河流域为重点的河流生态修复全面实施，全年共完成农田实灌面积2350万亩，农田水利发展基础进一步夯实。全省大型水库蓄水量达到12亿立方米。

三、邮电通信事业日新月异

改革开放40年来，山西邮电通信业发展迅速。1978年，山西全省长话电路总数仅仅为644路，交换机总容量为52 470门，接入邮电局交换机的话机仅有35 919部。农村通信更为落后。至2008年，全省完成邮电业务总量达到561.98亿元，比1978年增长396.3倍，年均增长22.9%。通电话的行政村达到100%，全省农村电话用户由1978年的1.77万户增加到了2007年297.5万户，增长167倍多；全省固定及移动电话用户总数达到2501.5万户，电话普及率达到73.3部/百人。全省宽带接入用户达到214.5万户。到"十一五"期末，全省邮电业务总量达到727.6亿元，其中电信业务总量688.2亿元，全省固定及移动电话用户总数2945.8万户，电话普及率85.1部/百人，全省宽带接入用户342.1万户。"十二五"以来，随着网络电信技术的快速发展，山西邮电通信事业取得了突飞猛进的发展。2015年，全省完成邮电业务总量511.3亿元，增长18.6%。2015年末移动电话用户从2011年的2446.9万户增加到3337.3万户。全省宽带接入用户606.1万户，增长6.1%。2017年全年全省完成邮电业务总量655.4亿元，增长69.5%。其中，邮政行业业务总量72.4亿元，增长27.3%；电信业务总量583.0亿元，增长78.0%。年末移动电话用户3647.9万户，其中，4G移动电话用户2583.3万户。全省宽带接入用户872.9万户，增长16.8%。

四、电力工业蓬勃发展，资源配置能力显著提升

改革开放40年来，电力工业作为山西能源工业的支柱产业之一，也取得了令人鼓舞的成绩。火电建设从小到大，水电建设从无到有，输变电建设从追赶到引领，新能源发展突飞猛进，新型能源和工业基地建设蓬勃发展。国家电网公司在央企中首家出台《关于贯彻落实支持山西省进一步深化改革促进资源型经济转型发展意见的通知》（国家电网发展〔2017〕862号），制定19条落实举措，积极投身电力供给侧结构性改革，勇当能源革命排头兵。

1978年，山西省发（用）电量94.168亿千瓦时；2004年12月30日，山西省发（用）电量首次突破1000亿千瓦时，达到1069亿千瓦时；2010年12月30日，山西省发（用）电量首次突破2000亿千瓦时，达到2150亿千瓦时；2017年山西省发（用）电量达到2765.51亿千瓦时，40年翻了30倍，山西省发（用）电量不断创历史新高。

1984年7月21日，山西第一条500千伏输电线路——大同—

北京房山500千伏超高压输电线路建成投产,正式向首都北京送电,开全国"西电东送"先河,也是"晋电外送"第一条超高压输电线路。

1997年至2002年,国家"九五"计划重点项目、全国第一座远距离跨省区、变输煤为输电示范工程、中美合资建设的亚洲最大无烟煤坑口电站——阳城电厂全部建成投产,通过超高压交流输电线路,向江苏省电网送电。中外六方投资建设开启了合作办电的序幕。阳城电厂三期工程全部建成后,装机总容量达726万千瓦,每年向江苏省输电约390亿千瓦时,消耗当地无烟煤约1550万吨,助推山西资源优势转化为经济优势。

2006年至2009年,中国首条电压等级最高、投入商业运营的电网工程——晋东南—南阳—荆门1000千伏交流特高压试验示范工程在山西长治投运,向湖南省电网送电。标志着我国在特高压输变电核心技术和设备国产化上取得重大突破,南北"水火互济"实现更大范围的能源资源优化配置,对保障国家能源安全和电力可靠供应具有重要意义。

山西农村电网发展日新月异。1978年初,山西省实现县县通电。1983年12月31日,山西省农村实现社社通电。2006年10月22日,山西省农村实现户户通电,工程惠及大同、朔州、忻州、晋中、临汾、运城、长治7市的34县、652村、17 572户、64 443人。

1998年至2005年,山西全省分两期实现农电"两改一同价",累计改造农户625.8万户,减轻农民负担1.5亿元。2008年至2009年,国家电网公司在山西投资210亿元,完成拉动内需城农网建设与改造项目,助推山西经济社会又好又快发展。2016年至2017年,山西省小城镇(中心村)电网改造升级和"井井通电"工程提前三个月完工。其中,机井通电工程728项,通电机井4.5万眼,惠及农田785.57万亩；小城镇（中心村）工程332项，改造小城镇（中心村）1491个；村村通动力电工程55项，改造自然村460个，山西提前打赢新一轮农网改造升级"两年攻坚战"，为农村经济社会发展、全面建成小康社会提供了坚强电力支撑。

进入新世纪以后，山西电力工业大力发展循环经济、节能低碳新能源产业，着力建设新型能源和工业基地，加快建设大型坑口电站和综合利用低热值煤的环保型电厂，发展太阳能光伏、风电等新能源产业，山西电网建设不断实现跨越式发展，山西电网形成了以"三交一直"（1000千伏晋东南—南阳——荆门、蒙西—晋北—天津南、榆横—晋中—潍坊交流，±800千伏晋北—江苏直流）特高压为核心，以500千伏"三纵四横"为骨干网架，220千伏分区环网运行，110千伏及以下电网等级覆盖全省城乡的供电网络格局。山西电网优化配置能源资源能力和水平不断提升，推动能源生产和消费再电气化，构建能源互联网，以清洁和绿色方式满足人们电力需求，为山西融入全国统一电力市场提供了基础平台。

2015年至2017年，国家电网公司在山西投资210亿元的国家大气污染防治行动计划重点输电通道——1000千伏"两交三直"特高压工程、三个特高压交直流变电站竣工投运，山西电力外送电通道建设水平显著提升，服务山西能源基地开发外送、支持山西资源型经济转型发展水平显著提升。

截至2018年5月底，全省发电装机8211.23万千瓦，全国排名第8，其中火电装机6405.82万千瓦，占比78.01%；新能源装机1560.66万千瓦，占比19%。新能源并网发电运行和优先消纳的管理水平显著提升，山西电网全面完成新能源消纳指标，新能源实现完全消纳。

蒙西—天津南1000千伏特高压输电线路盘旋在三晋大地上

截至2018年5月底，山西电网拥有35千伏及以上变电站1277座、变电容量1.6亿千伏安，输电线路3099条、长度5.07万公里。在保障全省电力供应的同时，山西电网作为国家"西电东送"北通道之一，目前已建成9个外送通道、18回线路，外送能力达到3830万千瓦，山西电网向京津唐、河北、江苏、湖北、山东等地外送电力能力大幅攀升。截至2018年5月底，全省外送电量339.44亿千瓦时，全国排名第3，增长23.91%。改革开放40年来，全省累计外送电量超过一万亿千瓦时，山西"变输煤为输电"战略有效实施。

第四节 对外经济大飞跃

改革开放 40 年，山西立足于内陆省份区位特点，依托资源优势，在"对内搞活，对外开放"方针指引下，积极拓展对外贸易，贸易规模不断发展壮大，逐步形成了全方位、多层次、宽领域的发展格局，有力地促进了全省经济社会的发展。

一、进出口规模不断扩大

十一届三中全会后，随着对外开放政策的确立和对外贸易体制改革的不断深化，山西对外贸易不断向纵深推进。特别是成功加入世界贸易组织，为山西对外贸易发展创造了良好环境，有力地促进了全省对外贸易的强劲增长。"十五"时期，全省进出口贸易以年均 25.8% 的速度增长，比"九五"时期的平均增长速度提高 21.2 个百分点，比全国的年均增长速度提高 5.8 个百分点。"十一五"时期，山西对外贸易继续保持较快增长的良好发展态势。到 2010 年，全省海关进出口总额达到 125.8 亿美元。"十二五"期间，山西对外贸易继续快速发展。到 2015 年，全省海关进出口总额达到 147.2 亿美元。2016 年，全省海关进出口总额达到 1099.0 亿元，增长 20.5%。2017 年，全省海关进出口总额 1161.9 亿元，增长 5.6%。其中，进口额 471.5 亿元，增长 6.0%；出口额 690.3 亿元，增长 5.3%。

与此同时，山西在全国对外贸易中的地位也不断提高，进出口商品结构得到优化。特别是"十五"以来，山西积极大力进行科技兴贸和发展品牌战略，促进了出口商品结构的优化。2007年工业制成品出口额占出口总额的比重达到61.8%，比2005年提高9.9个百分点。2007年全省加工贸易出口占出口总额的比重为28.1%，在中部6省中位居第2位，仅比第1位的湖北低0.1个百分点。随着经济全球化与区域经济一体化的发展，山西与欧盟、美国、日本三大经济体、周边国家（地区）、东盟及其他贸易伙伴的贸易合作全面发展，贸易市场多元化格局逐步形成。2017年，山西全年出口煤炭3.0万吨，增长1.3倍；出口焦炭20.5万吨，下降15.8%；出口镁及其制品4.3万吨，下降13.5%；出口钢材133.2万吨，下降6.3%，其中，不锈钢96.0万吨，增长20.1%；出口机电产品468.5亿元，下降2.3%；出口高新技术产品400.7亿元，下降3.6%。2017年，山西全年进口铁矿砂504.0万吨，下降42.6%，进口金额20.5亿元，下降33.1%；进口机电产品282.7亿元，增长9.8%。

二、招商引资取得显著成效

山西始终坚持把招商引资作为扩大开放的中心环节和重中之重。1984年，第一届山西省国际经济技术合作洽谈会在太原成功举办，山西第一家中外合资企业华杰电子有限公司成立，标志着山西直接利用外资的起步。1987年9月，当时全国最大的中外合作经营项目、国家第一个中美煤炭合作项目——山西平朔安太堡露天煤矿投产。1992年邓小平"南方谈话"后，山西出台了一系列对外开放和招商引资的优惠政策。从1996年开始，山西利用外资进入快速增长阶段，截止到2000年，5年累计吸收外商直接投资12.7亿美元，年均2.5亿美元，年均增速达到28.6%。党的十六大召开以来，山西积极承接国际、国内产业转移，改善投资发展环境，创新招商引资方式，通过港洽会、中博会、珠洽会、煤博会等一系列大型招商活动的开展，招商引资的触角已成功伸向长三角、珠三角、沿黄协作区、环渤海经济区、中部地区。从2005年开始，山西推出了一系列扩大开放和加大利用外资的政策举措。2005年到2007年，全省吸收外商直接投资分别达到27 516万美元、47 199万美元和134 283万美元，分别比上年增长205.0%、71.5%和184.5%，成为改革开放以来山西利用外资增长最快的时期之一。到"十一五"期末，全省实际使用外商直接投资金额达到151 000万美元。"十二五"期间，山西通过举办中博会、能博会等活动，招商引资成果丰硕。全省吸收省外投资实际到位1.78万亿元，实际直接利用外资132亿美元，同比增长43.6%。2017年全年全省新设立外商直接投资企业48家。按全口径统计实际使用外商直接投资金额16.9亿美元，下降27.5%。全年全省对外经济合作新签合同额10.5亿美元，增长3.7倍，完成营业额7.1亿美元，增长3.8%。开展山西品牌中华行、丝路行活动。新增国际友好城市7对，举办低碳论坛、平遥国际摄影大展、国际电影展等重大对外交流活动。复制推广自由贸易实验区改革试点经验，启动山西自由贸易试验区申报，成功开通中欧、中亚班列，全省进出口总额达到1162亿元。2017年，太原武宿机场年旅客吞吐量首次突破1000万，达到1200万人次，进入全国繁忙机场行列。

三、全方位对外开放格局基本形成

40年来,山西坚持不懈扩大发展空间,逐步形成了全方位对外开放的新格局。从建成全国第一家大型外资企业——平朔安太堡露天煤矿到引进14家世界500强企业,从1981年首家进出口公司成立到2007年进出口总额突破100亿美元,全省坚持以开放促改革促发展,积极"引进来"、努力"走出去",实现了从封闭半封闭到全方位开放的历史性转变。"十二五"期间,山西进一步深化区域合作和对外交流,与11个兄弟省份签署战略合作协议,与美国西弗吉尼亚州等正式建立友好省州关系。成功举办了中博会、能博会、文博会、农博会、书博会、体博会、晋商大会,央企山西行等大型活动。

山西省第十一次党代会以来,山西把握大势,抢抓国家"一带一路"建设、京津冀一体化、环渤海经济圈发展等重大战略机遇,确定了"东融南承西联北拓"的开放发展战略。面对"一带一路"倡议机遇,山西主动对接,出台了实施方案。2016年12月初,山西启动开发区二次创业,按照占全省面积2%左右来规划布局开发区建设,整合太原都市区范围内8个开发区设立山西转型综改示范区。开发区成为山西扩大对外开放的重要载体。2017年新年伊始,山西党政代表团赴天津学习考察,召开两地工作交流座谈会,签署《全面深化合作框架协议》。与此同时,全省外贸发展方式进一步转变,建成5个国家级和42个省级外贸转型升级基地,手机、不锈钢成为新的出口主导产品。自2016年9月以来,山西先后与苏宁、华为、阿里巴巴、百度、中国核工业集团、中国兵器工业集团等一批行业龙头企业签订战略合作协议。2017年3月16日,山西在北京举行晋商晋才回乡创业创新工程启动大会,出台一揽子激励政策,引导晋商晋才"凤还巢"。

2017年6月,习近平总书记视察山西,提出山西"打造内陆地区对外开放新高地"的重大任务,为山西下一步的工作指明了方向。与此同时,山西也已经拉开开发区改革创新发展的大幕,设立山西转型综改示范区,开展优化营商环境"1+9"专项行动,唱响"人说山西好环境"……随着政治生态由"乱"转"治"、发展由"疲"转"兴",山西对外开放正展开全新画卷。

第五节　人民生活大改善

改革开放40年来,广大山西人民切身感受着党的富民政策带来的幸福生活,共同享受着改革发展的成果。20世纪80年代居民生活从贫困走向温饱,90年代逐渐迈向小康,20世纪末全省总体平均生活水平跨进小康社会的初级阶段。进入21世纪,居民生活逐步走向富裕,向全面小康社会大步推进。

一、城乡居民收入稳步快速增加

在城镇居民收入方面,随着改革为山西经济的发展注入强大活力及改革带来的百业兴旺和市场繁荣,山西省城镇居民收入大幅度提高。1978年山西省城镇居民人均可支配收入仅为301元。之后40年里始终保持了稳步快速的增长。2006年山西城镇居民人均可支配收入突破万元大关。即便是在2009年遭遇金融危机的重压下，仍然保持了6.7%的增长速度，人均可支配收入达到13 996.6元。2010年，全年城镇居民人均可支配收入达到15 647.7元，比上年增长11.8%。"十二五"期间，山西城镇居民人均可支配收入年均增长10.7%，2015年达到25 828元。2017年，全省城镇居民人均可支配收入29 132元，增长6.5%。

在农村居民收入方面，1978年山西农民人均纯收入为101.6元，到2006年全省农村居民人均纯收入迈上3000元台阶，达到3180.9元。2010年，全省农村居民人均纯收入达到4736.3元。"十二五"期间，农村居民人均可支配收入年均增长12.4%，2015年达到9454元。2017年，全省农村居民人均可支配收入10 788元，增长7.0%。

二、居民消费持续增长，消费结构发生显著变化

随着山西城乡居民收入水平的大幅提高，居民消费持续增长，并且消费结构也发生了质的变化。

1978年，山西城镇居民人均消费性支出为275元，2008年已增长至8806.55元，2010年增长至9792.7元，2015年增长至15 819元，2016年达到16 993元。2017年达到18 404元，增长8.3%。1978年，山西农村居民人均消费性支出为91元，2008年增长至2683元，2010年增长至3663.9元，2015年增长至7421元，2016年达到8029元。

2017年，农村居民人均消费支出8424元，增长4.9%。

与此同时，城乡居民消费结构加快转型升级，逐步由温饱型向享乐型和发展型转变，住房、家用轿车、旅游、文化娱乐、交通通信等消费热点持续升温，居民生活条件和居住环境不断改善。城乡居民家庭的"三大件"不断升级变迁。城市居民家庭恩格尔系数（即居民家庭食品消费支出占家庭消费支出的比重）由1978年的55.5%下降为2017年的23.1%，农村居民家庭恩格尔系数由1978年的67.3%下降为2017年的27.4%。

三、社会保障制度不断健全

20世纪80年代中期，根据党中央、国务院关于改革社会保险制度的指示精神，山西省开始对养老保险制度进行改革。到1991年，全省有25个市县实行了退休费社会发放。从1994年开始，山西省国有企业职工养老保险基金省级统筹的范围由过去的固定工、合同制职工扩大到全部职工。1996年底，全省参加省级统筹的国有企业达到7864户、职工151.2万人、离退休人员33.2万。从1998年7月1日起，山西将城镇集体企业、私营企业等各类企业和职工纳入省级统筹范围。随着全省财政状况的好转，对社会保险支持力度不断加大，养老金社会发放面迅速提高。到2002年底，全省参加养老保险的职工达到276万人。

进入21世纪以来，随着新型农村合作医疗、新型农村养老保险等社会保障制度的实行以及《中华人民共和国社会保险法》等相关法律法规的颁布和实施，山西城乡社会保障制度进一步趋于完善，社会保障规模进一步扩大。2017年年末山西全省参加城镇职工基本养老保险795.7万人，比上年末增加36.4万人；参加城乡居民基本养老保险1554.2万人，增加4.6万人；参加城镇职工基本医疗保险666.3万人，增加6.4万人；全省实现城乡居民基本医疗制度整合并轨，参加城乡居民基本医疗保险2552.6万人；参加失业保险420.6万人，增加5.4万人；参加工伤保险584.1万人，增加8.1万人；参加生育保险465.2万人，增加6.7万人。全年发放城市最低保障资金20.1亿元。14.7万人纳入农村"五保"供养。

四、社会就业稳定增长

改革开放40年来，中共山西省委、山西省政府始终以经济建设为中心，针对不同时期就业工作特点，采取多种措施创造就业岗位，扩大就业：一是大力发展集体经济和私营个体经济，吸纳了大量劳动力就业；二是结合产业结构调整，大力发展第三产业扩大就业；三是坚持市场化改革方向，通过市场力量配置劳动力资源，劳动力市场已成为劳动力实现就业的主要渠道。"十二五"以来，山西以高校毕业生、农村转移劳动力、城镇困难人员、退役军人等群体为就业工作重点，实施了一系列政策和部署。实施大学生创业引领计划和离校未就业毕业生就业促进计划，政府连续两年购买基层公共服务岗位，吸纳13 974名大学生就业。设立创业投资基金支持创业，实行劳动者创业"先贷后补"办法，开展创业型城市创建活动，建成省级大学生创业园和213个创业基地。实施缓缴困难企业社保费、降低社保费率、发放稳岗补贴等措施，鼓励企业吸纳更多劳动者就业。托底安置"零就业"家庭等困难人员22.9万。5年城镇累计新增就业255.9万人，转移农村劳动力197.7万人。2017年全年全省城镇新增就业51.8万人、转移农村劳动力40.2万人，年末城镇登记失业率3.4%。

第六节　社会事业大进步

改革开放以来，山西各项社会事业得到了全面发展，和谐社会建设稳步推进，人民群众得到实实在在的好处。

一、科技成果不断涌现

改革开放以来，在山西省委、省政府的高度重视和大力支持下，经过全省科技人员的共同努力，在农业、能源、冶金、机械、化工、材料、基础研究及前沿技术等方面取得一大批具有重大影响的科技成果，技术的推广应用产生了显著的经济社会效益，为山西省乃至全国的经济社会发展起到了强有力的支撑和引领作用。1979年至2007年，全省获省级奖励的成果达到7248项；1985年至2007年，全省获国家奖励的成果达到229项；专利申请量由1985年的140件上升到2007年的3333件。党的十八大以来，振奋人心、标志性重大的科技成果在山西不断涌现，科技创新迎来了前所未有的"黄金五年"。2012年至2017年，全省共有43项主持和参与完成的重大科技成果荣获国家科学技术奖。

"十二五"期间，山西深入实施创新驱动发展战略，山西科技创新城全面开工建设，中科院、清华大学等35个研发机构入驻，首批21个项目进入全面建设阶段。潞安集团国家煤基合成工程技术研究中心获批，新增国家重点实验室3个。2017年，来自海内外的两院院士、国家"千人计划""万人计划"等高层次晋商晋才代表齐聚一堂，与山西签订了一批规模大、带动性强、对产业转型升级和创新驱动具有战略意义的项目协议。

二、教育事业不断发展

改革开放40年以来，山西始终把教育放在优先发展的地位，大力调整教育结构，努力提高教育质量。至2007年末，全省高等学校发展到59所，比1978年增加了43所；中等专业学校88所，增加了15所；农村义务教育全部纳入公共财政保障范围，"普九"人口覆盖率达到100%，高中阶段毛入学率达到76%。

"十二五"期间，山西大力实施义务教育标准化建设工程和农村薄弱学校改造计划，52个县（市、区）通过国家义务教育均衡发展评估认定。新建改扩建标准化公办幼儿园1049所，改造农村幼儿园2738所。进城务工人员随迁子女实现在就读地参加中考、高考。城乡特殊教育生均公用经费补助标准由310元、750元统一提高到5000元。全部免除中等职业学校学生学费，每年惠及50万学生。高职生公用经费补助标准达到9000元。新增7所本科院校，11个设区市都有了本科院校和高等职业院校，10所高校、13万师生入驻高校新校区。

山西省委、省政府把提高贫困地区教育水平放在突出位置,以"两不愁、三保障"为主要目标,统筹教育资金和项目向贫困地区倾斜,并出台了一系列政策举措。2017年以来,山西全省学前教育阶段受助幼儿达到14.52万人,义务教育阶段营养改善计划受助学生达到25.9万人,农村家庭经济困难寄宿受助学生达到19.13万人,普通高中受助学生达到16.56万人,中等职业教育受助学生达到44.87万人。同时,山西继续实施"全面改薄"工程,推进农村学生营养改善计划实现贫困县全覆盖,特岗教师计划向全省58个贫困县优先安排,优先支持贫困县普通高中改善办学条件,继续完善从学前教育到高等教育的资助体系,为集中连片特困县2.6万名乡村教师提供生活补助1.11亿元。

三、医疗卫生事业不断进步

通过改革开放以来40年的不懈努力,山西基本建立了适应社会主义市场经济要求的基本医疗保险、补充医疗保险、公费医疗和商业医疗保险等多种形式的城镇职工医疗保障体系。1978年,山西全省卫生技术人员7.6万人,各级各类卫生机构2250个,卫生机构床位数6.5万。到1985年底,山西省医疗卫生机构发展到5827个,医院病床81 975张,城乡卫生人员达到110 490人。进入20世纪90年代以后,山西省政府专门下达了《关于加强农村卫生工作的意见》,制定了2000年人人享有卫生保健的规划目标。从2003年开始,山西开展了由中央财政、地方财政和农民自愿参加筹资、以大病补助为主的新型农村合作医疗试点,具有中国特色的基本医疗保险框架已经初步形成。2009年初，山西省委、省政府决定用2009年至2010年两年时间，在农村实施"五个全覆盖"工程，其中包括县、乡、村三级卫生服务体系特别是村级卫生室全覆盖。2010年，"五个全覆盖"任务圆满完成。

"十二五"期间，山西进一步扎实推进医药卫生事业改革发展。县级公立医院综合改革实现全覆盖，太原、运城城市公立医院改革试点稳步推进。基层医疗卫生机构和村卫生室全部实行基本药物制度。人均基本公共卫生服务经费由15元提高到40元，12类45项服务惠及城乡居民。新建和改扩建医疗卫生机构7435个，新增三级甲等医疗机构13所，山西大医院建成投用，山西省儿童医院新院区主体工程建设完工。

2017年2月，山西省委书记在短时间内两度组织召开省委常委会议和深改组会议，审议通过《"健康山西2030"规划纲要》和《关于进一步深化医药卫生体制改革的意见》，提出要统筹推进医疗、医保、医药"三医"联动改革，在强化大病医疗保障、建立分级诊疗制度、推进公立医院综合改革、探索县乡一体化改革等关键性改革上取得突破性进展，打造具有山西特色的医改亮点，迈入全国医改先进行列。

四、文化服务体系不断完善

改革开放以来，山西的文化建设进入新的兴盛期，各类文化机构先后恢复，文化阵地逐步繁荣，各项工作蓬勃开展。进入21世纪以来，山西的文化建设迈开了新步伐。2002年，山西省委、省政府提出要实施文化强省战略,并制定出台了山西省建设文化强省的发展规划纲要。此后,山西陆续制定了一系列重要文件,并主要抓了以下几个方面的工作。

一是深化文化体制改革。从2003年开始,山西确定了29个改革试点单位,积极推进改革,先后组建了山西日报报业集团、山西出版传媒集团、太原文广集团等。2008年9月,山西召开了文化体制改革推进工作会议,对改革进行了全面部署。2009年,山西省委、省政府先后出台了包括文化体制改革、文化产业发展,以及相关配套政策在内的4个文件,进一步明确了改革的时间表、路线图和任务书,推动全省改革进入新的阶段。全省市、县两级文化局、广电局、新闻出版局三局合一,广电局、电视台实现了局台分离。山西出版传媒集团、山西广电信息网络集团、山西日报传媒集团、山西广播电视传媒集团、山西演艺集团、山西影视集团等六大省属文化企业集团相继挂牌成立。全省10家出版社、110家新华书店、163家文艺院团全部转为企业,成为新型市场主体,全面走向市场。

二是健全公共文化服务体系,文化基础设施建设迈上了新台阶。"十二五"期间,省图书馆、科技馆、山西大剧院、山西体育中心建成投入使用,全省公共图书馆、文化馆、美术馆全部实现免费开放。各个市县根据实际,兴建了一大批新型现代化文化中心、博物馆、展览馆、图书馆等。

三是进一步加强基层文化服务。"十二五"期间,政府购买公共演出服务全面推行,首批112个乡镇开展乡村文化记忆工程试点,"强健体魄·阳光生活"等全民健身活动广泛开展,成功举办了第14届省运会,山西省体育健儿在伦敦奥运会等国际国内重大赛事

杀虎口

上取得了好成绩。

四是依托民族民间文化艺术和革命根据地文化优势，创作出一大批具有独特地方特色和风格的优秀艺术作品和文化品牌。山西在全省范围内规划了构建北、中、南、东南和沿黄地带五大特色文化产业区，明确提出打造包括"华夏之根""黄河之魂""佛教圣地""晋商家园""古建瑰宝""边塞风情""关公故里""抗战文化"等八大文化品牌。全省先后成功举办了"华夏文明看山西"、经济文化艺术周等系列活动，组织了平遥国际摄影大展、"我们的节日·清明"等节庆活动，极大地提升了山西的形象，增强了山西的吸引力和影响力。

五、生态环境不断改善

改革开放以来,随着经济建设的快速发展,生态问题日益突出,作为全国能源重化工基地的山西更是如此。党的十五大后,山西在生态建设方面就开展了卓有成效的工作。党的十六大提出了走新型工业化的道路,生态建设得到进一步的重视。到2010年,"蓝天碧水"工程362项指标全面完成,"蓝天碧水"工程基本实现。"十一五"期间,全省森林覆盖率达到14.12%,环境空气质量明显改善,全省11个地市环境空气质量二级以上天数平均由136天提高到334天,增加198天。

"十二五"以来,山西狠抓节能减排和环境保护,生态文明建设取得新成效。在推进节能降耗方面,"十二五"期间淘汰落后钢铁产能1498万吨、焦炭3507万吨、水泥4085万吨、电力182万千瓦。万元地区生产总值综合能耗超额完成下降16%的目标任务,万元工业增加值用水量下降27%,工业固废综合利用率达到65%,全省主要污染物排放总量显著下降,环境质量全面改善;在加强生态建设方面,坚持不懈推进造林绿化,5年营造林2252万亩,森林覆盖率、林木蓄积量显著增加,吕梁山生态脆弱区治理步伐加快。治理水土流失面积1820万亩,全省地下水位连续8年持续回升,汾河流域生态修复治理工程全面启动。2017年年末,山西全省森林面积321.1万公顷,森林覆盖率20.5%。

汾河、桑干河、滹沱河、漳河、沁河、涞水河、大清河七大河流,流域面积11.2万平方千米,占全省总面积的72%,多年来出现了不同程度的断流、干涸现象。近年来，省委、省政府高度重视生态文明建设，全面加快"两纵十横、六河连通"的大水网建设，持续推进太行山吕梁山水保生态建设，在先期启动实施汾河流域生态修复的基础上，全面谋划实施桑干河、滹沱河、漳河、沁河、涑水河、大清河六河生态修复，全省以"两山七河"为重点的生态修复攻坚战全面打响。2017年6月，桑干河治理工程在大同县吉家庄村正式开工，全省七河生态修复工程同时启动，标志着山西省生态文明建设和山水林田湖系统治理打响了又一重大战役。

滹沱河湿地公园

第三章
谱写"三农"翻天覆地新篇章

改革开放之前,山西同全国一样,在"一大二公"的体制下,广大农民缺乏生产经营自主权,"大锅饭"严重挫伤了生产积极性,农业生产的发展速度不快,农民生活水平提高缓慢。1978年,全省农民的口粮平均只有188千克,人均分配收入仅70.6元(另有其他收入二三十元)。能达到人均250千克口粮和100元收入的先进队只占总队数的10%。1978年12月党的十一届三中全会召开后,改革的帷幕首先在广阔的农村大地拉开。改革开放40年来,山西省农业、农村、农民发生了翻天覆地的巨大变化。

第一节　农业生产经营体制的巨大变革

1958年8月中共中央政治局在北戴河召开会议,通过了《关于在农村建设人民公社问题的决议》,决定在全国农村普遍建立人民公社。山西省委召开一届十一次全体扩大会议,讨论通过了《关于人民公社若干问题的意见》,决定在全省建立人民公社800个左右。会后，全省在短短 20 多天时间内就把 2.1 万个各级农业合作社合并为 890 个人民公社，实现了人民公社化。农村改革首先要从不适应生产力发展要求的生产经营体制开始破题。

一、农村家庭联产承包责任制

（一）农村家庭联产承包责任制的普遍推行

中共十一届三中全会以后，中共山西省委在纠正"左"的错误的同时认真贯彻执行中共中央关于农业的两个文件，开始落实一系列党的农村经济政策。改革开放起步之初，山西是全国最早推行包产到户、全国较早确立农村家庭联产承包责任制的省份。山西农村家庭联产承包责任制的普遍推行，经历了一个曲折的过程，大体上可分为以下几个阶段：

第一个阶段，包产到组、联产到劳、包产到户和包干到户责任制由秘密出现到部分地、县开始公开实施。

1978 年 2 月 15 日，闻喜县裴庄公社南郭大队第三生产队，在队长孙炳新的率领下秘密地实行了包产到户，他把 73 亩棉田包给了 19 户社员。尽管当年遭受了旱灾和虫害，但棉花亩产仍增加到 42 公斤，比历史最高年翻了一番。闻喜县南郭大队的包产到户，早于安徽省肥西县山南大队包产到户约 9 个月，早于安徽省凤阳县小岗大队包产到户至少 10 个月。中共十一届三中全会后，闻喜县委明确提出只要坚持公有制，坚持按劳分配，什么责任制形式都可以实行；提倡联产计酬，特别是联产到劳；允许在边远山区实行包

第三章 谱写"三农"翻天覆地新篇章

产到户。到1980年初,闻喜全县有75%以上的生产队将棉花和秋粮作物联产到劳;有8%的生产队将小宗经济作物和工副业实行大包干;有8%的生产队实行包产到户。

1978年冬,方山县峪口公社圪叉嘴大队在极度贫困下就秘密地自发组织开展了农业生产上的包产到组。1979年冬,村里制定出了统一计划、统一耕种、统一作物安排和分户管理的"三统一分"的办法,土地正式下放到户。

1979年秋,坪头公社赵家山大队试行了"以队核算,以牛划组,定产到田,责任到人,以户管理,全奖全赔"的联产到劳责任制,成为吕梁山上第一个组织耕牛作业组,包产到人、到户的生产大队。

第二个阶段,包产到组、包产到户和包干到户暂时受阻与在全省山区的广泛实施。

1979年3月15日,《人民日报》在头版头条发表了张浩《"三级所有,队为基础"应当稳定》的来信和编者按,提出搞分田到组,是脱离群众,不得人心的,应当坚决纠正。1980年2月5日至13日,中共山西省委举行的地、市委书记会议也提出,三级所有、队为基础的制度不能变,不能把作业组变成一级核算单位;除某些副业生产和独门独户外,不要搞包产到户,不能借"口粮田""责任制"的名义搞分田单干,对于搞了包产到户的,要引导他们逐渐回到集体经济的轨道上来。山西农村家庭联产承包责任制的改革面临着重大的冲击和阻力,但这种阻力是暂时的。

1980年4月9日,《人民日报》发表《联系产量责任制的好处很多》,指出包产到户是集体生产责任制的一种形式,不是分田单干,用大量事实驳斥了对包产到户的非难。1980年5月31日邓小平在同中央负责工作人员谈话时也肯定了安徽的农村改革。邓小平对包产到户的肯定打破了人们的僵化思维和畏惧心理。7月，中共山西省委、山西省人民政府制定《加快晋西北28县农业生产发展的具体办法》，明确提出在那些困难、落后的地方可以包产到户。9月14日至22日，中共中央召开各省、市、自治区党委第一书记座谈会，并印发了《关于进一步加强和完善农业生产责任制的几个问题》（中发〔1980〕75号文件），这个文件是中国共产党首次正式肯定包产到户和包干到户。

1980年10月初，中共山西省委召开常委会，传达讨论了中共中央座谈会和75号文件精神，10月6日晚，中共山西省委召开了全省各地、县委书记电话会，要求各级党委一定要尽快研究确定适合本地情况的责任制形式，不搞"一刀切"，不搞强迫命令。到1980年底，全省实行包产到组、包产到户和包干到户的生产队已达到全省农村生产队总数的40.7%。

（二）农村家庭联产承包责任制的稳定、完善和提高

1981年3月初，中共山西省委第一书记霍士廉肯定了闻喜县的经验，极大地推动了双包责任制的实行。全省掀起建立包产到户、包干到户责任制的农村改革热潮。7月6日至10日，中共山西省委召开全省县委书记会议，专门研究了包干到户责任制的问题，提出包干到户面的大小，只能决定于农民的意愿，不能只限于"三靠"队。为了推动农业生产责任制的发展，10月10日，山西省委和省政府从全省各地、县、公社抽调了约4万名干部，组成工作组，深入农村帮助社队实行生产责任制。一周后，山西省委召开县委以上领导干部电话会议，就继续推行农业生产责任制的问题进行了部署。这次会议以后，农业生产责任制的发展出现了又一个高潮，到

1981年11月底,全省12.6万多个核算单位,实行各种联产责任制的占85.5%,实行双包责任制的就占到36.9%。

1982年,中央出台了《全国农村工作会议纪要》(1982年1号文件),正式肯定了土地的农民家庭承包经营制度,给广大农民吃了"定心丸"。到1982年底,全省实行包干到户的生产队达到120 290个,占到生产队总数的98.5%,同时畜牧业、林业、水利设施、大中型农业机械以及工副业生产项目也都实行了各种形式的责任制。至此,以"大包干"为主要形式的家庭联产承包责任制在全省广泛建立。

1983年1月2日中共中央印发了《当前农村经济政策的若干问题》(1983年1号文件),指出联产承包制是在党的领导下我国农民的伟大创造,是马克思主义农业合作化理论在我国实践中的新发展。1983年,全省农村进一步稳定和完善了联产责任制,并把承包推广到更大范围。到1983年11月,全省99.4%的生产队实行了联产承包责任制,其中实行包干到户责任制的生产队占到全省生产队总数的98.7%。全国人民普遍关注的昔阳县大寨大队也实行了包干到户责任制。

根据各地承包期普遍过短,许多农民担心承包土地被收回而不愿进行中长期投资的情况,1984年1月1日中共中央下发了《关于1984年农村工作的通知》(1984年1号文件),决定延长土地承包期。这一文件下发后,山西全省各地又普遍开展了延长土地承包期的工作,极大地调动了农民群众的生产积极性。到1984年年底,全省农业总产值创历史最高水平,达到59.98亿元。

1986年6月25日,第六届全国人大常委会第十六次会议通过《中华人民共和国土地管理法》,以法律的形式确认了家庭承包责任制。1987年5月8日山西省人民政府发布了《山西省政府关于完善土地承包责任制的试行办法》，规定土地承包期一般应在15年以上。1991年11月中共十三届八中全会发布了《关于进一步加强农业和农村工作的决定》，第一次明确规定："把以家庭联产承包为主的责任制、统分结合的双层经营体制，作为我国乡村集体经济组织的一项基本制度长期稳定下来，并不断充实完善。"1992年7月11日，中共山西省委制定了《贯彻〈中共中央关于进一步加强农业和农村工作的决定〉的实施意见》，指出20世纪90年代山西省农业和农村工作的主要任务就是"带领广大农民向小康目标迈进"。

1993年3月29日，第八届全国人民代表大会第一次会议通过了宪法修正案，确认"家庭联产承包为主的责任制"的法律地位。1993年11月5日，中共中央、国务院发布了《关于当前农业和农村经济发展的若干政策措施》，明确规定"在原定的耕地承包期到期之后，再延长30年不变。在坚持土地集体所有和不改变土地用途的前提下，经发包方同意，允许土地的使用权依法有偿转让"。1994年2月4日，山西省委、省政府制定了《关于进一步深化农村改革，加快农业和农村经济发展的主要政策措施》，作出了延长土地承包期和建立土地使用权流转制度的决定。省政府又于1994年2月21日，制定和下发了《延长土地承包期 允许土地使用权有偿转让的实施办法》。1995年前后，全省广大农村普遍进行了延长土地承包期的工作，到1996年底，有93%的村完成了这一工作。

1998年8月29日，第九届全国人大第十次会议通过了修订的《中华人民共和国土地管理法》，将"土地承包经营期限为30年"的土地政策上升为法律。1999年9月26日，山西省第九届人民代表大会常务委员会第十二次会议通过《山西省实施〈中华人民共和国土地管理法〉办法》。

二、农村土地"三权分置"的积极稳妥推进

土地问题是"三农问题"的根本。进入 21 世纪以来,土地"三权分置"、推进土地流转、实现规模化成为农村生产经营体制改革的方向和重点。

1994 年 2 月 21 日,山西省人民政府印发《〈延长农村土地承包期允许土地使用权有偿转让的实施办法〉的通知》,提出给农户更大的经营自主权,允许土地依法转让、出租、入股。1995 年 3 月 28 日,国务院批转农业部《关于稳定和完善土地承包关系的意见》,明确提出"建立土地承包经营权流转机制"。

2001 年 3 月 5 日,第九届全国人大第四次会议通过的《中华人民共和国国民经济和社会发展第十个五年计划纲要》,提出在长期稳定土地承包关系的基础上,鼓励有条件的地区积极探索土地经营权流转制度改革。

2002 年 8 月 29 日,第九届全国人民代表大会常务委员会第二十九次会议通过《中华人民共和国农村土地承包法》,提出国家依法保护农村土地承包关系的长期稳定。农村土地承包后,土地的所有权性质不变,承包地不得买卖。2002 年山西省人民政府出台了《关于进一步稳定农村土地承包关系 做好农户承包地使用权流转工作的意见》,提出土地流转必须坚持依法、自愿、有偿的原则。2004 年 9 月 25 日,山西省第十届人民代表大会常务委员会第十三次会议通过《山西省实施〈中华人民共和国农村土地承包法〉办法》。

2004 年 4 月 30 日,国务院办公厅印发了《关于妥善解决当前

农村土地承包纠纷的紧急通知》，提出对法律和政策已有明确规定的，必须坚决按规定执行。对没有具体法规为处理依据的土地承包纠纷，以维护农民合法权益为核心，妥善化解矛盾。随后，山西省农业厅出台了《关于认真解决农村土地承包纠纷 依法保障农村土地承包权益的意见》，为切实保障农民土地承包权益提供了指导。

2008年10月12日，中国共产党第十七届中央委员会第三次全体会议通过《关于推进农村改革发展若干重大问题的决定》。12月18日，中共山西省委九届六次全体会议通过了《贯彻落实〈中共中央关于推进农村改革发展若干重大问题的决定〉的实施意见》，提出："建立健全土地承包经营权流转市场，按照依法自愿有偿的原则，允许农民以转包、出租、互换、转让、股份合作等形式流转土地承包经营权，土地承包经营权流转，不得改变土地集体所有制性质，不得改变土地用途，不得损害农民土地承包权益。积极做好农村集体土地所有权、使用权登记发证工作。"

2011年2月26日，农业部出台了《关于开展农村土地承包经营权登记试点工作的意见》。2011年山西省农业厅、省财政厅、省国土资源厅、省农办、省法制办、省档案局联合下发了《山西省农村土地承包经营权登记试点工作方案》。从2011年起，山西省先后在新绛、蒲县、潞城等县市的88个村开展了土地承包经营权确权登记颁证试点。

2014年1月19日，中共中央、国务院印发了《关于全面深化农村改革 加快推进农业现代化的若干意见》，提出："切实加强组织领导，抓紧抓实农村土地承包经营权确权登记颁证工作。"2014年4月18日，山西省人民政府办公厅印发《〈山西省2014年农村土地承包经营权确权登记颁证试点工作方案〉的通知》，提出："按照'试点先行、稳步推进'的原则,在全省113个县(市、区)193个乡镇的788个村开展试点工作,其中潞城市整县推进(在继续完成翟店镇整乡试点基础上扩展)。开展农村土地承包经营权确权登记颁证的范围包括家庭承包和其他方式承包的农村土地。对于农村土地所有权权属不清的,要依法确定所有权后再开展确权登记。经依法确认退耕还林还草的农村承包地,不纳入登记范围。"截至2014年年底,全省农村家庭承包耕地流转面积761万亩,流转率达到15.7%。

为深入贯彻落实《中共中央国务院关于加大改革创新力度 加快农业现代化建设的若干意见》《中共中央办公厅 国务院办公厅印发〈关于引导农村土地经营权有序流转发展农业适度规模经营的意见〉的通知》,根据农业部等六部委《关于认真做好农村土地承包经营权确权登记颁证工作的意见》和山西省农村工作会议精神,2015年3月17日,山西省人民政府办公厅印发《〈山西省农村土地承包经营权确权登记颁证工作方案〉的通知》,提出:"自2015年开始在全省全面开展农村土地承包经营权确权登记颁证工作,用两年时间基本完成,第三年扫尾完善。在保证质量的前提下,有条件的地方要加紧推进,能快则快。" 土地确权工作的稳步推进,极大地增强了农民的信心。

2016年10月,中共中央办公厅、国务院办公厅印发了《关于完善农村土地所有权承包权经营权分置办法的意见》,指出:"将土地承包经营权分为承包权和经营权,实行所有权、承包权、经营权分置并行。"《意见》顺应了21世纪以来农村的变化,是改革的重大创新。

2017年3月1日,中共山西省委办公厅、山西省人民政府办公厅印发《关于完善农村土地所有权承包权经营权分置办法的实施意见》的通知，该通知指出，各地各部门要准确把握政策要求，研究制定具体落实措施，加强工作指导和监督检查，推动各项任务稳步开展。农业（农经）部门要切实承担起牵头责任，健全沟通协调机制，及时向党委、政府报告工作进展情况。各相关部门要主动支持配合，形成工作合力，更好推动"三权分置"有序实施。随着"三权分置"改革的深入推进，必将对山西农村的生产经营体制产生更为积极深远的影响。

第二节 农业结构发生重大变化

改革开放前，山西农业结构的基本特点是单纯的集体所有制；以集体经营为主，有少量自留地；以种植业为主，同时有少量的林业、畜牧业、副业和渔业，在种植业中高产但品质很差的高粱占了主要部分。

农村改革以来，山西省农业结构经过两次大的调整，取得了实质性的进展。20世纪80年代，在"绝不放松粮食生产，积极发展多种经营"方针的指导下，突破了单一的粮食生产格局，农、林、牧、副、渔全面发展，农业和农村经济呈现出旺盛的生机与活力。1981年至1985年全省农业生产总值每年平均递增率达7.8%。农村居民家庭人均收入从1978年的101.6元提高到1984年的338.8元，平均每年增长22.2%。90年代以来，以乡镇企业崛起和经济林迅猛发展为标志，农业和农村经济向广度和深度进军，农民就业空间扩展，生活水平明显提高。山西全省乡镇企业数由1978年的9.11万个发展到1997年的81.87万个（按旧口径计算，下同）；从业人员由 80.79 万增加到 458.09 万。1997 年，全省乡镇企业总产值达到 2605.5 亿元，比 1978 年增长 130 多倍。

1997 年亚洲金融危机爆发，山西煤炭市场出现问题，煤炭、电力、冶金行业整体滑坡，经济的发展面临严峻挑战，产业结构亟待调整。1999 年山西全省的财政收入出现了负增长。在这样的背景下，山西省委、省政府于 1999 年 10 月在运城召开了全省经济结构调整工作会议，作出了"一年起步，两年入轨，三年初见成效"的战略部署。12 月的中共山西省委七届九次全会形成了以经济结构调整为中心、改革开放为动力的决策。这意味着山西新一轮农业结构调整的开始。

一、到 2002 年底山西农业结构调整初见成效

随着农产品供给不足问题的解决，山西省农业生产结构性矛盾日益突出，部分农产品积压，中低档产品价格下跌，优质农产品相对不足，地区比较优势尚未得到充分发挥。受此影响，农业效益下滑，农民人均纯收入增幅减缓。为了解决这些问题，山西省政府于 2000 年 1 月 7 日制定了《关于进一步调整农业结构的若干意见》，指出山西农业结构调整总的指导思想是以市场为导向，以科技创新为动力，以产业化经营为主线，以提高农产品质量和效益为中心。从 2000 年到 2002 年，山西农业产业结构的调整初见成效。

第一，种植业结构变化明显。把粮食、经济作物的二元结构变成了粮食、经济、饲料作物的三元结构。提高了高效经济作物和饲料作物的比例，实现了玉米、小麦、蔬菜、果树、高粱的产业化进

程。3年中，特色农业占农业总产值的比重由30%提高到43%，粮经作物种植面积比从82∶18调整为77∶23，蔬菜、水果、小杂粮及中药材等产业粗具规模。

第二，形成了雁门关生态畜牧经济区。大力发展畜牧业是实现农民增收的有效手段。2001年11月28日山西省委、省政府出台《关于建设雁门关生态畜牧经济区的意见》。雁门关生态畜牧经济区涉及大同、朔州、忻州、吕梁4市28县，区域内也是全省贫困县较为集中的地区。《意见》提出，经济区内在确保农民人均1亩高效农田或2亩基本农田的基础上，放手让农民种草养畜，走以牧为主、农林牧协调发展的道路，把经济效益、生态效益和社会效益结合起来。

第三，农业产业化龙头企业发展迅速。2001年9月，在总结产业结构中一些初步经验和教训的基础上，山西省委、省政府出台了《关于进一步推进经济结构调整 实施"1311"规划的意见》，详尽提出在第一产业重点扶持发展100个农业产业化龙头企业，通过特色农业的产业化经营，有效带动农业结构调整和农民增收。到2002年年底，已有85个农业龙头企业进入实施阶段，34个基本建成，实现销售收入45亿元；全省销售收入超亿元的龙头企业有12家，国家级龙头企业有9家；全省农业产业化龙头企业和组织发展到4200个，实现销售收入146亿元。

第四，无公害蔬菜发展势头良好。2001年9月山西省农业厅首次对无公害农产品进行产地认定和产品认证，山西晋中市2001年国家级无公害蔬菜标准化示范项目进行了立项。到2002年年底，全省无公害蔬菜认证面积达到约31万公顷，其中榆次、寿阳被列为全国无公害蔬菜示范基地县。

二、到 2005 年年底山西农业结构调整显见成效

山西省中南部地区气候温和,光照充足,水资源较为丰富,是我国最佳的蔬菜保护地生产区之一。为了大力推进无公害生产,山西省农业厅 2003 年出台了《关于建设中南部无公害果菜产业区的意见》。规划无公害水果产业区由 19 个县(市、区)组成,涉及太原、晋中、吕梁、临汾、运城 5 个市;规划无公害蔬菜产业区由 30 个县(市、区)组成,涉及太原、晋中、吕梁、长治、晋城、临汾、运城 7 个市。

山西东西两山地区的红枣、核桃、花椒等在全国占有重要位置,在国内外市场上享有盛誉。而且,山西有"小杂粮王国"之称。山西省农业厅 2003 年出台了《关于建设东西两山干果产业区的意见》《关于建设东西两山优质小杂粮产业区的意见》。东西两山干果产

小杂粮是山西省产业扶贫的主力

业区涉及大同、朔州、忻州、吕梁、晋中、阳泉、长治、晋城、临汾、运城10个市的62个县。东西两山优质小杂粮产业区由33个县（市、区）组成，涉及大同、朔州、忻州、吕梁、太原、阳泉、晋中、长治、晋城等9个市（地）。

2005年3月29日，山西省委、省政府又出台了《关于进一步加快雁门关生态畜牧经济区建设的意见》，在实现阶段性战略目标后，对雁门关生态畜牧经济区建设作出新的部署。

2005年山西省全面实现了"十五"计划目标，农业结构调整明显见效。一是四大特色产业发展势头良好，特色农业成效显现。以优质杂粮、草食畜、干鲜果和蔬菜为主导的特色农业产业体系已初步成型，全省特色农业产值占农业总产值的比重达到50%。二是三大经济区域建设粗具规模，农业区域布局得到优化。全省初步形成了雁门关生态畜牧经济区、太行吕梁两山干果杂粮生态经济区和中南部无公害果菜作物经济区三大优势区域格局，优势农产品产业带建设步伐加快。三是百龙企业发展壮大，农业产业化经营稳步推进。百龙企业中有13户进入全国重点龙头企业行列、20户成为省级重点龙头企业。全省农业产业化经营大户发展到1.97万户，带动农户187万户，比较规范的农民专业合作经济组织发展到2470个，会员达到295万人。四是农作物品种品质结构进一步优化，农产品市场竞争力逐步提高。2005年全省优质专用小麦、玉米面积分别占到各自种植总面积的1/3以上，小麦、谷子和水果的优质率分别达到50%、70%和40%。全省已认证的无公害农产品、绿色食品、有机食品生产基地411个，产地面积达到1100万亩，认证农产品739个，其中通过国家认证的绿色食品达到476个，位列全国前10名。

三、"十一五"时期山西新农村建设进一步推动了农业结构调整

2005年12月，党的十六届五中全会提出建设社会主义新农村的重大历史任务。2006年3月1日至2日，山西省委召开全省建设社会主义新农村工作会议，正式拉开了山西省新农村建设的帷幕。

2006年7月5日，山西省委、省政府下发了《关于加快建设社会主义新农村的意见》，提出新农村建设的"六新"目标，即农村经济实现新发展、基础设施得到新加强、农村面貌呈现新变化、农民素质要有新提高、管理机制取得新进步、农民生活达到新水平。

2006年8月16日，山西省确定1098个村为全省社会主义新农村建设试点村。2007年1月25日，山西省委召开农村工作会议，总结了新农村建设成就，并部署了下一步的工作任务，提出"要按照社会化大生产的思路，推进种养业走专业化、规模化和产业化发展道路；抓好发展农业产业化龙头企业、农产品加工业和建立完善农产品销售组织及服务网络三个关键环节，努力构建农业产业化体系"。2007年5月28日至29日，全省以县规划整体推进新农村建设座谈会召开，山西省新农村建设进入了整体推进阶段。会议的主题是"以县规划、整体推进、率先发展"，研讨以县域为单位整体加快社会主义新农村建设，率先实现全面小康社会目标的途径、模式和措施。

为了进一步加强农业基础建设，促进农业发展农民增收，扎实推进社会主义新农村建设，根据中共中央、国务院《关于切实加强

农业基础建设 进一步促进农业发展农民增收的若干意见》（中发〔2008〕1号）精神，按照山西省委新型工业化、特色城镇化、农业现代化协调推进的战略部署，山西省委、省政府于2008年4月2日出台了《关于贯彻中发〔2008〕1号文件 切实加强农业基础建设 进一步促进农业发展农民增收的实施意见》，提出"走特色、高效、生态农业的路子，以农产品有效供给和增加农民收入为目标，以优化产业结构和区域布局为抓手，以推进产业化经营和提高组织化程度为着力点，以装备和科技进步为支撑，以加强基础设施和服务体系建设为保障，重点实施'四项计划'，建设'六大工程'，整体上提高农业规模化、标准化、集约化和产业化水平"。

"十一五"期间，山西省"三农"工作迈出重大步伐，农村经济结构调整稳步推进，并取得了显著成效。优质杂粮、草食畜、干鲜果、反季节菜四大主导产业和林果苗木、农作物制种、特种养殖、中药材四大亮点产业不断发展壮大，基本形成了雁门关生态畜牧经济区、中南部无公害果菜产业区、东西两山杂粮干果产业区三大区域格局。农产品加工业快速发展，2010年农产品加工龙头企业实现销售收入416亿元，比2005年增长85%。

四、"十二五"时期山西农业结构调整稳步推进

2011年3月，山西省政府出台的《关于加快我省无公害农产品绿色食品有机农产品发展的意见》，明确提出山西省发展无公害农产品、绿色食品、有机农产品的各项目标。

在2010年底全省经济工作会议上，山西省委、省政府把"一

村一品""一县一业"列为农业现代化的重要切入点。2011年，山西省委、省政府制定了《关于加快发展"一村一品""一县一业"的实施意见》，提出"一村一品""一县一业"是指以村、县为基础，在一定区域范围内，依托资源优势，按照市场需求，整合各类生产要素，整村整乡整县推进优势资源开发，推行农业专业化、标准化、规模化、集约化生产和产业化经营，培育特色优势品牌，促进主导产业优化升级，使每个村、每个乡、每个县，甚至更大的区域内拥有一个或几个区域特色明显、产业集中度高、市场潜力大的主导产业和产品，大幅度提升农业和农村经济综合实力和市场竞争力，带动农民增收致富。

陵川县片区扶贫开发支持的"一村一品"香菇产业

为贯彻落实《全国现代农业发展规划（2011—2015年）》，指导全省现代农业建设，促进山西省农业转型跨越发展，2012年8月13日，山西省人民政府印发了《山西省现代农业发展规划（2012—2015年）》，提出总的发展目标和进一步完善现代农业产业体系、进一步加强农业科技创新、进一步改善农业基础设施和装备条件等7个方面的重点任务。

2014年6月20日,山西省启动了新一轮雁门关生态畜牧经济区建设,横跨大同、忻州、朔州、吕梁、太原等5个市,县区由28个增加到了36个。此轮建设坚持"以牧为主"的发展理念,计划用6年时间,布局八大产业优势区,推进以"饲草料、畜禽良种、龙头企业培育、生态建设"等为重点的七大工程,通过两个阶段在2020年实现肉蛋奶总产量翻两番。同时,围绕翻两番的总目标,实现农民人均纯收入达到3500元,占农民人均纯收入的50%以上;退耕种草1500万亩,占现有耕地面积的60%以上;畜牧业产值达到280亿元,占农业总产值的70%;草林覆盖率年均提高4个百分点,达到80%以上。

"十二五"时期,全省现代农业稳步发展,农业综合生产能力增强。2015年山西粮食播种面积大约为5600万亩,粮食作物达5000万亩,粮经比约为87∶13;2015年粮食总产量达到125.96亿千克。但由于干旱缺水,山西的粮食单产较低,2015年为255千克/亩,仅为全国365公斤/亩的70%,排全国第29位。农产品加工销售收入由2010年的510亿元增加到2015年的1422.6亿元,年均增长22.8%。

五、"十三五"时期山西农业供给侧结构性改革开启

在2015年年底的中央农村工作会议上,中央首次提出了"农业供给侧结构性改革",成为指导"十三五"时期农业农村工作的航标。2016年12月20日中央农村工作会议召开,提出要深入推

进农业供给侧结构性改革。

"十三五"时期是全面建成小康社会的决胜期,是进一步深化农村改革的攻坚期,也是促进山西省特色现代农业转型升级、加快推进农业现代化进程的重要时期。2016年12月山西省人民政府印发了《山西省"十三五"农业农村经济发展规划》,提出"要调整结构,着力优化现代农业战略布局。适应经济发展新常态,树立'大农业''大食物'观念,着力推进农业供给侧结构性改革"。

2017年,山西省将特色农业增效工程列入全省转型综改"六大工程"之一。2017年是推进农业供给侧结构性改革的深化之年,3月,省委、省政府发布《关于深入推进农业供给侧结构性改革加快培育农业农村发展新动能的实施方案》,围绕调结构、提品质、转方式、促融合、降成本、促改革、补短板等八方面,推出了41条政策措施,为山西省农业供给侧结构性改革指明了方向。9月,国务院出台了《关于支持山西省进一步深化改革 促进资源型经济转型发展的意见》(国发〔2017〕42号)。5月至11月,山西相继出台了《关于加快推进山西农谷建设的指导意见》《关于壮大新产业新业态加快城郊农业发展的意见》《关于雁门关农牧交错带示范区建设的实施意见》和《关于加快有机旱作农业发展的实施意见》。随着这些政策的落实和项目的落地,山西农村一、二、三产业的深度融合在加快。

山西省农业厅着力推进杂粮、鲜干果、蔬菜、中药材、饲草作物"五大替代玉米行动",在调减籽粒玉米187万亩的情况下,2017年全省粮食总产达129.99亿千克,为历史第四高产年份,粮经饲比例由2016年的85.3∶13.1∶1.6调整为2017年的82.9∶14.4∶2.7,功能农产品种植面积达到720万亩。在雁门关地区，粮改饲试点县由10个扩大到22个，一批粮农成功转型草农牧农，粮改饲和草牧业在增加农民收入中的作用逐步凸显，农民人均牧业纯收入达到1600元。在吕梁、阳泉、长治等"两山"地区，2017年新增杂粮10.4万亩、新增果树2300亩、新增中药材9.6万亩。另外，在汾河平原，蔬菜、水果、食用菌等产业势头强劲。

第三节 农民收入稳步增加

改革开放初期，农民生产活动单一、收入来源单一，农民收入以农业收入尤其粮食收入为主体，实物收入占很大比重，1978年，山西农民人均纯收入仅为101.61元，家庭经营中第一产业与非农产业纯收入所占的比重分别为92.3%和7.7%。改革开放40年来，过去较长时期内存在的以实物收入为主的自给自足小农经济逐步被以货币收入为主的市场经济替代，农民收入总体上步入增长的快车道。回顾40年的历程，山西农村居民收入大致经历了以下几个阶段：

第一阶段为1978年至1984年，为收入高速增长时期。1978年年底开始的农村改革，为农民收入的增长带来了强大动力，农村居民家庭人均收入从101.6元提高到338.8元，平均每年增长22.2%。

改革开放初期的家庭联产承包责任制使农民获得了生产和分配的自主权，极大调动了农民的生产积极性，促进了山西农村经济的高速发展。1984年全省粮棉生产均创历史最高水平，总产量分别达到87.2亿千克和1.33亿千克，粮食人均占有量由1978年的293千克增加到337千克。

另一方面，山西对以前僵硬的统购统销政策，特别是对农产品价格和收购政策进行了相应的改革。1978年至1984年，山西价格改革坚持以调整为主的方针，按照国家的部署，集中解决农副产品收购价格偏低的问题，先后调高了粮油统购价格和超购价格，实行合同定购价格和国家定购价格，极大提高了农民的收入。1984年4月，全省放开了工种粮和行业粮油价格，实行市场调节。从1978年的101.6元提高到1984年的338.8元，增长2.3倍。

第二阶段为1985年至1991年，为收入缓慢增长时期。农村居民家庭人均收入从358.32元增加到567.9元，平均每年增长8.0%。

从1985年起，价格形成机制改革快速推进，进一步放开农产品价格中的国家定价，对一些农产品运用国家指导价进行管理，粮食取消统购，实行合同定购，我国开始对农产品价格实行双轨制。1985年1月，山西省委、省政府贯彻中共中央、国务院《关于进

隰县玉露香梨产业

一步活跃农村经济的十项政策》，对全省生猪、蔬菜和农村粮油购销政策和价格进行调整，山西取消了农产品统购派购制度，实行了合同定购和有指导的议购议销。而从1985年至1987年，山西全省连续三年粮食产量大幅下降。

另一方面，从1984年至1988年，由于受需求不断膨胀的拉动，全省零售物价指数上涨很快，农业生产资料价格上涨幅度过大。农产品价格下跌和生产资料价格上涨幅度过大，是这一阶段农民收入增长缓慢的主要原因。与此同时，"打白条现象"和坑害农民的"假农药""假种子""假化肥"事件严重挫伤了农民的生产积极性。针对这种情况，1988年10月，山西省委召开了五届六次全委扩大会议，部署全省治理整顿工作。经过努力，1989年全省零售物价总指数上涨幅度由1988年的21%回落到19.1%，1990年又回落到2.1%。1991年虽比1990年上升3.9%，但也低于控制指标。

这个时期，山西省乡镇企业的数量、规模及经济形式有了较大发展。非农产业的发展在很大程度上保证了农民收入在农产品生产处于低谷的情况下，仍有8%的增长速度。从1986年至1990年，全省乡镇企业共吸收农村剩余劳动力256.5万人，较好地解决了农村劳动力就业问题，为农业提供以工补农和各项资金7.5亿元，增加了农业的投入，提高了农业技术水平。这个阶段农民生产性收入中，来自农业生产的收入从1985年的72.2%下降到1991年的51.6%。

第三阶段为1992年至1995年，农民收入在经历了前期徘徊、增长滞缓和后期稳定加速发展的过程中得到了较多增加。农村居民家庭人均收入从627.01元增加到1208.30元，平均每年增长24.44%。

社会主义市场经济的初步确立，使农业和农村市场得到进一步发展。特别是自1993年中央农村工作会议召开和江泽民同志关于"一定要把农业和农村工作放在经济工作的首位"的讲话发表以来，山西在全省范围内开展了以改造山坡地、修建水平梯田、治理小流域、开发盐碱地和滩涂地等为主要内容的农田水利基本建设。同时针对山西"十年九旱"的特点，兴建了一批重大水利工程和节水工程。1995年山西相继遭受先旱后涝的严重自然灾害，但水利工程发挥了重大作用，大灾之年粮食总产达到91.7亿千克。

在全国乡镇企业持续高速发展中，山西省乡镇企业也呈现连续加速发展的势头。1993年提前实现了"八五"翻番、迈上500亿元新台阶的奋斗目标。1995年，在国家对乡镇企业的优惠政策基本取消、新的扶持政策尚未到位的情况下，山西继续加强了对乡镇企业的扶持，每年拿出300万元重奖发展乡镇企业的功臣。至1996年，全省乡镇企业数量达到82.9万个，从业人员达到438.2万人。广大农民按自愿互利原则，通过资金、土地、劳力、技术、设施入股形式结成各种股份合作经济实体，并将股份制逐步引入种养业、农田水利、小流域治理、农业综合开发等领域。1995年，全省农民人均纯收入达到1208.3元，比1990年增加604.8元，增长了1倍。这段时间内，山西省农民收入增长的主要原因是乡镇企业的长足发展，特别是股份制企业、个体和私营企业的迅猛发展，为农民创造了更多的就业机会，收入来源渠道得到拓宽。

第四阶段是1996年至2000年，农民收入增速明显下滑。从1996年至2000年，山西农民人均纯收入增长率分别为28.9%、11.6%、6.9%、-4.6%、7.5%。从1996年开始，农民收入增速连续4年下降，1999年甚至出现负增长。

受东南亚金融危机及国际市场农产品普遍低迷的共同影响，农副产品相对过剩，出售价格持续低迷，农业增产对收入增长的贡献率下降，增产不增收的矛盾与减产减收的局面并重影响着农民收入的增加。1998年，山西粮食产量达到历史最高水平的108亿千克，其他农产品也获丰收，但1998年农产品价格比1997年下降6.4%，粮食类和经济作物收购价格下跌6.5%和2.5%。由于农产品价格下降，农民收入增幅较上年低了4.7%。1999年至2001年，全省连续三年遭受严重干旱，农业生产下滑，直接影响了农民收入的增加。在1998年前后，由于乡镇企业结构性矛盾日益显露，部分企业出现发展后劲不足、改革深度不够等问题，发展速度和效益下滑，生产经营出现滑坡，乡镇企业对农村剩余劳动力的吸纳功能明显减弱，农民从乡镇企业获得的收入减少。

第五阶段是2001年至2005年，农民负担进一步减轻，农民收入大幅增长。

在此期间，山西省大力加强粮食综合生产能力的建设，积极稳定发展粮食生产，基本遏止了"九五"期末粮食生产下滑的势头。一是认真贯彻落实中央扶持粮食的政策，大力恢复和发展粮食生产。2004年山西省人民政府出台了扶持粮食生产的8项政策，通过对种粮农民直接补贴、良种补贴、农机具补贴、减免农业税等政策措施，提高了农民的种粮积极性。二是实行最严格的耕地保护制度，加强粮食综合生产能力建设。按照"总量不减少，用途不改变，质量不下降"的原则，确保了基本农田稳定。通过实施"沃土工程""旱作节水工程"等项目，提高了耕地质量和地力水平。三是推进科技兴粮，提高了粮食生产的水平和效益。实施"种子工程""双千创优工程""植保工程"等项目，调整和优化了种植布局，提高了粮食单产水平。山西省粮食单产由"九五"时期的196千克提高到

208千克。四是全面推开农村税费改革，大幅度减轻了农民税费负担。2005年山西省提前一年全部免征农业税，彻底结束了农民种地上缴"国税皇粮"的历史。而且还比上年多划拨2000万元用于粮食直补，仅此两项为农民减负4.4亿元。山西还拨出3000万元用于良种补贴和农机具补贴。全年安排支农资金10亿元，比上年增加1.5亿元。山西省农民人均纯收入在初期1905.6元的基础上，5年间先后突破了2000元（2002年为2149.82元）和2500元（2004年为2589.60元）两个关口，特别是"十五"期末的2005年再创历史最好水平，达到2890.66元。

第六阶段是2006年至2010年，全省农村经济快速发展，农民收入持续增长。

在这一时段，山西认真贯彻中央1号文件精神，落实和完善各项强农惠农政策，特别是"十一五"期间，积极推进农业结构调整，转变农业增长方式。

2007年，山西省委、省政府先后出台了促进山西粮食生产发展的8项政策和一系列涉农税收的优惠政策。第一，政策支持"三农"力度加大。2007年全省安排"三农"方面的资金投入达61.46亿元，比上年增长19.18%。粮食直补资金有较大幅度增加，补贴对象由上年的小麦、玉米、谷子三种作物扩大到除薯类以外的所有粮食作物。第二，涉农税收优惠政策，使全省共减免农业税1.7亿元，农民人均减负7.47元。另外农村学生学杂费全部免除，农村低保在全省范围内实施，为农民收入持续稳定增长创造了良好的环境，农民收入进入新一轮的良性增长期。第三，提高农民工工资水平。山西认真贯彻中央农村经济工作会议精神，从2006年10月1日起，调整提高了最低工资标准，推行了小时最低工资制度，调整后的标准比原来每月提高30元。第四，农产品价格上涨。2007年，整体物价水平特别是粮食、蔬菜、生猪等畜禽产品价格上涨，极大激发了农民的出售热情。2007年山西省农民第一产业收入人均比上年增加了208元，增长18.24%。

2008年山西农民人均纯收入达到4097.24元，突破4000元大关，比2007年增加431.58元，同比增长11.77%。2008年山西农民收入发生了结构性变化，呈现4个新特点：工资性收入持续增长；家庭经营收入稳步增加，但增幅减缓；财产性和转移性收入大幅增长；农民人均纯收入各部分在同向增长的基础上，内部构成发生变化。2008年，山西省农民工资性收入占纯收入的比重由上年的41.5%增长为41.8%，同比略增0.3个百分点；家庭经营收入占纯收入的比重由上年的50.8%下降为48.5%，减少两个百分点；财产性和转移性收入占纯收入的比重由上年的7.7%增长为9.7%，增加2.0个百分点。到了2010年，全省农民人均纯收入达4736.25元，比2005年增加1845.59元，增长63.9%。农民生活水平明显提高，2010年农民人均生活消费支出3664元，比2005年增长95%，农村居民恩格尔系数从2005年的44.2%下降到2010年37.5%。5年累计转移农村劳动力480万人，工资性收入成为农民增收的新亮点。

第七阶段是2011年之后，农村居民收入实现了新的大跨越。

在这一时间段内特别是党的十八大之后，山西省委、省政府持续不断推进特色现代农业发展，持续不断加大惠农政策实施力度，持续不断深化农村改革，农业农村经济发展成就显著，为全面建成农村小康社会奠定了坚实基础。农村居民收入实现新跨越。农村居民人均可支配收入突破万元大关，2015年达到9454元，2016年农村居民人均可支配收入首次突破万元大关，增加到10 082元，

2017年达到10 788元。

从2012年到2016年的5年间，农民收入绝对额增加3018元，年均增加755元；累计名义增长42.7%，年均名义增长9.3%；扣除价格因素，累计实际增长33.9%，年均实际增长7.6%，比同期地区生产总值累计增速快10.8个百分点。分年度看，2012年至2016年，农民收入实际增速分别为10.6%、9.0%、9.3%、6.6%和5.4%，同期地区生产总值增速分别为10.1%、8.9%、4.9%、3.1%和4.5%，农民收入增长均快于地区生产总值增长。连续3年超过全国平均增速，连续5年超过城镇居民收入增速，增幅实现"五连快"，城乡居民收入比由2010年的2.95∶1缩小到2.73∶1。平均每年44万人稳定脱贫，贫困县农民人均纯收入连续4年增幅达20%以上。农村居民消费能力不断提高，教育、医疗、生活服务及个性化消费需求旺盛，消费结构进一步优化。

农民收入占人均地区生产总值的比重不断提高。2012年至2016年，农民人均可支配收入占人均地区生产总值的比重分别为21.0%、22.7%、25.1%、27.0%和28.6%，呈现逐年提高趋势，5年间提高了7.6个百分点，表明农村居民越来越多地享受到了经济发展的成果。

农民收入增速快于城镇，城乡居民收入比有所收窄。5年间，山西农村居民可支配收入增速持续快于城镇。从名义增速看，2016年农民收入比2012年增长42.7%，比同期城镇居民收入增长35.2%的速度快7.5个百分点；农民收入年均增长9.3%，比同期城镇年均增长7.8%快1.5个百分点。城乡居民收入比有所收窄。2012年，城乡居民收入比（以农村居民收入为1）为2.86∶1，到2016年下降为2.71∶1。

工资性收入成为农民增收最大亮点，收入构成明显变化。五年间，山西农村居民收入四大项呈"三增一减"特征，工资性收入是农民增收的最大亮点。2016年与2012年相比，人均工资性收入由3246元增至5204元，增加1958元，增长60.3%，年均增长12.5%，对农民收入增长的贡献率达64.9%，也就是说在农民收入增加额中，有近2/3来源于工资性收入的增长；人均转移净收入由1412元增至1999元，增加587元，增长41.6%，年均增长8.3%；人均经营净收入由2238元增至2730元，增加492元，增长22%，年均增长4.4%；人均财产净收入由167元减至149元，下降11.0%。

山西农村居民收入的稳定增长，为实现"到2020年城乡居民收入比2010年翻一番"的"十三五"规划目标奠定了坚实的基础。随着经济的发展和居民收入的增加，富起来的山西农村居民生活水平发生了巨大变化，人均生活消费支出保持了稳定增长，生活质量稳步提高。山西农村居民家电等耐用消费品拥有量明显增加，居民交通、通信类耐用消费品更新换代步伐加快，家用汽车越来越多进入农村家庭。

山西农业的"硅谷"——"农谷"的建设，是山西省委、省政府推动农业供给侧结构性改革、加快农业现代化的战略举措。山西有句俗语——"金太谷，银祁县，广吃米面的榆次县"。山西的太谷农业产业基础条件好，是全省知名的农业大县，境内驻有山西农业大学、省农科院果树所，为太谷的农业发展带来得天独厚的资源优势。山西"农谷"最初是由楼阳生省长于2015年6月提出的，2016年2月山西"农谷"作为一项重点工作被提出。11月，出台了山西"农谷"建设初步设计方案。而2017年4月山西"农谷"

管委会的揭牌，标志着"农谷"建设全面拉开帷幕。5月，山西省人民政府办公厅出台了《关于加快推进山西农谷建设的指导意见》。9月，国务院印发42号文件《关于支持山西省进一步深化改革促进资源型经济转型发展的意见》，指出要打造山西"农谷"综合性、专业性科创中心，标志着山西"农谷"建设从省级层面上升到国家级层面。目前，相关各个项目建设正在快速推进。

第四章
经济结构不断优化升级

中华人民共和国成立以后,山西在国家的大力投资之下,建成了许多大型国有骨干企业,基本形成了以国有企业为主干、能源开发为主业的经济结构。从 1969 年到 1976 年,山西省组织了"轻工业大会战",建立大量的轻工业工厂。改革开放以后,山西省的经济结构经历了一个曲折发展的进程。进入 21 世纪以来,山西的经济结构调整工作不断深入,经济结构得以逐步优化,公有制经济与非公有制经济形成了协调互动的良好局面,三次产业日益优化、合理。

第一节 公有制经济不断发展壮大

中华人民共和国成立以后,由于山西有较好的工业基础,山西工业的恢复与发展对于全国经济的恢复与发展具有重要意义,因此,国家与山西省政府都给予工业巨大的投资,山西省国有经济基础形成。1978 年,全省国有企业单位数占工业企业单位数比重为 27.2%,工业总产值占全省工业总产值的比重高达 81.7%;集体企业单位数占 72.8%，产值占 18.3%。改革开放的 40 年里，山西省的国有企业改革与全国一道逐步深入。

一、"扩权让利"的国企改革探索

1978 年 12 月召开的党的十一届三中全会，吹响了中国经济体制改革的号角，也拉开了国有企业改革的序幕。1979 年 7 月，国务院发布了《关于扩大国营企业经营管理自主权的若干规定》等 5 个文件。1980 年 9 月，国务院批转国家经济委员会《关于扩大企业自主权试点工作情况和今后意见的报告》，批准从 1981 年起，把扩大企业自主权的工作在国营工业企业中全面推开。

1979 年后，依据党的十一届三中全会以来的有关政策及在这些政策指导下的实践，山西省开始了以扩大企业经营管理自主权为主要内容的体制改革。1979 年 2 月 22 日，中共山西省委、省政府决定在太原钢铁公司进行扩大企业自主权试点，至 1980 年初试点企业扩大到 110 个，占全省同类企业总数的 7%。这次企业扩权的改革主要包括利润留成、计划管理、销售部分产品、灵活使用资金、外汇分成、干部任免、招工、减轻社会负担等多个方面。随后，扩大企业自主权的工作在山西省各工业企业中全面推开。

从 1981 年开始，山西省开始建立不同的经济责任制，把责权利结合了起来。经济责任制主要包括两个方面：一是国家与企业之间的经济责任制，二是企业内部的经济责任制。国家对企业实行的经济责任制，主要有 5 种联系经济效益的责任制形式；企业内部经济责任制，主要通过不同的工资形式和奖励形式，把企业对国家承担的经济责任层层落实到每个岗位、每个生产环节、每个职工。

从1983年开始,山西省又分两步进行了利改税改革。第一步实行税利并存的制度,具体做法,一是对有盈利的大中型全民所有制企业按实现利润征收55%的所得税。税后利润一部分按国家核定的留利水平留给企业,一部分采用递增包干、固定比例上缴、缴纳调节税和定额包干四种办法交国家财政。二是对微利和亏损企业实行利润和亏损包干办法。从1984年10月份起,山西试行了第二步利改税。基本做法是将国营企业应上缴国家财政的利润,按纳税对象划分为产品税、营业税、增值税和盐税、改进所得税和调节税,增加资源税、城市维护建设税、车船使用税、土地使用税、房产税等11个税种向国家缴税,也就是由税利并存逐步过渡到完全的以税代利,税后利润归企业自行安排使用。

1984年10月,党的十二届三中全会做出的《中共中央关于经济体制改革的决定》指出,增强企业的活力,特别是增强全民所有制大中型企业的活力,是以城市为重点的整个经济体制改革的中心环节。山西省委、省政府制定了《山西省以增强企业活力为中心的经济体制改革实施方案》。这一方案决定进一步给国有企业扩大六项权利,即经营方式的选择权、执行指令性计划的主动权、产品的自销和定价权、专项基金和自留资金的支配权、工资奖金分配权和劳动力招收使用调配权。《实施方案》颁布后,指令性计划产品从1984年的240种降到1987年的81种,指令性计划产品的产值也大幅度降低。扩大企业产品自销定价权、扩大企业专项基金和自留资金的支配权等自主权利在众多企业得到了很好的贯彻。劳动合同制在全省范围内也得到了较好的推行。企业经营方式开始向着多种形式的横向经济联合推进。

与此同时，厂长（经理）负责制、承包制、租赁制等一系列改革措施纷纷在山西开始实施。到 1986 年 9 月，全省工业企业实行厂长负责制的占到 88.3%，国有大中型商业企业实行经理负责制的占到 69.9%。1987 年党的十三大后，山西国有企业推行承包经营责任制工作全面展开。到 1988 年底，全省预算内工交建企业实行承包的达到 95%，商业企业实行承包和租赁的达到 90%，物资外贸企业实行承包的达到 95% 以上。全民所有制大中型企业 95% 以上实行了承包。山西还对国有企业两权分离和产权制度改革进行了初步的探索。1987 年初，忻州地区钨丝厂、忻州地区煤机厂和忻州地区制鞋厂率先进行了股份制改革试点。据 1989 年底的统计，全省实行股份制改革的国有企业达到 14 家。

二、"抓大放小"、国有企业战略性重组与现代企业制度建设

1993 年 11 月，中共十四届三中全会通过《中共中央关于建立社会主义市场经济体制若干问题的决定》，要求"进一步转换国有企业经营机制，建立适应市场经济要求，产权清晰、权责明确、政企分开、管理科学的现代企业制度"。1997 年 9 月，党的十五大报告对国有企业改革进一步做出了重大部署，"要着眼于搞好整个国有经济，抓好大的，放活小的。对国有企业实施战略性改组"，"实行鼓励兼并、规范破产、下岗分流、减员增效和再就业工程，形成企业优胜劣汰的竞争机制"。国企改革由此进入"抓大放小"的战略阶段。党的十五届一中全会进一步提出"用三年左右的时间，

使大多数国有大中型亏损企业摆脱困境,力争到本世纪末大多数国有大中型骨干企业初步建立现代企业制度"。国企改革由此进入了三年攻坚阶段。

山西国有企业也一直在积极推进国有经济的进一步改革。至1995年,全省国有企业普遍实行了劳动合同制。1992年邓小平"南方谈话"之后,中共山西省委召开六届三次全体会议,作出继续试行股份制的决定。1993年11月《中共中央关于建立社会主义市场经济体制若干问题的决定》发布后,中共山西省委在1994年1月召开六届七次会议,通过了《中共山西省委、山西省人民政府贯彻〈中共中央关于建立社会主义市场经济体制若干问题的决定〉的实施意见》。

根据《实施意见》,山西大中型国有企业建立现代企业制度所采取的方式主要有几种:一是实行以组建有限责任公司为重点的公司化改造,吸收非国有资本金入股,由过去的"工厂制"转变为"公司制";二是少数经济效益好、管理效率高、符合产业政策方向的大型企业,可直接改组为国家控股或参股的股份有限公司;三是作为山西支柱产业的煤炭工业企业要抓住煤炭生产、运销体制改革的机遇,通过联合改组发展几个多种经济成分组合的、跨地区的、产运销一体化的大型股份集团公司;四是部分军工企业和少数需由国家垄断的特殊行业企业,可以依法改组为国家独资的有限责任公司;五是以资产为纽带,对现有企业集团进行整顿,使集团和企业、企业和企业之间形成相互参股、控股、交叉持股的股份集团公司。小型国有企业也要以产权制度创新为重点,进一步深化改革,改革的形式主要是承包、租赁、股份合作、拍卖和破产。据此,山西国有企业进行了新一轮的改革。截至1997年年底,60家试点企业中有50家完成了改制，山西杏花村汾酒厂股份有限公司、山西焦化股份有限公司、山西南风化工集团股份有限公司等9家企业的股票先后上市。与此同时，全省国有小型企业有半数以上实行了改组和改制。事实证明，经过改革，绝大多数的企业获得了新生，企业效益提高，上缴利税增加，职工收入提高。如榆次市原23家国有企业，改制后全部活了起来，1997年1月至10月利税增长了50%。

三、国有企业规范治理与山西国资委成立

从党的十六大开始，是以国有资产管理体制改革推动国有企业改革的发展阶段。针对长期制约国有企业改革发展的体制性矛盾和问题，十六大提出深化国有资产管理体制改革的重大任务。2003年3月，十届全国人大第一次会议通过《国务院机构改革方案》，决定成立国务院国有资产监督管理委员会。国资委的成立，是第一次在中央政府层面上实现了政府的公共管理职能与国有资产出资人职能的分离，基本实现了管资产和管人、管事相结合，解决了长期存在的国有资产出资人缺位和国有资产多头管理问题。同年，山西省组建省人民政府国有资产监督管理委员会（简称"省国资委"），为山西省人民政府直属正厅级特设机构。省人民政府授权省国资委代表省人民政府履行出资人职责。之后，随着《企业国有资产监督管理暂行条例》《中华人民共和国企业国有资产法》等法律法规的相继出台，国有资产监管不断得到加强。

2006年4月，山西省政府召开加快推进省属国有企业改革动员会议，出台了《关于进一步加快推进国有企业改革的意见》及

13个配套文件，启动了新一轮省属国有企业改革。按照"发展壮大一批、转制搞活一批、关闭破产一批"的基本思路，加快推进省属国有经济布局和结构的战略性调整。

四、党的十八大以来的国有企业改革

党的十八大以来，山西围绕推进信息公开，打造"阳光国企"；完善共享机制，确保改革惠及民生；多层次推动，稳妥发展混合所有制经济；试点先行，改组组建国有资本投资运营公司；深化内部改革，推动同煤集团试点；推进煤焦销售体制改革，稳妥推动企业职工转岗安置；推进政企分开，加快党政机关与所属企业脱钩等7个方面进行了积极探索，取得阶段性成效。2017年2月9日，山西省在太原召开全省国有资产监督管理暨党风廉政建设工作会议，全面部署山西国资国企改革工作，打响山西省新一轮国企国资改革

七峰山环抱下的同煤集团循环经济园区——塔山煤矿工业园区

发令枪。2017年5月,山西省委、省政府审议通过了《关于深化国企国资改革的指导意见》,明确提出了到2020年,国企国资重要领域和关键环节改革取得决定性成果,争取进入全国"第一方阵"的改革目标。随后,山西省委、省政府先后出台了混改、分离办社会、激发企业家活力、加强国企党建等4个配套文件。2017年6月8日,省国资委召开干部大会,围绕政策文件进行任务分解分工,重点开展13个专项行动,并明确了时间表、路线图、责任人。

一是大刀阔斧改革监管体制机制,松绑减负、活力激发。推行契约化管理,充分发挥考核导向和倒逼机制,改革经营业绩考核模式;加快监管职能转变,下放权力、释放活力,国资委完成大处室改革,一次性精简17项监管事项;推动混合所有制改革,对省属大集团只保持绝对控股,经省委、省政府批准后,甚至可以让出大集团控制权;强化瘦身健体,省属企业3年左右压减30%的内部法人,取消4级以下公司。

二是加快解决历史遗留问题,维护职工合法权益。省属企业清理欠薪欠保167亿元,这一问题基本得以解决;出台分离办社会实施意见及4个配套文件,明确时间表、路线图。负担最重的同煤集团,首批30万户"三供一业"分离移交。

三是搭起战略平台推转型,培育市场主体促转型。全国力度最大的山西省国有资本投资运营公司挂牌成立,搭建起国有资本进退留转的平台,承载推进专业化重组,实现国有资本进退留转,着力培育新动能新产业,市场化出清"僵尸企业",承担降低企业负债率使命;整合省级优质资源,推动国有资本专业化重组。

2017年11月27日,山西省属企业第一批12个优质"腾笼换鸟"项目正式发布。"腾笼换鸟"的目的在于抓住机遇,利用当前煤炭市场价格回升的"窗口期",采用市场化、法治化手段,引进战略投资者,利用一批优质资产,置换回的资金用于发展非煤新兴产业,优化资本布局。2018年1月2日,山西省又公布第二批"腾笼换鸟"项目的通告,共41个项目。

总而言之,与以往零碎性、浅表性、短期性改革不同,此轮国企国资改革既有补考和赶考的任务,也有许多创新点和突破点。一是破题"一股独大",明确混改的范围为"在集团公司和子公司层面均可以推进混合所有制改革";二是为国有企业分离办社会职能确定时间表,即"到2020年底,基本完成分离办社会职能工作任务,国有企业不再承担社会公共服务职能";三是为国企国资改革创造良好环境,提出按照"三个区分开来"的要求,建立干部激励引导和合理容错机制。与此同时,作为监管机构的省国资委也于2017年4月下旬完成了内部机构改革,使国资监管工作更加聚焦于管好资本布局、规范资本运作、提高资本回报、维护资本安全。

山西国企国资改革的成效直接反映在经济数据上。2017年山西省属国有企业经济数据显示:省属企业完成增加值288.2亿元,同比增长22.7%;实现营业收入12 194.6亿元,同比增长3.4%;实现利润总额180.8亿元,同比增长807.8%;上缴税费784.2亿元,同比增长66.5%。增加值、利润、上缴税费等主要经济指标均取得了2013年以来最高水平。

第二节　非公有制经济持续健康发展

非公有制经济是我国社会主义市场经济的重要组成部分和促进社会生产力发展的重要力量。改革开放以来，山西逐步改变了单一的所有制结构，非公有制经济不断发展壮大，到如今已成为山西经济的半壁江山，成为拓宽就业、财政增收、出口创汇、产业优化和全面建设小康社会的最具活力的生力军。改革开放40年的光辉历程，同时也是非公有制经济逐步发展壮大的历程。

一、个体私营经济的初步发展

中共十一届三中全会后，随着实事求是思想路线的恢复和对社会主义认识的深化，党对发展个体私营经济有了全新的认识。1982年党的十二大明确提出，鼓励和支持劳动者个体经济作为公有制经济的必要的有力的补充。1982年12月，全国人大五次会议通过的《中华人民共和国宪法》规定，在法律规定内的城乡个体劳动者个体经济是社会主义公有制经济的补充。1987年党的十三大提出私营经济也是公有制经济必要和有力的补充。1988年6月，国务院颁布《中华人民共和国私营企业管理条例》。

改革开放之初，山西的个体工商户寥若晨星。在党的十一届三中全会精神指导下，山西省从1979年开始恢复和发展个体工商经营，到1979年年底统计有个体工商户1979户、从业人员2089人。

第四章 经济结构不断优化升级

1980年11月21日至26日,中共山西省委召开了全省劳动就业会议,提出要鼓励发展个体经济,广开就业门路。1981年1月7日,山西省财政贸易委员会批转的省工商行政管理局《关于当前行政管理中若干问题的报告》,就恢复和发展个体工商业作了一系列政策性的规定。截至1982年年底,全省有证的个体工商户发展到3.8万户,从业人员5.6万人。

党的十二大召开后,中共山西省委、省政府继续积极推动个体经济的发展。1984年7月12日,省政府发布了《山西省人民政府通告》,对城乡个体工商业进一步放宽了政策。总的来看,十二大以后的几年里,由于进一步放松了发展个体经济的政策,全省个体经济呈现持续迅猛发展势头。到1988年底,山西全省个体工商户发展到42万户,从业人员84.3万人,注册资金16.7亿元,当年产值19.26亿元,营业额38.58亿元。

随着个体工商业的迅速恢复和发展,私营企业也应运而生。1984年之后,私营企业如雨后春笋般在山西迅猛发展。截至1987年6月,全省注册登记、雇工8人以上的私营企业达到3514家,从业人员60 963人,其中雇用工人53 760人,注册资金6893万元。这些私营企业主要分布在需要较多劳动力的工矿业和建筑业,此外还有少数经营运输业、商业、饮食业、服务业和修理业。1987年全省工业总产值中,全民所有制经济所占比重为60.6%,集体所有制经济所占比重为32.8%,个体私营经济和中外合资合作经济等经济成分所占比重为6.6%。

由于受国内大环境的影响,山西省的个体私营经济随后有所下滑。这一形势引起了山西省委、省政府的高度重视。1991年1月,全省农村工作会议召开,会议重申了党的坚持公有制经济为主体、多种经济成分并存的方针,强调要继续支持个体私营经济的发展。会议指出,"在我省总的来说,个体户、私营企业发展不是过了头,而是还不够。要按允许存在、适当发展、加强管理、兴利除弊的方针,引导他们守法经营,倡导他们向着科技型、外向型方向发展"。1991年4月,中共山西省委、省政府召开全省经济体制改革工作会议,重申了在社会主义初级阶段,在保持公有制主体地位的同时,要允许多种经济成分并存。1991年5月20日,省委、省政府出台了《关于鼓励个体、私营经济发展的若干规定》。《规定》指出,发展个体私营经济的方针政策长期不变。通过采取有力的措施,全省个体私营经济下滑的趋势被遏制,并开始逐步回升。

二、个体私营经济快速发展

1992年邓小平"南方谈话"精神为个体私营经济发展进一步松绑。1992年党的十四大明确了我国经济社会改革的目标,建立了社会主义市场经济体制,并提出在所有制结构上以公有制包括全民所有制和集体所有制经济为主体,个体经济、私营经济和外资经营为补充,多种经济成分长期共同存在。从1992年党的十四大到2002年党的十六大,中国民营经济发展走上快车道。

1992年,山西省委、省政府贯彻邓小平同志"南方谈话"精神,制定了《关于进一步解放思想,加快改革开放,促进经济发展的意见》。1994年11月,山西省第八届人民代表大会常务委员会第十二次会议通过了《山西省个体经营户和私营企业管理条例》,这是改革开放以来山西颁布实施的第一部规范私营经济发展的地方性法规。《条例》规定,个体工商户和私营企业可依法从事农林牧渔、工商、建筑、交通运输、餐饮、服务、修理、科技开发、文化教育、体育、医疗、旅游、信息咨询、经纪人等行业的生产经营活动。个体工商户和私营企业具备资金、技术和场地等条件,经核准可一业为主、跨行业或综合经营。《条例》的颁布实施为个体私营经济的发展创造了更为宽松的环境,促使全省个体私营经济得到了较快的发展。到1997年年底,全省个体工商户发展到65.7万户,从业人员115万人,注册资金63.6亿元,全年总产值66.6亿元,销售总额229.3亿元,社会商品零售额148.7亿元。全省私营企业发展到2.14万家,比1992年增加近3倍;投资人数5.19万,比1992年增加2.5倍;雇工人数32.5万,比1992年增加2.5倍;注册资金86.05亿元,比1992年增加9倍;生产总值48亿元,比1992年增加3.9倍;社会商品销售额31亿元,比1992年增加5.6倍。

党的十五大召开之后,山西全省上下认真贯彻党的十五大精神,推动个体私营经济向更高层次发展。特别是私营经济发展较为稳定,企业规模不断扩大,经济实力不断增强,生存竞争能力不断提高。到1999年年底,全省私营企业发展到2.54万户,从业人员42万人,注册资金172亿元,当年产值52.87亿元。

三、非公有制经济扩量提质阶段

2000年山西省委七届九次会议以后,山西进一步采取措施积极推动非公有制经济发展,到2001年底,全省个体工商户发展到33.8万户,私营企业发展到2.8万户,外商投资企业发展到827户。

个体私营企业的经营领域不断拓宽,经营规模迅速扩大,从业人员素质显著提高,市场竞争能力也明显增强。2002年,全省民营经济完成增加值930亿元,占到全省GDP的46.5%。民营企业成为全省经济中极具活力的一个增长点。

2004年5月20日,山西省委、省政府发布《关于进一步加快非公有制经济发展的决定》。《决定》指出,要全方位加大支持力度:放宽投资领域,坚持"不禁止,则自由"的原则,凡法律、行政法规无明令禁止的领域,均允许非公有制经济进入;鼓励非公有制企业以独资、参股、控股、合作、联营和特许等方式参与水利、交通、能源、公交、旅游、供水、供气、供热、垃圾处理、污水处理等城乡基础设施和公益事业建设。支持非公有制企业进入教育、文化、卫生、医疗、体育等领域。稳妥推进非公有制企业参股金融保险业,引导非公有制资本参与城乡信用社等中小金融机构的重组改造;鼓励非公有制企业与国有企业、集体企业相互参股,发展混合所有制经济;鼓励非公有制企业参与国有企业和集体企业改革;放宽注册登记限制,允许新设立的非公有制企业注册资本分步到位,限期补足;国家对国有企业的优惠政策,都适用于非公有制企业;等等。

2005年9月,山西省办公厅印发《关于鼓励支持引导个体私营等非公有制经济发展的若干意见》。《意见》提出,"鼓励、支持有条件的私营企业参与法律、法规和国务院决定未禁止的电力、电信、铁路、民航、石油、公用事业、基础设施等垄断行业、领域的投资与经营。在规范准入、严格监管的前提下,支持、引导非公有资本投资教育、科研、卫生、体育等社会事业领域,支持非公有制经济主体参与公有制企业、事业单位的改组改制;允许非公有资本进入金融服务业及国防科技工业建设领域","允许非公有资本投资设立的有限责任公司注册资本分期到位,两年内补足,首期出资额可放低到其申报注册资本金10%,最低限额3万元"。《意见》还就放宽知识产权、非专利技术出资比例限制、放宽私营有限公司的对外投资比例、放宽公司登记中出资方式的限制等事项作出了规定。

《决定》和《意见》的出台,极大地促进和推动了非公有制经济的发展。"十五"期间,非国有经济投资在全社会固定资产投资中所占的比重达到54%,非公有制经济占全省GDP的比重从2000年的30.3%增加到2005年的42.1%,平均每年提高2.36个百分点。与此同时,非公有制经济也成为新增就业人口和下岗职工再就业的主要渠道。"十五"期间,全省私营和个体经济从业人员迅速增加,2005年末个体工商户从业人员达到106.1万人,比2000年末的56.7万人增长87%,私营企业从业人员达到105.1万人,比2000末的38.9万人增长1.7倍。

"十一五"和"十二五"期间,山西省非公有制经济持续发展,发展总量和质量有了较大幅度提高,为全省经济、社会发展做出了重要贡献。"十一五"期间,全省民营经济增加值及上缴税金两项指标均实现翻番增长。2010年年底,民营经济总户数73.2万,完成增加值4338.6亿元,占全省地区生产总值的47.73%;上缴税金693亿元,占全省财政总收入的38.27%。中小企业、民营经济已经成为全省经济,特别是县域经济的主体,成为地方财政收入的主要来源。"十二五"期间,省委、省政府采取金融支持、财政扶持和鼓励民营经济发展等一系列政策措施,落实小微企业减免税等优惠政策,实施"一企一策"精准帮扶企业,帮助企业克服困难,着力破解民营经济发展九大难题,努力促进企业平稳运行和健康发展。截止到2015年年底,全省民间固定资产投资完成8353.3亿元,增长21%,占全省投资的比重达到60.8%,比上一年度提高3.2个百分点。

2015年9月底,山西省委、省政府出台《关于加快民营经济发展的意见》,时隔11年后再次发布了一份指导本省民营经济发展的纲领性文件。《意见》共33条具体内容,涵盖民营经济发展中拓宽发展空间、扶持成长壮大、支持转型创新、加大要素支持、完善服务体系、加强组织领导等6个方面,涉及了一个企业发展从头到尾、完整的全部政策链条。《意见》首次明确提出"推动全领域、全产业链向民间资本开放,积极推广政府与社会资本合作建设模式,确保民间资本平等进入",并从拓展发展空间、扶持成长壮大、支持转型创新、加大要素支持、完善服务体系等五大方面提出了具体的措施。《意见》还提出,到"十三五"末,全省民营经济增加值占全省GDP的比重年均提高两个百分点左右,力争达到或接近全国平均水平;民营经济从业人员年均新增30万人以上;民间投资占全省固定资产投资的比重年均提高1个百分点以上,达到65%以上。目前,这一政策效应已经初步显现,2016年全省民营经济实现增加值6231.1亿元,占全省GDP比重48.2%;民间投资日趋活跃,占固定资产投资比重为65.1%;全省民营企业及个体工商户主体数量为170万个,比上年增加近23万个,同比增长15.6%;民营企业及个体工商户从业人员575.9万人,同比增加55.2万人,增长10.6%;民营企业税收占到整个税收收入的51%,民营经济对经济发展的贡献不断提高。

四、改革开放以来利用外资规模不断扩大

1984年山西省第一家"三资"企业——华杰电子有限公司的成立,开创了山西省利用外资的先河。但总的来看,从1984年到1991年,这个时期山西"三资"企业发展比较缓慢。据统计,到1991年末,全省注册"三资"企业只有127家。

1992年邓小平"南方谈话"后,全省利用外资步伐加快之机,出台了一系列对外开放和招商引资的优惠政策,山西"三资"企业迅猛发展。从1992年到1996年4年累计利用外资2.2亿美元,年均增长6.2%。仅1992年一年就新增"三资"企业377家。从1996年到2000年,山西省累计使用外商投资12.7亿美元,年均增长28.6%。

党的十六大之后,山西对外开放再掀新高潮,利用外资取得新突破。以对外开放大会为标志,以"港洽会""沪洽会""珠洽会"和"煤炭博览会"为平台,形成了省委重视、政府推动、企业主导、各方面广泛参与的对外开放和招商引资新局面。2007年全省直接利用外资达到22.6亿美元,超过2002年以前的总和。世界500强企业中有13家、18个项目投资山西,涉及22个国家和地区。最大的投资项目是韩国电力公司、德意志银行入股的格盟国际能源有限公司6.02亿美元,被商务部誉为审批时间最快、国有资产增值最高、电力板块最大的项目。

2008年以前,山西省利用外资主要局限于外商独资、中外合资、中外合作三种基本形式。自2008年起,股份制企业的利用外资形

式在山西开始出现，并在 2011 年后，出现了除以上 4 种基本形式之外的其他方式。2005 年至 2014 年，山西共吸引外资 1 465 526 万美元，其中合资企业 770 616 万美元，占总投资量的一半以上。独资企业次之，约占总投资量的近 30%。山西省吸引外资的第一产业是制造业。自 2005 年到 2014 年，山西省共新批外资项目 782 个，其中制造业共 335 个，占山西省新批项目的 42.8%，合同外资金额 383.75 亿美元，占全省合同外资金额的 33.35%。其次是电力、热力、燃气及水生产和供应业，共 70 个项目，占山西省新批项目的 8.9%，合同金额 181.56 亿美元，占全省合同金额的 15.78%；第三为租赁和商务服务业，新批项目 58 个，占全省新批项目的 7.42%，合同金额 105.1 亿美元，占全省合同金额的 9.1%。

"十二五"期间，山西省实际直接利用外资 132 亿美元，同比增长 43.6%。2016 年，山西省实际利用外资 30 亿美元。2017 年山西省政府制定《关于贯彻落实国务院扩大对外开放积极利用外资若干措施的实施意见》，提出要通过一系列新措施的实施，引资、引智、引技相结合，努力把山西打造成为内陆地区对外开放高地。为此，《意见》要求最大限度放开外资准入，凡国家法律、法规、规章、政策未明令禁止的领域，全部向外资、社会资本开放，并实行内外资、内外地企业同等待遇；鼓励外商投资高端装备制造业、新一代信息技术产业、新能源汽车等战略性新兴产业，鼓励外资投向能源产业创新、"双创"新产业新业态等，与内资企业同等适用国家和地方相关支持政策；支持外商投资企业在山西省建设研发中心、工程技术中心、企业技术中心，申报设立博士后科研工作站，允许外商投资企业参与承担国家及省的科技计划项目。同时，建立健全山西国际经济合作研究平台，与国内外国际经济合作机构建立战略合作联盟，并允许各市在权限范围内制定优惠政策。同时，山西省支持海外高层次人才在晋创业发展，为山西进一步提高利用外资的质量和水平提供了支撑。

第三节　产业结构趋于优化合理

山西省由于独特的资源优势，在中华人民共和国成立之后和改革开放初期的大力投资建设下，形成了以煤为主、煤焦冶电支撑的产业结构体系。在改革开放的前 20 年，山西的产业结构进一步重型化。20 世纪 90 年代后期，世界科学技术加快发展，国际经济结构加速重组，综合国力的竞争日趋激烈，全国各地深入推进经济结构战略性调整，抢占先机，迎接挑战，呈现出"千帆竞发""百舸争流"之势。山西也开始了大力推进产业结构调整的历程。

一、山西传统产业结构的形成和弊端

1980 年 5 月，《人民日报》发表社论《尽快把山西建设成为一个强大的能源基地》。文章指出，"山西有丰富的煤炭资源，又有比较好的重工业基础，具有大规模发展能源工业的有利条件"，"大规模地开发山西煤炭，这是全国实现四个现代化的一项紧迫的战略任务"。根据中央的有关精神，山西能源基地建设的方针政策正式确立，开始了轰轰烈烈的、长时间、高强度的能源重化工基地建设历程。经过"六五""七五""八五"和"九五"20 年的大

规模建设，在山西形成了一种以煤、铁、焦为支柱产业的资源型产业结构。"六五""七五""八五""九五"时期的全省重工业投资分别为82.58亿元、170.37亿元、340.46亿元、585亿元，分别占总投资的90.5%、93.2%、95.2%、94.2%。

改革开放以来，山西作为全国的能源基地，为国家的经济建设做出了重要贡献。但面对飞速发展的新形势，山西产业结构不合理的状况，日趋明显，具体体现为：

第一产业基础不牢，第二产业效益不高，第三产业发展不足。1999年山西省的三次产业结构比例为10.8∶53.9∶35.3，而同期全国的平均水平为17.3∶49.7∶32.9。第二产业明显偏重。虽然第三产业的比重高于全国平均水平，但第三产业的年均增加值比较低。轻重工业结构比较看，山西与全国及周边比较，呈现明显的"畸重"性特征。1998年山西轻重工业总产值之比为16.8∶83.2，而同期全国轻重工业之比为45.7∶54.3。

产品初级化特征十分明显。1998年，山西规模以上工业企业总产值中，以矿产品为主体的初级产品占到23.9%，初加工产品和原材料产品占到50%左右，两项合计占到70%以上，大大高于全国平均水平及周边省区。

产业结构单一，优势企业、拳头产品、品牌产品比较少。与全国及周边省（区）比较，山西优势行业仅仅有煤炭、电力、炼焦、建材等四五个行业。

产业结构不合理，已成为全省经济增长速度和质量不高、人民群众生活水平提高不快、经济在全国位次不断下滑的主要原因。严峻的现实表明，进行经济结构战略性调整，是山西再图发展、实现大跨越的必然选择。

二、山西产业结构调整的历程

1999年10月,山西省委、省政府在运城召开了全省调整经济结构工作会议。会议集中理清了调产思路,明确了存量调整与增量调整,政府与市场、企业,资源优势与其他生产要素优势,传统产业与新兴产业,基础设施建设与加强技术创新、增强企业发展后劲,调整产业结构与调整国有经济布局,调整产业结构的规划与操作等关系,并提出以潜力产品为切入点,解决好调产起步的问题。由此,全省拉开了大力调整经济结构的帷幕。

2000年12月,省委召开七届十次全会,通过《中共山西省委关于制定国民经济和社会发展第十个五年计划的建议》,明确提出以结构调整为主线,实施"八大战略工程",构建"六大支撑体系"。"八大战略工程"是特色农业工程、传统产业优化升级工程、旅游产业开发工程、高新技术产业化工程、信息化工程、城镇化工程、基础设施建设工程、生态环境质量改善工程。"六大支撑体系"是人才支撑体系、金融支撑体系、产权多元化支撑体系、对外开放支撑体系、社会保障支撑体系、软环境支撑体系。2001年9月,省委、省政府作出《关于进一步推进经济结构调整 实施"1311"规划的意见》。确定在"十五"期间,在市场选择的基础上,要集中抓好100个农业产业化龙头企业、30个战略性工业潜力产品、10个旅游景区景点和100个高新技术产业化项目。"1311"规划突出了结构调整在操作层面的安排和实施,是对"八大战略工程"和"六大支撑体系"的具体化。

2003年8月，省委、省政府作出《关于实施行业结构调整的意见》，围绕实现传统产业新型化、新兴产业规模化，对结构调整提出一要深化、二要提高的要求。行业结构调整包括在全省国民经济中处于主要地位和具有广阔发展前景的特色农业、煤炭、焦炭、冶金、电力、化工、机械、轻工、医药、新材料、旅游、文化、房地产等13个行业和事关全省经济结构调整大局的信息化、环境保护两个领域。2004年8月召开的全省经济结构调整会议，做出了把山西省建设成为新型能源和工业基地的重大战略决策。这是继省委七届九次全会之后，山西省经济发展思路的又一次重大创新。2005年11月，山西省委发布《中共山西省委关于制定国民经济和社会发展第十一个五年规划的建议》。《建议》指出，"充分利用科技推进产业结构优化升级，形成高新技术产业为先导、基础产业和先进制造业为支撑、服务业全面发展的产业格局"，"继续加强传统产业技术改造，推进传统产业新型化；积极发展高新技术产业等新兴产业，推进新兴产业规模化；大力培育发展非煤支柱产业，实现支柱产业多元化"。2010年11月，山西省委制定的《中共山西省委关于制定国民经济和社会发展第十二个五年规划的建议》提出要"按照以煤为基、多元发展的思路，通过七条路径改造提升传统产业，培育壮大新兴产业，加快发展现代服务业，发展现代产业体系"。

山西的经济结构调整工作从1999年起步以来，取得了明显的进展和成效。经过多年的努力，全省经济结构呈现出积极的变化。"十二五"期间，山西不断加快传统产业优化升级步伐，形成3个亿吨级、4个5000万吨级的大型煤炭集团；煤炭就地转化力度不断加大，潞安煤制油等一批现代煤化工项目积极推进；推进煤电一体化发展，主力火电企业 80% 以上实现了煤电联营；焦化企业兼并重组加快，户均产能由 70 万吨提高到 200 万吨以上。在新兴产业发展方面，围绕发展七大非煤产业，山西布局实施了一批装备制造、新能源、节能环保等新兴产业项目，太重高速列车轮轴国产化、太钢 T800 级碳纤维等一批重大项目建成投产。非煤产业投资占工业投资比重由 2010 年的 64.1% 提高到 2015 年的 80.2%，非煤产业增加值占工业增加值比重由 42.4% 提高到 53.2%。装备制造业增加值占工业增加值比重由 5.8% 提高到 10.4%。旅游总收入由 1083.5 亿元增加到 3447.5 亿元，年均增长 26%。服务业占地区生产总值比重由 37.3% 提高到 53%。

三、"十三五"时期的资源型经济转型任务

2015 年 12 月，中共山西省委十届七次全体会议通过《中共山西省委关于制定国民经济和社会发展第十三个五年规划的建议》。《建议》从破解"资源型经济困局"的重大命题出发，全面部署了山西省"十三五"期间的产业转型目标和任务。《建议》明确提出要"做好煤和非煤两篇文章"，"把构建现代产业发展新体系作为优化产业结构的主要任务，实施工业强基工程，不断改造提升传统优势产业，切实推进煤炭产业'六型转变'，大力培育市场潜力大、产业基础好、带动作用强的非煤产业，逐步形成以提升传统优势产业为主导、发展新兴接替产业为先导、全面发展服务业为支撑的产业格局"。围绕产业结构调整目标，《建议》就做优做强能源产业、发展壮大装备制造业、培育发展新兴接替产业、加快现代服务业发

展等重点任务作出了详细部署。

2016年11月4日,中国共产党山西省第十一次代表大会在太原召开。中共山西省委书记在讲话中指出,要"把供给侧结构性改革作为经济发展和经济工作的主线,把资源型经济转型综合配套改革试验区作为推动经济转型发展的抓手,以提高发展质量和效率为中心,全力推动我省经济发展的动力结构、产业结构、要素结构和增长方式发生重大转变","破解资源型地区创新发展难题、结构性矛盾突出地区协调发展难题、生态脆弱地区绿色发展难题、内陆地区开放发展难题、欠发达地区共享发展难题,加快实现能源产业向绿色低碳转变、产业结构向多元化中高端转变、发展动能向创新驱动转变、发展形态向园区化循环化转变、城乡统筹向一体化转变、经济增长向平稳健康可持续转变。构建多元化中高端现代产业体系"。围绕这一重大任务,第十一次党代会明确提出要实施"战略性新兴产业培育、能源产业创新、传统优势产业提质、现代服务业发展、特色现代农业增效、'双创'孵化新产业新业态等六大工程,构建具有鲜明省情特点的支撑多元、布局合理、链条高端的现代产业体系"。

为了贯彻落实山西省第十一次党代会精神,山西省委、省政府决定整合太原都市区内的太原高新技术开发区、太原经济技术开发区、太原武宿综合保税区、太原工业园区、晋中经济开发区、山西榆次工业园区以及山西科技创新城、山西大学城等园区,建立山西转型综改示范区,并在转型综改示范区建设一批专业化产业园区,先行先试,率先突破,为全省提供可复制、可推广的经验。2017年2月25日,转型综合改革示范区管理委员会正式成立。建设转型综改示范区,是落实省党代会精神的第一硬招、第一场硬仗。

第四章　经济结构不断优化升级

2017年6月22日下午，习近平总书记在太原考察了太原重工轨道交通设备有限公司和太钢钢科碳材料有限公司，指出推动传统产业转型升级，必须坚持以企业为主体，以市场为导向，以技术改造、技术进步、技术创新为突破口。要支持企业创新产业组织形态，瞄准国际国内先进标杆全面提高产品技术、工艺装备、能效环保等水平。6月23日下午，习近平总书记听取了省委、省政府工作汇报。习近平总书记指出，实现资源型地区经济转型发展，形成产业多元支撑的结构格局，是山西经济发展需要深入思考和突破的重大课题。党中央赋予山西建设国家资源型经济转型综合配套改革试验区的重大任务，山西要用好这一机遇，贯彻新发展理念，着力解决制约发展的结构性、体制性、素质性矛盾和问题，以深化供给侧结构性改革推动经济转型发展，以创新驱动推动经济转型发展，以营造良好营商环境推动经济转型发展，以全面深化改革推动经济转型发展，真正走出一条产业优、质量高、效益好、可持续的发展新路。

2017年9月11日，经李克强总理签批，国务院印发了《关于支持山西省进一步深化改革促进资源型经济转型发展的意见》。《意见》明确提出，"将山西省建设成为创新创业活力充分释放、经济发展内生动力不断增强、新旧动能转换成效显著的资源型经济转型发展示范区"。《意见》还明确提出了山西转型发展的目标，"到2020年，重点领域供给侧结构性改革取得阶段性成果，能源革命总体效果不断显现，支撑资源型经济转型的体制机制基本建立。到2030年，多点产业支撑、多元优势互补、多极市场承载、内在竞争充分的产业体系基本形成，清洁、安全、高效的现代能源体系基本建成，资源型经济转型任务基本完成，形成一批可复制、可推广的制度性经验，经济综合竞争力、人民生活水平和可持续发展能力再上一个新台阶"。

围绕山西转型发展的目标,《意见》明确了 6 个方面的重点任务：一是健全产业转型升级促进机制，打造能源革命排头兵；二是深入实施创新驱动发展战略，促进新旧动能接续转换；三是全面深化国有企业改革，激发市场主体活力；四是加快推进重点领域改革，增强内生发展动力；五是深度融入国家重大战略，拓展转型升级新空间；六是深化生态文明体制改革，建设美丽山西。加强资源开发地区生态保护修复治理，加大生态环境保护力度，强化资源节约集约利用。

从 2016 年至 2017 年，山西省委团结带领全省人民，坚定不移推进全面深化改革，综合施策加快转型发展，全省呈现出主动转型、创新转型、深度转型、全面转型的积极态势，全省经济结构、质量、效益呈现出显著的积极变化：一是新兴产业规模稳步增长，集聚效应加速形成，充分发挥了开发区作用。2017 年 1 月至 7 月，全省战略性新兴产业工业增加值增长 11.7%，高于规模以上工业增速 3.5 个百分点。开发区承接了全省 80% 以上的新开工项目，贡献了 60% 以上的新兴产业产值。二是煤炭产业结构优化，先进产能明显提升，落后产能加速退出。2016 年以来，山西坚持去产能和发展先进动能相结合，积极推进煤炭产业优化升级。2016 年关闭煤矿 25 座，退出煤炭产能 2325 万吨，为全国第一。2017 年山西省关闭煤矿 27 座，退出产能 2265 万吨。三是技术改造力度加大，设立了专项资金，完善了政策体系，社会资本正向重点技术改造项目集聚，形成一批新的工业经济增长点。全省 392 个重点技改项目中的 88 个项目投产或部分投产。2017 年 1 月至 7 月，全省技改投资完成 391.7 亿元，增长 17.6%，高于全省工业投资增速 20 个百分点，高于全国平均水平5个百分点，居全国第16位。四是全省重大基建项目规划和建设进展顺利。铁路、公路、机场、轨道交通、水利、煤层气管网、外送电通道、市政、口岸等9类重大基础设施重点项目，总体进展顺利，投资情况良好。五是全省招商引资考核实现从"重签约"向"重落地"转变，招商引资项目实现从"求数量"向"重质量"转变，合作协议内容实现从"意向化"向"项目化"转变。

为推动经济转型，山西在体制机制创新方面进行了卓有成效的探索。以山西转型综合改革示范区为例，在全省率先打造"一颗印章管审批、一个大厅管服务、一支队伍管执法"的"三个一"管理服务模式，走在了全国前列。作为全省相对集中行政许可权改革试点，示范区设立行政审批局，整合区行政许可事项，将除建设用地审查外的行政许可职权全部划转至行政审批局统一行使，共涉及15个行政管理部门的50项行政管理职权。总面积5100平方米的示范区政务服务中心共设置88个窗口，提供九大类246项服务，基本只做到了"只进一个门，办结所有事"。2018年1月至4月，示范区固定资产投资完成38.1亿元，同比增长51.29%。示范区管委会主任张金旺表示，示范区将继续深化"三个一"管理服务模式，努力在打造转型综改先行先试平台上实现更大突破。

第五章
国家综合能源基地建设不断推进

山西作为国家能源基地的功能定位，从中华人民共和国成立之后就逐步开始，20世纪80年代后形成。围绕如何发挥好国家综合能源基地的作用，如何解决好煤炭产业的健康发展就成为山西整个改革开放进程中的一个重要问题，并一直延续至今。改革开放40年来，山西在国家综合能源基地建设上经历了一个论证形成、高强度开发到综合科学利用的过程，为国家经济社会发展提供了重要的能源保障。

第一节　全国能源基地重化工基地战略定位的确立

从1892年在太原出现第一个现代工业企业到1949年全省解放，山西的第二产业发展缓慢，全省现代工业形成固定资产原值106亿元。山西全境解放后，工业生产迅速得到了恢复和发展，到1952年，全省工业总产值达到6.28亿元（按1980年不变价格计算）。第一个五年计划期间，在国家优先发展重工业的政策指导下，山西工业经济得到快速发展，山西工业体系和产业框架基本形成。"二五"时期煤炭工业的投资额是"一五"时期的 2.4 倍，除了国家对煤炭行业的投资外，地方煤炭行业投资加大，特别是小煤矿大面积涌现。这些都为改革开放后山西能源工业的发展埋下了伏笔。

一、把山西建设成为强大的能源基地的设想

山西省委在 1978 年 3 月第四次党的代表大会上提出要建立"具有山西特点的工业基地"。1979 年中央领导视察山西时，第一次提出把山西建设成为强大的能源基地的设想，并给国务院财经委员会写了一封《尽快把山西建设成为一个强大的能源基地》的信。信中着重论述了大力发展能源工业的重大意义。1979 年 9 月，山西省委、省革委向党中央、国务院呈报了《关于把山西建设成为全国煤炭能源基地的报告》。1979 年 12 月，山西省五届人大二次会议上一致通过的"山西省革命委员会工作报告"提出要建设"煤炭能源基地"，并对煤炭资源开发布局作出了初步规划。

1980 年 5 月 20 日，《人民日报》发表了《尽快把山西建成强大的能源基地》的重要社论，社论分析了山西煤炭资源的优势和发展能源工业的有利条件，指出尽快把山西建成强大的能源基地，不仅对山西而且对中国实现四个现代化，都具有重大意义。这一社论传递出了中央的决策信息。1980 年 7 月 30 日山西省政府向国务院报送了在深入调查研究和广泛听取各方面意见的基础上制定的《山西能源基地建设规划纲要（草案）》。1981 年 11 月召开的全国人大五届四次会议通过的《政府工作报告》指出，"要把开发山西的

煤炭作为重点来抓"。1982年4月，国务院批复同意开展对山西能源基地建设的综合研究，这标志着山西能源基地建设决策规划的基本确定。

二、能源重化工基地的提出

1982年12月，国务院专门成立了能源基地规划办公室，负责协调山西能源基地建设中的有关事宜。中共山西省委、山西省人民政府及时组织本省经济界、学术界并会同中央有关部、委、科研单位展开了综合的、专题的、为期3年多的调研与论证。1983年中国科学院受国务院委托，组织全国有关部门1000余名专家对规划与建设山西能源基地进行了一系列科学的综合论证，并于1983年年内提出《山西能源重化工基地综合规划》的报告，确定了山西能源重化工基地建设的"总盘子"。1984年1月，在《山西能源重化工基地建设综合规划（草案）》的基础上，国务院能源规划办公室编制了山西能源重化工基地发展规划。该规划的编制，标志着中央对建设山西能源重化工基地设想的认可。1985年6月，山西省第五次代表大会确定了"充分发挥我省自然资源优势，重点搞好能源重化工基地建设"的经济发展战略。1986年5月，山西省五届人大四次会议召开，会议讨论通过了《关于山西省第七个五年计划的报告》，确认了中国共产党山西省第五次代表大会提出的战略方针。山西省第五次代表大会及山西省五届人大四次会议的召开，标志着全省能源重化工基地建设发展战略的最终确立。

第二节　山西能源重化工基地建设的实施

山西能源重化工基地规划确定后，全省开启了规模宏大、持续多年、对山西经济社会发生了深刻影响的能源重化工基地建设的历程。在此期间，以中央投资和地方投资为主，推动山西能源生产能力大幅度提升，为国家经济社会发展提供了能源保障。

一、能源重化工基地建设成效

能源重化工基地建设是以高强度的投入为前提的，在这一过程中一大批重大投资项目（大型矿山、大型电厂等）开工、建成、投产。统计资料表明，山西能源基地基本建设自"六五"时期以来到"九五"的前三年，累计完成基本建设投资额1687.58亿元，其中能源、运输、邮电业基本建设投资为1061.88亿元，能源、运输、邮电业占基本建设投资的比重高达62.92%。"六五"到"九五"的前三年，更新改造投资累计661.56亿元，其中能源工业更新改造投资为253.25亿元，能源工业占更新改造投资的比重为39.85%。据统计，从1979年至1998年，山西全民所有制单位累计固定资产投资2472.57亿元，能源工业固定资产投资的比重高达38.02%。在基本建设投资中，中央项目投资所占比例高达55.64%，在更新改造投资中，中央项目投资占45.09%，形成了山西以能源投资和中央项目为主体的投资和项目实施格局。按照时段来划分，"六五"时期，能源基地建设的更新改造投资 45.93 亿元，其中用于能源工业投资额 18.93 亿元，占更新改造投资额的 41.21%；"七五"时期更新改造投资额 113.14 亿元，其中用于能源工业 49.75 亿元，占更新改造投资额的 43.97%；"八五"时期，更新改造投资额 243.97 亿元，其中用于能源工业 95.16 亿元，占更新改造投资额的 39%；"九五"时期的前三年，更新改造投资额 258.52 亿元，其中用于能源工业 89.41 亿元，占更新改造投资额的 34.59%。

基地建设以扩大煤、电能源产量为重点，同步实施为能源输出而进行的交通、电网建设。在能源项目投资上，国家和省以新建和改造六矿区和稀缺煤种开发为重点，扶持推动地方国有煤矿和乡镇煤矿的大发展，使原煤产量由 1980 年的 1.21 亿吨增加到 1998 年的 3.15 亿吨，比 1980 年增长近 1.6 倍。电力工业以装备 100×10^3 千瓦～300×10^3 千瓦大型火电机组为主进行坑口电厂建设，较突出的有大同二电厂、神头电厂等，电力装机由 1979 年年底的 2.3094×10^6 千瓦增加到 1998 年年底的 10.3955×10^6 千瓦，增长 3.5 倍。极大地缓解了国家经济建设对煤电能源的需求。完成了多条铁路主干线电气化工程改造，开通了 20 多条出省公路，省内公路网建设快速发展。500 千伏超高压输变电线路和 220 千伏输变电线路建成营运。这些项目的建成投产，极大地改善和提高了外输煤、电能源的能力，标志着山西能源外输打开了瓶颈。

山西大规模的以煤、电为主的重大项目建设和大量的能源输出，有力地支持了全国的经济建设。由于加大了山西煤炭开采力度，使煤炭原煤产量每经一个五年计划就上一个台阶，原煤产量由 1980 年的 1.21 亿吨发展到 1985 年的 2.14 亿吨、1990 年的 2.86 亿吨，"八五"末期的 1995 年达到 3.47 亿吨，增长了近 2 倍，到"九五"

时期的 1998 年由于受煤炭市场疲软的影响，产量回落到 3.15 亿吨。晋煤外运极大缓解了中国经济腾飞对能源产生的巨大需求。从 1980 年到 1998 年累计外调原煤 31.08 亿吨、外调焦炭 1.62 亿吨，煤炭的外调量占到全国可供煤炭外调量的 80%，满足了全国 26 个省、市、自治区的煤炭需求。山西在输煤的同时加大输电的力度，电力工业的发电量由 1980 年的 12.024×10^9 千瓦时，发展到 1998 年的 55.403×10^9 千瓦时，比 1980 年增长了 3 倍多，从 1980 年到 1998 年累计外输电 123.854×10^9 千瓦时。与此同时，1983 年煤炭部发布了《关于积极支持群众办矿的通知》"允许私人开采煤矿"。1984 年山西省政府制定和颁发了《关于进一步加快我省地方煤矿发展的暂行规定》，该规定提出"要实行有水快流，大中小结合，长期和短期兼顾，国家、集体、个人一起上的方针"。"有水快流"的方针导致全省小煤窑遍地开花，煤矿数量从 1983 年的 2000 多座发展到 1990 年的 6000 多座。为了消化煤炭产能，山西在 70 多个产煤县办起了数以千计的小铁厂、小电石厂、小建材厂。

二、能源重化工基地建设反思

经过多年能源重化工基础建设，山西片面、过度开发资源所造成的不良后果也开始逐步显现。首先，就是三次产业发展的不协调、不均衡问题开始逐步显现，由于投资重点的影响导致山西产业发展逐步形成不均衡态势。从 1981 年至 1998 年，三次产业间投资结构比例呈现出第一产业投资比重下降、第二产业投资比重居高、第三产业投资比重先降后升的趋势。这种投资结构下的三次产业发展所形成的国内生产总值构成由1980年的19∶58.4∶22.6，演变为"六五"末期的19.3∶54.8∶25.9，到"七五"末期成了18.8∶48.9∶32.3，"八五"末期的15.4∶49.9∶34.7，"九五"时期的1998年更进一步演变为12.9∶53.5∶33.6，一产薄弱、二产独大、三产偏低的产业结构基本形成。其次，支柱产业单一化和产品初级化问题十分突出，工业生产力过度集中到以能源为代表的个别行业中。支柱产业单一限制了具有技术密集、产业关联度高和收入弹性系数大的消费品工业的发展，暴露了山西工业产品初级化、技术素质低、转换能力差的弱点。全省独立核算工业企业的产出中，以矿产品为主体的初级产品占工业总产值的近1/3，初级产品和原料产品合计占到全省工业总产值的2/3以上。第三，经济效益低下、生态环境恶化阻碍了经济可持续发展。能源基地在高强度发展煤、电能源的过程中，人民群众收入增长缓慢，民生事业欠账较多，特别是能源工业造成的生态环境破坏阻碍了山西经济的持续健康发展。第四，资源浪费和环境破坏相当严重，各种办矿主体大量涌现，乡镇煤矿得不到有效控制，采煤方式落后，回采率仅为15%~20%，造成煤炭资源破坏严重，资源浪费惊人。煤炭开发加工转化过程中对生态环境的破坏和污染严重。而且，缺水严重的山西由于大力发展电力工业，使工农业用水和居民用水的矛盾日益加剧。

当然，从山西资源赋存条件出发，从社会主义事业的大局出发，按照全国生产力布局分工原则，把有煤炭资源优势的山西建设成一个能源重化工基地的决策毫无疑问是正确的，而且在这一过程中同时伴随着中国经济体制的重大转型。但是由此而带来的负面影响和深刻教训值得认真总结，如何在服务国家经济发展需要的同时利用区域资源禀赋并实现国民经济的持续健康发展是一个需要认真研究、总结的重大课题。

第三节　国家能源与工业基地战略的调整

进入20世纪90年代后，山西通过能源重化工基地建设虽保持了较高增长速度，但由此带来的一些不良影响也逐渐显现，经济结构特别是产业结构不合理，极大阻滞了经济发展的后劲和效益的提升。为此，山西适时调整发展思路，提出了建设国家能源与工业基地的战略构想，进而明确了"由煤老大向能源革命排头兵转变"的重大战略。

一、国家新型能源和工业基地的提出与实施

1992年，山西提出并开始实施经济上新台阶发展战略，抓住"三个基础、四个重点"，强调输煤、输电并重，能源基地的战略地位进一步强化。1996年省委制定了调整产业结构的实施意见，提出了以"一增三优"为主攻方向的产业结构调整思路。1996年山西省委七届二次全委会上提出全面调整产业结构是振兴山西经济的关键，至此，山西能源基地发展战略进入了以经济结构全面调整为主要内容的阶段。在党的十五大提出要对经济结构进行战略性调整的决策后，1999年省委、省政府做出了加快经济结构战略性调整的决定，拉开了新一轮经济结构调整的序幕。山西省经济结构战略性

调整发展思路和指导思想可概括为坚持可持续发展战略，以经济结构调整为中心、改革开放为动力，依托"五项创新"（技术创新、金融创新、人才机制创新、环境创新和观念创新），围绕培育"一增三优"（以培育新经济增长点，培育优势产业、优势产品、优势企业）主攻方向，发展"七大优势产业"（清洁能源产业、高新技术产业、特色农业和农副产品加工业、旅游及相关产业、特钢和铝镁为主的冶金产业、重矿机械产业、建筑房地产和新型建材业），抓好"八大战略工程"（特色农业工程、传统产业优化升级工程、旅游产业开发工程、高新技术产业化工程、信息化工程、城镇化工程、基础设施建设工程和生态环境质量改善工程），构建"六大支撑体系"（人才支撑体系、金融支撑体系、产权多元化支撑体系、对外开放支撑体系、社会保障支撑体系、软环境支撑体系），重点推进"1311"规划项目（在市场选择的基础上，集中抓好100个农业产业化龙头企业、30个战略性工业潜力产品、10个旅游景区和100个高新技术产业化项目），实现由产品调整向产业、行业调整的深化，全面提升全省产业结构的技术和效益水平，提升经济增长的质量和速度，提高全省综合经济实力。这是山西经济社会发展指导思想和发展战略上的一次重大变革。自1999年至2004年，山西经济结构调整取得了重要的进展和成效，全省经济结构不断优化，特别是产业结构调整成效显著。

党的十六届三中全会以后，在科学发展观指导下，山西省委、省政府及时提出要把山西建成全国新型能源和工业基地的重大战略。"国家新型能源和工业基地"的战略构想是在2004年8月召开的山西全省经济结构调整大会上提出的。这次会议提出了山西要重点发展的七大优势产业，即能源产业、金属材料及其制品工业、装备制造业、化学和医药工业、新型材料工业、农畜产品加工业、旅游文化产业和现代服务业，同时提出了三个层面的推进措施：一是实现大企业、大集团战略；二是着力抓好重点工业园区的建设；三是以区域特色和竞争优势为依托，大力发展新型产业基地。

"十一五"期间，山西确立了以围绕建设国家新型能源和工业基地为依托，以培育优势产业为核心，以"八大支柱产业"和"三个企业方阵"为重点，加快调整优化经济结构的发展新思路。该思路的主要内容为在"十一五"推进经济结构调整取得初步成效的基础上，继续加大力度优化产业结构，巩固提升煤炭、焦炭、冶金、电力四大传统支柱产业，通过整合资源、改造重组、技术改造、新上项目、调整优化产品结构等途径，做大产业规模，提高行业总体技术水平和核心竞争力。全力推进培育新兴支柱产业，大力发展煤化工、装备制造、材料工业、旅游业和服务业，全面拓展服务业的层次和水平。加快区域经济发展，充分利用国内国外两个市场、两种资源，发挥人缘、地缘和商缘优势，以大开放促进大发展，以大开放促进大调整。同时还将加快政府体制、机制的改革创新，鼓励非公有制经济做大做强，不断增强经济活力与张力，实现能源基地和老工业基地的创新发展。

二、"革命兴煤"与"六型转变"

"十二五"时期，山西省加快实施"革命兴煤"，大力推进"六型转变"，其主要思路，一要着力推动煤炭产业向"市场主导型"转变。煤炭产业市场主导型的关键是要处理好政府与市场的关系，建立和完善煤炭矿业权一、二级市场体系，积极争取国家支持，探索共生伴生矿产资源矿业权一体化配置，大力推进以简化行政审批为重点的行政管理体制改革，强化产业发展战略和规划指导，加大国有企业改革力度，发展混合所有制经济，培育真正的市场主体，加快制定出台地方性法规和政府规章。二要着力推动煤炭产业向"清洁低碳型"转变。以清洁开采为突破，推进煤炭绿色生产；以科技创新为引领，推进煤炭及相关行业低碳发展；以产权为纽带，推进煤电一体化深度融合；以政策为保障，完善煤炭清洁低碳发展的体制机制。三要着力推动煤炭产业向"集约高效型"转变。全力抓好大企业、大集团建设，在企业自愿、市场主导的基础上，进一步加大资源整合、兼并重组力度，增强山西煤炭市场话语权和竞争力。要在完善落后产能退出机制上下功夫，不断提升矿井的现代化水平。四要着力推动煤炭产业向"延伸循环型"转变。努力延伸煤炭产业链条，加快推进现代化大型煤电外送基地建设，加快推进晋北现代煤化工基地建设，加快推进煤层气产业基地建设；大力发展煤炭循环经济，进一步形成以园区为重点，企业与企业、产业与产业、区域与区域之间的循环网络体系；构建全新现代产业组织体系；构建煤炭等资源资产化、资本化、证券化运行机制。五要着力推动煤炭产业向"生态环保型"转变。严格实施所有新建煤炭项目的环保设施必须与项目主体同步设计、同步施工、同步投产的"三个同步"，加大采煤沉陷区治理，实施矿区生态修复，加快建立生态补偿机制。六要着力推动煤炭产业向"安全保障型"转变。必须坚决贯彻落实习近平总书记"发展决不能以牺牲人的生命为代价，这必须作为一条不可逾越的红线"的重要指示，始终把煤矿安全生产放在首位，全面认识煤矿安全生产面临的形势，全面落实安全生产责任，全面加强安全工作措施，确保层层有人抓、事事有人管。在做好煤炭这篇大文章的同时，也要在煤炭之外下功夫，切实改变"一煤独大"的产业格局，实现全省经济的转型发展。

在"十二五"期间，加快重组整合矿井改造，推进现代化矿井建设，形成3个亿吨级、4个5000万吨级的大型煤炭集团。加大煤炭就地转化力度，潞安煤制油等一批现代煤化工项目积极推进。大力推进煤电一体化发展，主力火电企业80%以上实现煤电联营。焦化企业兼并重组加快，户均产能由70万吨提高到200万吨以上。围绕发展七大非煤产业，设立战略新兴产业发展投资引导资金，布局实施一批装备制造、新能源、节能环保等新兴产业项目，太重高速列车轮轴国产化、太钢T800级碳纤维等一批重大项目建成投产。非煤产业投资占工业投资比重由2010年的64.1%提高到2015年的80.2%，非煤产业增加值占工业增加值比重由42.4%提高到53.2%。装备制造业增加值占工业增加值比重由5.8%提高到10.4%。煤层气年抽采量由42.8亿立方米增加到101亿立方米，利用量由21亿立方米增加到57亿立方米，燃气使用人口由1186万增加到1800万。旅游总收入由1083.5亿元增加到3447.5亿元。服务业占地区生产总值比重由37.3%提高到53%。

三、"能源革命排头兵"描绘了山西煤炭产业的美好愿景

又一次，国家"点名"寿阳！

2017年11月30日，国家能源局官网公布了2017年光伏发电

领跑基地名单,寿阳顺利进入光伏发电应用领跑基地,成为全国第二、晋中市唯一入围的县。

如今的寿阳有着新的发展目标——勇当山西新能源革命排头兵!

近年来,寿阳先后引进了美国远东能源、中石油、中海油、中联煤、国新能源、国际能源等国内外大型企业集团,综合开发煤层气资源,打造了抽采、集输、液化、发电于一体的全循环产业链。国新能源热电联产项目建成了126兆瓦的装机容量,年发电能力达到7亿度,煤层气、天然气产业园的产值达到5亿元。阳煤、段王、潞阳3个集团的4个煤矿配建了低浓度瓦斯抽采发电项目,装机容量达到98兆瓦,在建的还有博大京鲁9兆瓦瓦斯发电项目,在拉长产业链条的同时,有效保障了煤矿生产安全,真正实现了废物利用、变废为宝。

还有,寿阳引进了世纪华中昌盛光伏一期30兆瓦光伏科技大棚项目,2015年年底实现并网发电,具备每年近5000万度的发电能力,采用棚顶发电、棚下种植的生产模式,实现了工农融合、生态环保、效益倍增,成为全县光伏产业的标杆企业和领军项目。目前,二期30兆瓦光伏发电项目正在加紧建设。风能开发利用方面,目前,已经建成并网发电的平头晋能风电项目,装机容量49.5兆瓦,核准在建的有晋能二期50兆瓦,中船海装一期、二期98兆瓦,雁门关风电98兆瓦等4个项目,总装机容量达到近300兆瓦;近期有望核准的还有中广核200兆瓦的风光互补发电项目。以上项目全部建成后,全县仅风力发电装机容量将突破500兆瓦,切实成为县域经济新能源发电领域的重要增长极。

致力于实现废弃资源高效利用新突破,寿阳县通过回收秸秆、垃圾等资源，变废为宝，形成新的经济效益。2014年11月，寿阳鑫世泰生物质发电项目2×15兆瓦生物质直燃发电项目投入试运行，秸秆处理能力为20余万吨/年，可节约标准煤10万余吨，转化利用全县一半以上的农作物秸秆。截至2015年9月底，该项目累计发电1.65亿度，累计上网电量1.46亿度。汇能生物质能发电项目回收利用糠醛渣，不仅解决了焚烧秸秆、工业废渣污染环境的问题，对于增加清洁能源供应、保护环境、实现节能减排和可持续发展，也具有重要意义。

截至目前，全县煤层气、太阳能、风能、生物质能电力项目发展到16个，总装机容量突破1600兆瓦。加上1000兆瓦光伏领跑示范项目和正在全力推进的明泰国能2×350兆瓦低热值煤发电项目，全县新型电力能源项目总装机容量可望达3000兆瓦，年发电量将超过200亿度，为县域经济发展增添了新的活力。

"打造能源革命排头兵"是山西近年来的重头戏。2017年9月11日国务院印发了《关于支持山西省进一步深化改革促进资源型经济转型发展的意见》。《意见》明确指出，打造能源革命排头兵，促进产业转型升级，扩大对内对外开放，改善生态环境质量，实现资源型经济转型实质性突破，将山西省建设成为创新创业活力充分释放、经济发展内生动力不断增强、新旧动能转换成效显著的资源型经济转型发展示范区。从而，为山西能源产业指明了新的发展方向。

《意见》明确了山西能源产业发展的阶段性目标：到2020年，重点领域供给侧结构性改革取得阶段性成果，能源革命总体效果不断显现，支撑资源型经济转型的体制机制基本建立。到2030年，多点产业支撑、多元优势互补、多极市场承载、内在竞争充分的产业体系基本形成，清洁、安全、高效的现代能源体系基本建成，资源型经济转型任务基本完成，形成一批可复制、可推广的制度性经验，经济综合竞争力、人民生活水平和可持续发展能力再上一个新台阶。

《意见》明确了山西六个方面的重点任务：一是健全产业转型升级促进机制，打造能源革命排头兵。推动能源供给和能源消费革命，深化能源体制改革，实施产业转型升级行动，建立新兴产业培育扶持机制，完善传统产业转型升级政策体系。二是深入实施创新驱动发展战略，促进新旧动能接续转换。增强协同创新能力，培育打造创新创业平台，统筹推进开发区创新发展，实施人才强省战略。三是全面深化国有企业改革，激发市场主体活力。实施国有企业改革振兴计划，更大程度、更广范围推行混合所有制改革，加快解决历史遗留问题，促进民营经济健康发展。四是加快推进重点领域改革，增强内生发展动力。深化"放管服"改革，统一规范各类审批、监管、服务事项，创新财政金融支持转型升级方式，改革完善土地管理制度，推动城乡一体化发展，集中力量打赢脱贫攻坚战。五是深度融入国家重大战略，拓展转型升级新空间。构建连接"一带一路"大通道，积极对接京津冀协同发展战略。六是深化生态文明体制改革，建设美丽山西。加强资源开发地区生态保护修复治理，加大生态环境保护力度，强化资源节约集约利用。

"打造能源革命排头兵"的提出，进一步明确了山西能源产业发展的未来方向，对山西能源基地建设具有特殊重要的引领价值和意义。2017年9月18日全省进一步深化改革促进资源型经济转型发展大会召开，对贯彻落实《意见》作出全面部署。山西要深入总结改革开放40年来能源产业发展的经验教训，深入研究世界范围内能源产业的未来走向,坚持科学决策、保持战略定力,推动山西能源产业的革命性变革,为国家全面建成小康社会、实现社会主义现代化强国提供安全、清洁的能源支撑。

第四节　山西推动能源产业科学发展

改革开放 40 年来,为了推动能源产业科学发展,山西进行了艰辛的探索与努力,现将 21 世纪以来的一些重要举措和重大抓手作一回顾和梳理。

一、解决煤矿开采主体多、小、散、乱问题

从 2005 年 9 月开始,山西省在煤炭行业发起的治乱、治散、治本的三大战役,可以说是为了推动山西能源产业可持续发展的三个重要步骤。第一战役是坚决依法关闭所有无证非法开采的煤矿,严厉整治所有违法开采的煤矿,整治不合格的坚决予以关闭。从 2005 年 9 月到 12 月,4 个月关闭煤矿 4876 座。第二战役是实行煤炭资源整合和有偿使用。以市场经济手段为主,辅之以必要的法律手段和行政手段,淘汰 9 万吨以下的煤矿。第二战役从 2006 年发起,一年间整合淘汰 1300 座 9 万吨以下的小煤矿。2007 年 6 月 6 日,山西省国土资源厅向社会公布,山西省有偿使用换发采矿许可证工作已经全部完成,换证率达 100%,标志着山西煤炭资源由过去的无偿划拨转入有偿使用的新时期。第三战役是上马一批现代化的大

型煤矿，上马一批现代化煤炭开采和煤化工企业、煤炭资源深加工的企业，培育一批煤炭行业的大型企业。晋城煤业集团、同煤集团、山西焦煤集团、潞安集团、平朔煤炭工业公司等大型煤炭集团着手联合、兼并、重组地方中小煤矿，煤炭工业可持续发展政策试点的各项措施全面推开。

通过实施"三大战役"，山西全省煤炭工业在资源资产管理、企业股份改造、区域集团重组方面取得新突破，全省煤炭产销秩序更加规范，产业集中度进一步提高，煤炭工业新型化建设取得丰硕成果。一是提高了产业集中度。"三大战役"的核心是提高山西煤炭在生产领域的集中度。通过2005年、2006年两年的实施，矿井的个数比过去减少了1/3，同煤、焦煤、潞安、平朔、晋煤、阳煤这六大煤矿集团占比提升。同煤集团小峪煤矿是座1954年建成的地方国有煤矿，过去由于采用炮采等落后的生产方式，直到2002年原煤生产能力仅有70万吨。小峪煤矿归了同煤集团以后，前后上了三套综合机械化采煤队、四套机掘队，2006年，他们生产原煤200万吨，比以前增长了近两倍。二是安全生产水平得到了大幅度提升。仅就关闭9万吨以下煤矿而言，这些煤矿多数都是安全生产水平低、管理水平差、经济效益低、矿难易发的重点地方，关闭就意味着堵住了事故隐患。在2001年的时候，山西全省百万吨死亡率是1.85，2004年、2005年、2006年连续三年百万吨死亡率降到了1以下，2006年降到了0.85。三是资源利用率和煤炭附加值大幅度提高。四是资源变资本、小矿变大矿，企业形态发生根本性变革。煤炭矿产权有偿取得和货币化以后，资源有了市场价格，成为一种资本纽带，加快了煤炭企业的重组、兼并和资本运作进程。经过煤炭资源整合后，大集团主导行业发展的步伐明显加快。五是行业门槛变高。煤炭行业准入门槛提高，实行规模和人才"双卡"。新建矿井规模原则上不低于年产 60 万吨，对于现行年产 30 万吨的煤矿，不再办理增层、扩界手续；中小型煤矿正副矿长和总工必须具有中专以上学历或助理工程师以上技术职称，井下安全员、爆破工等"特岗人员"必须具备初中以上文化，经过职业培训并持证上岗。六是为煤炭工业可持续发展提供了财力。实行煤炭资源有偿使用，通过征收资源价款，进行生态补偿，煤炭生产企业的内外环境将大大优化。生态环境边采边治边恢复，构筑起煤炭开发"事前防范、过程控制、事后处置"的三大生态环境保护防线。煤矿将建立转产发展资金，用于煤炭企业转产、职工再就业、技能培训和社会保障等，产业和区域经济转型机制等外部环境得到改善，煤炭工业的社会包袱有所减轻。

2008 年 9 月 2 日，山西省制定了《山西省人民政府关于加快推进煤矿企业兼并重组的实施意见》。2009 年 4 月 15 日，山西省政府即出台了《关于加快推进煤矿企业兼并重组整合有关问题的通知》，揭开了山西省这一轮兼并重组整合工作的序幕，在全省境内全面实施煤矿企业兼并重组整合工作。《通知》以 2008 年出台的《山西省人民政府关于加快推进煤矿企业兼并重组的实施意见》为依据，进一步完善了兼并重组整合工作的目标，落实了责任，确定了实施主体，并强化了兼并重组整合期间煤矿安全生产的措施。2009 年 5 月 8 日，山西省出台《山西省煤炭产业调整和振兴规划》，在大力开展煤矿企业兼并重组整合工作的同时，对未来煤矿企业和煤炭产业如何发展制定了规划，使各地市政府和兼并重组企业能及时配合省政府的规划来确定本地方及企业的发展方向。在兼并重组后，山西省煤炭产业集中度已经明显提高，企业主体由 2200 多家减少到

130家，形成了4个年生产能力亿吨级的特大型煤炭集团、3个年生产能力5000万吨级以上的大型煤炭集团。

二、大力发展循环经济

2007年山西省被列入全国循环经济试点省。全省循环经济经历了"十一五""十二五"两个发展时期，取得了显著成效。山西在资源开发利用的过程中，大力发展循环经济，对资源开发和转换过程中产生的各种副产品及废弃物，如矿井水、煤矸石、瓦斯等进行综合利用和深度开发，变废为宝，不仅大大降低了资源损耗，促进了资源的可持续开发，而且从源头上减少了污染排放，成为能源产业科学发展的重要途径。

其一，工业固废综合利用效率显著提升。以"优先保证规模消纳、稳步推进高端利用"为原则，大力推进工业固废资源化利用，利用领域逐渐拓宽，技术水平和综合利用效率稳步提升。2015年，山西全省大宗工业固体废物综合利用率达到65.2%。煤矸石综合利用以低热值煤发电为主，"十二五"期间，全省累计核准开工低热值煤发电项目24个，总装机2199万千瓦，投产后每年可消耗煤矸石8400万吨；粉煤灰综合利用以生产水泥、混凝土、墙体材料、干混砂浆等建筑材料为主要途径，年消纳粉煤灰2000多万吨；脱硫石膏综合利用在水泥缓凝剂、石膏建材制品、路基回填材料等方面开展了较大规模的应用，年利用量约240多万吨，综合利用率达40%。

其二，研发推广了一批促进能源循环利用、产业科学发展的关键技术。在发展循环经济的实践中，以主导产业和优势领域为主攻方向，大力推广减量化、再利用、资源化、资源替代、共生链接、系统集成等方面的实用技术。矿山绿色开采技术、保水采煤技术、大型循环流化床锅炉技术、烟气脱硫脱硝技术、"熔渣—非熔渣"气化炉技术等煤炭清洁高效利用技术得到推广应用；煤矸石制取铝硅多元复合新型材料、高铝粉煤灰资源化利用制取氧化铝技术、工业窑炉用赤泥及粉煤灰耐火保温材料技术、绿色高性能水泥外加剂关键技术、煤矸石砖厂余热循环利用技术、铅蓄电池回收利用技术等进行了工业性试验并获得成功；钢渣超细粉技术、热熔矿渣生产纤维保温棉技术等一批先进适用的循环经济技术得到应用推广；煤矿废热循环利用技术开发及示范、水煤浆水冷壁气化炉技术开发、3兆瓦风力发电机组成套化技术及装备研究、非晶、纳米晶带材及制品研发等低碳与循环经济发展技术取得阶段性进展。组织开展煤基重点科技攻关项目，把粉煤灰、煤矸石高效利用关键技术开发与园区示范列入项目计划予以支持。一批循环经济研发项目列入国家"金太阳"示范工程项目、国家级星火计划项目，并得到国家科技型中小企业技术创新基金、国家成果转化引导基金等中央财政专项资金支持，有力地推动了循环经济关键技术研发和科技成果转化。

其三，形成了一批发展循环经济的矿山发展模式。一批特色鲜明、具有示范推广意义的循环经济典型模式起到了引领山西全省循环经济建设的重要作用。同煤塔山工业园区以塔山矿井、同忻矿井为龙头，构建了煤炭—电力—建材、煤炭—电力—化工等产业链条，形成按循环经济理念进行全面规划建设的大型煤炭工业园循环经济发展模式；潞安集团建设了煤焦、煤电、煤油、电化四大循环经济园区，形成煤基多联产、产品多元化为特点的煤炭企业循环经济发展模式;太原钢铁(集团)有限公司坚持推进绿色发展,以低能耗、低污染、大循环的生产方式,形成内陆大型钢铁企业与省会城市和谐发展模式。

三、煤层气开发取得重大突破

山西是全国煤层气资源最为富集的地区,全省埋深2000米以浅的煤层气预测资源量约为8.3万亿立方米,占全国总量近1/3。在六大煤田中,除大同煤田属贫甲烷区外,沁水、河东、西山、霍西、宁武等煤田均有煤层气赋存。目前,山西已在晋城建成中国最大的煤层气抽采利用基地。晋煤集团已构建起从煤层气勘探、抽采、管输到利用的完整产业链,煤层气销往全国7个省20多个地市,供应燃气汽车2万多台、民用100余万户、工业用气100万立方米/天,形成了国内最大规模的煤层气利用市场。

2016年4月国土资源部公布《关于委托山西省国土资源厅在山西省行政区域内实施部分煤层气勘查开采审批登记的决定》,该决定在一定程度上给山西下放了煤层气的开采权。2017年8月21日,山西省政府发布了《山西省煤层气资源勘查开发规划(2016—2020年)》。这是全国首个省级煤层气勘查开发专项规划,以煤层气为独立矿种进行规划,覆盖全省煤层气、煤炭矿业权、煤炭采空区、含煤地层等含气区域,适度兼顾与煤系天然气(致密砂岩气)、页岩气等气体矿产统筹开发,是全国油气类规划的重要实践创新和探索。此次规划,围绕山西全省经济社会发展的总体目标和战略部署,综合考虑煤层气资源禀赋、宏观环境、技术创新和市场需求等有利条件，确定了"1241"规划指标，即到2020年力争新增探明地质储量5000亿~8000亿立方米，累计超过1万亿立方米，抽采量达到200亿立方米，地面开采产能建设达到300亿~400亿立方米/年，煤层气勘探、抽采、运输、转化全产业链条产值达到1000亿元左右，在全省能源结构中占据重要位置。

2017年9月1日，国务院发布《关于支持山西省进一步深化改革促进资源型经济转型发展的意见》，明确提出，"山西要建立煤层气勘查区块退出机制和公开竞争出让制度。鼓励煤炭矿业权人和煤层气矿业权人合资合作，支持符合条件的企业与山西省煤层气开采企业合作。将煤层气对外合作开发项目审批制改为备案制，将煤炭采矿权范围内的地面煤层气开发项目备案下放至山西省管理。落实煤层气发电价格政策，进一步调动发电企业和电网企业积极性，加快煤层气资源开发利用"。由于国家层面的高度重视，山西煤企

煤层气开采

增加了与央企合作的资本,通过借助政策优势及央企的技术优势,山西在煤层气开采上将会有一个新的发展局面。

四、综改试验区建设成效喜人

中央对山西省经济社会发展特别是资源型经济转型发展的做法给予了充分肯定。2009年以来,中财办、国家发改委、山西省委、省政府组织开展实地调研,向中央提出了"将山西作为国家资源型经济转型发展综合试验区"的建议和相关方案。2010年12月1日,经国务院同意,国家发改委以发改经体〔2010〕2836号《国家发展改革委关于设立山西省国家资源型经济转型综合配套改革试验区的通知》,正式批复设立"山西省国家资源型经济转型综合配套改革试验区",成为全国设立的第九个综合配套改革试验区,也是全国第一个全省域、全方位、系统性的国家级综合配套改革试验区。通知指出,山西要秉持先行先试的精神,抓住与资源型经济转型密切相关的重点领域和关键环节,推进改革,率先突破。着力调整优化产业结构,推动工业化与信息化深度融合,提升发展的质量和产业竞争能力;着力推动技术创新,形成并完善有利于自主创新和运用最新科学技术的体制机制,促进经济增长向主要依靠科学技术进步、劳动者素质提高、管理创新转变;着力深化改革,完善宏观调控,充分发挥市场配置资源的基础性作用,建立健全资源要素价格形成机制和要素市场体系,推进产权多元化、竞争公平化和现代企业制度建设;着力推进资源节约型、环境友好型社会建设,树立绿色、低碳发展理念,加快构建资源节约、环境友好的体制机制;着力构建城乡统筹发展机制，促进工业化、城镇化和农业现代化协调发展，加快社会主义新农村建设。要通过改革试验，率先走出一条在更大范围内实现资源型经济转型发展的新路子，为全国其他地区加快资源经济转型和经济发展方式转变，实现科学发展和社会和谐发挥示范带动作用。

综改试验区是中华人民共和国成立以来中央赋予山西最大的综合性政策，是一个大品牌、大载体、大平台，给山西发展带来了难得的政策机遇、空间机遇、项目机遇、开放机遇，充分体现了党中央、国务院对山西这一能源基地和革命老区的关怀和厚爱。转型综改试验区获批以来，山西省委、省政府高度重视，按照国家批复的《山西省国家资源型经济转型综合配套改革试验总体方案》，制订出台实施方案。山西省第十一次党代会指出要"认真贯彻落实新发展理念，以深化转型综改试验区建设牵引经济转型升级"，并且明确提出"要用解放思想打开转型综改试验新天地，用先行先试擦亮转型综改试验这个金字招牌"。为促进转型综改，全省坚持以新发展理念为指导，把深化供给侧结构性改革与深化转型综改试验区建设紧密结合起来，作为经济工作的主线，在落实"三去一降一补"重大任务、实施开发区"二次创业"、构建多元化中高端产业体系、加快国企国资等重点领域改革、加大科技创新力度、打造"一流人才政策"、高标准优化营商环境等方面，推出一系列重大政策举措。

为进一步推进山西转型综改区建设，实现振兴崛起，山西省委常委会议于2016年11月25日通过了《关于建设山西转型综改示范区的实施方案》，要把示范区建设成为先行先试的配套改革先导区、战略性新兴产业创新发展高地。作为山西转型综合改革的主战场、山西经济转型升级的新动能引擎的示范区将在六个方面发挥示范作用：一是在产业升级上示范，聚集一批新兴产业集群，加快产业转型升级；二是在创新发展上示范，加快创新平台建设，加大科技投入，走出创新驱动的新路子；三是在体制改革上示范，实施"三化三制"改革，创新管理体制和运行机制；四是在绿色发展上示范，强化节能、环保、低碳发展，走绿色发展之路；五是在优化环境上示范，制定出台产业发展、科技研发、人才引进、金融创新、管理创新等系列政策和制度，打造全国领先的营商环境；六是在党的建设上示范，坚持全面从严治党，层层压实"两个责任"，提升党建工作科学化水平。目前，山西转型综合改革示范区首批71个项目奠基开工，总投资额约1000亿元。项目涉及基础设施、先进制造、电子信息、节能环保、新能源、新材料、生物医药、科技研发等行业领域。第二批签约项目达30个，总投资额556亿元。其中，太原片区签约项目24个，总投资额401亿元；晋中片区签约项目6个，总投资额155亿元。示范区作为山西经济转型升级的新动能引擎，力争"十三五"期间，地区生产总值、规模以上工业增加值、一般公共预算收入等主要经济指标保持年均两位数增长；装备制造、高端材料、电子信息、生物医药、食品加工、煤基低碳研发等新兴产业成长为支柱产业。

第六章
基础设施建设成绩斐然

改革开放40年来，山西国民经济平稳发展，人民生活水平迅速提高，经济社会面貌发生了深刻变化。山西经济社会的快速发展，其根基在于基础设施建设所取得的巨大成就。改革开放以来，山西不断加快基础设施建设步伐，不仅有力推动了全省经济发展，也让老百姓切实感受到了生活环境的改善和生活质量的提高。

第一节 交通运输事业日益完善

改革开放的40年，也是山西交通运输业发展最快的阶段，通过需求拉动、技术进步和制度创新实现了跨越式发展，在基础设施规模、运输供给能力等方面取得了巨大成就。铁路、公路、民航事业的快速发展，现代综合交通运输体系的逐步形成，也为全省乃至全国经济的腾飞奠定了坚实的基础。

一、公路交通日新月异

中华人民共和国成立以后,山西公路建设采取了"先求其通,后求其好"的方针,重点对干线公路进行初步的整修恢复。截至1957年年底,全省已有公路8262千米。20世纪60年代以前,全省大部分公路是由大车路拓宽改造而成的,路况较差。进入20世纪70年代以后,在"备战、备荒"的思路下,"大修战备公路保障国防"的热潮使山西主要干线公路标准有所提高,公路里程得到加快增长。到1978年年底,全省公路通车里程为27 261千米。

进入80年代以后,由于煤炭产量和社会物资运输量增加,山西交通运输能力滞后的矛盾显得越来越突出。落后的交通,成为能源重化工基地建设的主要制约因素之一。面对严峻的现实,山西省委、省政府决心打破全省公路交通半封闭状态,在加强省内干线和县乡公路建设的同时,打开通向省外的出口。山西公路交通进入全面发展的新阶段。

"六五"时期,山西省决定把公路建设的重点由国防公路转移到晋煤外运公路、经济公路和县乡公路上来。从1983年开始,先对阳泉白毛岭至地都、晋城至张路口、晋城至大口和大同倍加阜至孙启庄晋煤外运重点公路进行改建。与此同时,重要干线公路重点路段和重要城市出入口公路也都按二级公路进行改建。到"六五"期末的1985年,全省二级汽车专用公路从无到有发展到44千米,二级公路由1981年的141千米增加到459千米,三级公路由1981年的3102千米增加到3999千米。

第六章 基础设施建设成绩斐然

"七五"时期，随着山西能源重化工基地建设的全面展开和晋煤外运量的增加，山西公路建设速度加快。截至1990年年底，山西全省公路通车里程达到30 784千米，等级路面达到25 241千米，比"六五"期末分别增加2002千米和3228千米；公路密度达到每平方千米有公路19.7千米。

"八五"时期是山西公路建设高速发展的鼎盛时期。山西交通事业实施"两年打基础、三年迈大步、'九五'大变样"的上台阶方案，高起点、超常规、大跨度地进行公路建设，集中力量建设了

陵川锡崖沟挂壁公路

一批大型骨干项目。到"八五"期末的1995年，全省等级公路达到4265千米，包括新增高速公路（太原—旧关一期工程）94千米，结束了山西没有高速公路的历史。

"九五"时期，山西省抓住中央实行积极财政政策的机遇，加强基础设施建设，不断加大投入，加快以国省道主干线、重要出口路、扶贫路、旅游路为重点的公路建设，主要建成原太、京大、太原南过境、太原东山过境、运风、夏汾、晋阳等424千米高速公路，霍侯、祁介、汾介等484千米一级公路，以及4110千米二级公路和2900千米扶贫公路。高级次高级路面里程达到29 327千米。

"十五"时期是山西公路交通事业发展的鼎盛时期。5年完成投资700亿元，为"九五"投资的2.1倍。通过坚持不懈的长期建设，使得山西公路交通实现了跨越式发展和历史性巨变。截至2007年年底，全省公路线路里程已达119 869千米，是1980年的4.4倍。高速公路和一级公路从无到有，分别达到1893千米和1265千米。一个以省会太原为中心、市市互通、东连京冀、西连秦蜀、北出长城、南抵黄河的高速公路网粗具规模，一个以一二级公路为主体、连通所有县（市、区）的国省干线公路网基本形成。

"十一五"时期，山西省委、省政府把加快公路建设、破解交通瓶颈作为应对金融危机、促进经济平稳增长乃至转型跨越发展的战略举措，掀起了高速公路建设新高潮。全省高速公路通车里程突破3000千米，圆满完成了"十一五"高速公路建设任务。

"十二五"期间，山西高速公路路网布局调整为"三纵十二横十二环"，由3条纵线、12条横线、12条环线及部分连接线组成。5年间，全省交通固定资产完成投资2160亿元，是"十一五"的1.2倍，其中高速公路完成投资1703亿元，是"十一五"的1.6倍。5年里，全省建成高速公路 2025 千米，达到 5028 千米，是"十一五"末的 1.7 倍；新改建国省干线公路 2538 千米，一、二级公路在普通干线路网中的比重达到 86.34%；新改建农村公路 1.9 万千米，极大地改善了农村生产生活条件。

2016 年，全省交通建设完成投资 228.7 亿元。高速公路在建规模达到 496.5 千米，原平至神池、高平至沁水 2 个高速公路项目基本完工，五台山至盂县、左权至黎城、吉县至河津 3 条 237 千米高速公路通车运营，全省高速公路通车里程达到 5265 千米；普通国省干线建设完成新改建里程 477.5 千米，二级以上公路比重达到 86.3%。

2016 年 7 月，山西省政府发布《山西省"十三五"综合交通运输体系规划》，确定了"十三五"期间山西公路建设的目标：到 2020 年，公路通车里程要达到 15 万千米，"三纵十二横十二环"高速公路网全部建成，高速公路通车里程达到 7258 千米，实现"县县通高速"。

2017 年全省公路系统全年共完成投资 46.9 亿元、新改建及路面大中修里程 485.9 千米，分别是目标任务的 134%、228%，为 2018 年储备项目 16 项，重载交通建设试点工作顺利启动。至 2017 年末，全省公路线路里程 14.3 万千米，其中，高速公路 5335 千米。

二、铁路交通长足发展

铁路是国民经济的大动脉。山西作为全国重化工能源基地，铁路运输在全省发展中有着举足轻重的作用。从"一五"时期开始，国家便把山西铁路纳入国民经济发展规划，山西铁路开始大规模的建设。到1977年，全省铁路通车里程达到2053千米。

改革开放以来，国家和山西对铁路建设投入了大量的人力、物力和财力，使铁路运输业得到长足发展，运输设施不断增加和改善，运输能力显著提高。"六五"时期，石太铁路、太焦铁路电气化改造工程，南北同蒲铁路改造以及大秦铁路开工，新建铁路正线铺轨262千米，交付营运124千米，新建复线铺轨182千米，交付营运108千米。"七五"时期，建设了大秦铁路一期工程、石太线电气改造、南北同蒲铁路复线改造等工程，新建铁路交付营运里程238.7千米，铁路复线里程274.3千米。"八五"时期，建设了孝柳铁路、武墨铁路一期、太原火车站高架候车室等工程，新建铁路交付营运里程228千米。"九五"时期，山西铁路里程约达3400千米，总延展里程约6000千米。"十五"时期，山西铁路营运里程为3760千米（双线1653千米），总延展里程7079千米（正线4540千米），山西铁路网骨架已基本形成，有力地促进了山西省和全国经济的发展。

"十一五"时期是山西省铁路的快速发展期。部省合作建设的中南部铁路通道、大西客运专线、石太客运专线、太中银铁路、太原南站及相关工程、太兴铁路、吕临支线铁路、太原铁路枢纽西南环线、准朔铁路等全面推进，其中石太客运专线、太中银铁路建成运营通车，累计投产新线353.7千米，建成车站9个。到"十一五"末，运行速度160千米/小时以上的快速铁路达353.7千米，以高速重载运输为重点的高标准铁路建设处于全国领先水平。山西中南部铁路通道、大西客运专线等重点项目的开工建设，使全省铁路网络进一步得到改善，对山西省通道能力的优化和中心城市的提升作

第六章 基础设施建设成绩斐然

用进一步增强。

"十二五"期间，山西共完成铁路建设投资2085亿元。至2015年年底，全省铁路运营里程达到5121.6千米，其中客运专线达到567千米。"十二五"期间，太原至中卫至银川铁路、大同至西安铁路客运专线太原以南段、山西中南部铁路通道、韩家岭至原平铁路、太原至兴县铁路、太原南站等一批大中型铁路项目建成投入运营，铁路运输瓶颈制约基本得到缓解。太原城市轨道交通2号线一期工程全线开工建设。同时，铁路运输服务能力显著提高。以12306、95306客户服务为载体，创新营销方式，通过开行旅游列车，新增自动售/取票机、拓展网络、手机快捷购票方式等措施，形成以大西动车开行为标志的一系列客运品牌。

已建成的太中银铁路

2016年7月山西省政府发布的《山西省"十三五"综合交通运输体系规划》明确提出了"十三五"期间山西的铁路建设目标：到2020年，铁路运营里程达到6400千米，其中高速客运铁路运营里程力争达到1300千米；发展高速客运铁路，建成大同至张家口、太原至长治至晋城至焦作等高速铁路项目，加快建设原平至大同、忻州至保定等高速铁路；强化国家干线铁路作用，新线建设与既有线改造相结合，扩大快速铁路客运服务覆盖范围，形成快速客运网，快速铁路运输服务覆盖所有设区城市；强化大能力通道建设，有序建设蒙西至华中地区煤运通道、和顺至邢台等铁路项目，完善重载运输网，加快新建货运铁路沿线战略装车点建设，加快改造既有铁路，尽快形成功能布局完善、覆盖范围广、通道能力强、技术结构合理的运输网络；加快推进山西省地方铁路和城际铁路建设，合理规划、优化布局，充分利用既有和已规划建设的国铁干线项目，发挥地方铁路和城际铁路灵活性的优点，提高铁路客货运输的便捷性。

三、民航事业蓬勃发展

山西是中国最早开发和发展航空事业的省份之一，其民用航空创建于20世纪二三十年代。中华人民共和国成立后，山西省民航局接收了原有机场，山西民航事业逐步发展和壮大。但是，总体上看，改革开放之前，山西民用航空事业仍然十分落后，至1978年，山西共有10条国内航线，规模窄小的太原机场设施简陋、运力低下，空运物资和旅客很有限。

党的十一届三中全会以来，山西省委、省政府在大力抓公路铁路建设的同时，下大力气抓山西民用航空事业，山西民用航空事业飞速发展。1986年动工、1988建成的平朔安太堡露天煤矿机场，是全国第一家由企业自建的现代化水平的企业专用机场。为了适应航空事业发展的形势，山西省政府和国家于1983年共同投资进一步对太原武宿机场进行全面改造和建设，1995年2月投入试运营的新落成的武宿机场候机楼，建筑面积达2.58万平方米，是原来的12倍。1994年动工、1995年9月竣工的机场配套设施的建设，使太原武宿机场成为4D级国内干线机场和首都国际机场的备降机场。这一时期，山西新开辟航线20条，进一步打开了山西对外开放的空中门户。到1998年，以太原为基础地，开通了连接全国各大城市和沿海边贸城市的72条航线网络及太原至香港的定期包机航线，东西南北各端分别到达延吉、成都、三亚、海拉尔，通航城市达到50个，使太原航空连接全国的航线网络初步形成。其中，由山西民航直辖航线增加到28条，可直通全国30个城市，通航里程175千米。

  进入21世纪，山西迎来了民用航空事业发展的高潮。至2007年年底，全省已拥有4个飞机场（太原武宿机场、长治机场、运城关公机场和大同机场），空中航线达60余条，通航城市约50个，已基本形成了以太原为中心辐射全国的空中运输网络。太原武宿机场为北京2008年奥运会的国际备降机场，改扩建后规模宏大，美观漂亮，航空设施显著改善。跑道扩展延伸，可起降的机型由波音747提高到波音767，同时满足A380的备降需要，飞行区等级也相应地由4D级升格为4E级。长治机场在2003年9月正式投入使用，2004年机场加装的1号跑道无线电自动导航系统（ILS和GP/DME设备），使长治机场起降飞机的能见度由原来的2400米下降到800米，相当于太原机场的飞行条件，达到了国家4C标准。运城关公机场是经总参和国家发改委批准立项的3C级支线旅游机场，是山西省"十五"计划重点工程。机场占地2900亩，总投资2.3亿元，跑道长2400米，可降落波音737系列的各型飞机，年设计客运能力为22万人。大同机场是国家民航总局支线机场建设网络的重要组成部分，是山西省第二大民用机场。

"十二五"期间，山西完成民航固定资产投资39.5亿元。2015年年底，全省民航业内河通航里程达到1374千米。吕梁机场、五台山机场、临汾机场建成通航，使山西通达、便捷的立体化现代交通运输体系日益完善。

2016年8月，山西省政府发布的《山西省"十三五"综合交通运输体系规划》提出了"十三五"期间省内运输机场覆盖省内所有县城及人口10万以上的城镇，在直线距离150千米内能够享受到航空服务的发展目标。至2017年年底，山西全省民用航空航线达到211条。随着改革开放的继续深入和投资环境的逐步改善，山西省航空事业将会进一步发展，山西将成为越来越重要的运输通道。

第二节　水利事业蓬勃发展

"山西之长在于煤，山西之短在于水。"改革开放40年，是山西水利事业创新发展思路、突破发展瓶颈、实现重大历史跨越的40年。40年来，历届省委、省政府都非常重视解决水的问题，把水利建设始终作为山西经济发展的战略重点，并带领全省人民坚持不懈治山治水、除害兴利，使山西水利建设取得了巨大成就。

一、水利基础设施建设不断加强

山西全省1956年至1979年年平均水资源总量为142亿立方米，按照1980年人口计算，全省人均水资源量574立方米，约为全国平均值的1/5，属于水资源严重贫乏区域。党的十一届三中全会以后，山西被确定为全国的能源重化工基地，这对水资源紧缺、水土流失严重的山西而言无疑是一个巨大的挑战。为适应经济发展的需要，从1980年开始，山西在对全省水资源进行系统科学论证和评价的基础上，明确提出了大力开源、全面节流、统一管理、加强保护的对策。1982年，山西省人大批准并实施了《山西省水资源管理条例》，这是全国第一部地方性水资源管理法规。根据《条例》规定，在全省范围内实行取水许可制度，并开始在全国率先实行水资源有偿使用制度。此外，省政府从山西经济建设的长期目标出发，制定了汾河、漳泽等水库的改造规划，提出了万家寨"引黄入晋"工程的可行性研究报告和初步设计。

"八五"时期，山西省委、省政府审时度势，确立了"西引黄河，东抓蓄调，腹部盆地节调并举，东西两翼全方位实施水保综合治理"的水利建设战略部署，做出了一系列加强水利基础设施建设的重大决策。山西也率先在全国开始了从国家办水到社会办水的尝试，走出了一条"水利为社会，社会办水利"的道路，初步形成了省、地、县、乡、村等多级、多形式办水局面，有效地增加了水利建设的投入。"八五"期间，万家寨引黄、汾河一库、临汾沁河灌区开始建设，禹门口提水工程枢纽基本建成，18座大中型病险水库完成除险加固改造，汾河、漳泽、册田等大型水库的防洪供水效益明显提高，农业"双千万亩"工程建设开始启动。水利工程供水量增加2.88亿立方米。

"九五"时期，全省水利基础设施新增供水能力5.52亿立方米，水利工程总供水能力增长12%。到"九五"末，山西全省节水面积已累计发展到1080万亩，年节水量可达8亿立方米左右。国家和山西省投入水土保持综合治理的资金达7.5亿元，投资的加大带动了水保治理规模效益的显著提升。到1999年底，汾河两岸760千米堤防全线贯通，基本实现了"疏浚、固堤、通路、绿化、开发"的整合目标。

二、建设节水型社会发展战略和兴水战略的实施

21世纪初，针对洪旱灾害依旧频发、水资源污染破坏日渐严重等问题，山西省政府启动了为期两年的全省第二次水资源评价。评价结果表明，新世纪的山西省水资源形势更加严峻：全省人均水资源占有量为381立方米，比1980年减少了193立方米，是全国平均水平的约1/7、世界平均水平的1/25。山西省委、省政府高度重视这次水资源评价成果所揭示的严峻性，决定把建立节水型社会作为解决全省干旱缺水问题最根本的战略举措，把保障饮水安全作为水利工作的首要任务，并对新世纪的治水理念和治水思路做了进一步的丰富和完善。

2003年，山西省政府在全国率先制定了省域范围的节水型社会建设规划，研究编制了《建设"节水山西"的实施意见》。后经

第六章　基础设施建设成绩斐然

万家寨引黄工程

省政府批准，自2004年7月1日起，全省提高了水资源费征收标准，对超定额取水实行了累进加价制度。2004年《山西省节水型社会试点建设实施方案》等文件陆续出台。"十五"期间，山西共发展节水灌溉面积298万亩，完成计划的204%，节水灌溉在农业生产和抗旱减灾中发挥了重大作用。"十五"期间，农村饮水解困工程作为省政府为全省人民办的10件实事之一，共解决了548万人口的饮水困难，完成计划的196%，全省94%的解困工程都落实了工程主体，初步形成了市、县、乡、村四级管理服务网络。同时，全省完成水土流失治理面积1.98万平方千米，占计划的113%。京津风沙源治理项目、黄河水土保持生态工程等一批重点项目顺利推进。太原市、晋城市被命名为全国水土保持试点城市，乡宁、壶关等15县和167条流域被命名为全国水土保持生态建设示范工程。

万家寨引黄一期工程于2002年10月通水到太原。为确保引黄水安全、高效、清洁地输送到汾河水库，为期2年的汾河上游81千米治理于2002年10月完工。临汾马房沟提水工程于2004年9月建成。沁河张峰水库于2004年11月开工建设。吕梁横泉水库于2005年10月成功截流。

2007年年初，山西省委、省政府在认真总结历史经验教训的基础上，立足当前，着眼长远，作出了加强水利建设、实施兴水战略的重大决策，全面启动了应急水源、农田灌溉、农村饮水安全、水土保持淤地坝、城乡节水、水源地及地下水保护等六大水利工程。"十一五"末，山西省政府确定的主要目标和任务基本实现，完成水利建设投资380亿元，35项应急水源工程基本完工，夹马沟北扩、北赵引黄两处大型灌区相继建成，引黄灌溉用水量增加到5.8亿立方米，实际灌溉面积达到1713万亩。农村饮水安全实现了全覆盖，解决了1188万农民群众的饮水安全问题。实施了汾河复流清水工程，实现了汾河全河段不断流，水生态环境明显改善。

三、"十二五"以来的大水网建设

"十二五"期间，在山西省委、省政府的领导下，全省坚持以山西大水网建设为主线，以民生水利、生态水利、平安水利为重点，以深化水利改革为动力，持续加大投资力度，夯实水利发展基础，为全省经济社会发展提供了有力支撑和保障。

2011年，按照水利部"河湖水系连通"的治水思路，山西全面启动实施了"两纵十横、六河连通、覆盖全省"的山西大水网建

第六章 基础设施建设成绩斐然

设。至"十二五"末,大水网四大骨干工程累计完成隧洞掘进已超过 500 千米,占大水网 670 千米隧洞总长的 74.6%。与此同时,山西省已启动与大水网相配套的小水网工程建设,一批既调蓄当地地表水和洪水资源,又调蓄大水网调入水量的"双调"水库进入建设,并加快配套管网和灌区工程的前期工作。

山西一直把农村饮水安全列为民生工作的重中之重。"十二五"期间,全省累计解决了 523.23 万农村居民和 58.77 万农村师生的饮水安全问题,全省农村自来水普及率由"十一五"末的 75% 提高到 95%。到"十二五"末,全省 115 个农业县全部出台了农村饮水工程运行管理办法,中央安排山西的 117 个市县两级水质检测中心已全部建成运行,如期实现全省城乡水质检测全覆盖。与此同时,山西通过因地制宜大力实施农田水利建设,实现了新增农田实灌面积 587 万亩,到 2015 年底达到 2303 万亩,如期实现全省农业人口人均 1 亩水浇地的目标。近年来,在连续遭遇 50 年一遇大旱、冬春旱和夏伏旱的情况下,山西省粮食主产区 80% 左右的农田得到有效灌溉,基本保障了在一般干旱年和较大干旱年全省粮食的稳产高产。

2014 年以来,山西省认真贯彻落实中央新时期治水思路和推进生态文明建设的战略部署,从经济总量最大、人口集聚最多、生态环境最弱的汾河流域入手,突出"综合治理、自然修复"理念,编制完成了《汾河流域生态修复规划纲要》,力争通过 5 年建设、10 年自然修复,总计 15 年左右时间,集中解决汾河流域地下水位下降、地表径流减少、植被退化严重、河流污染等生态问题,重现汾河碧波荡漾、鱼鸟翱翔、山水相畔的大河风光。2014 年 11 月 3 日,山西省政府启动了桑干河、滹沱河、漳河、沁河以及大同御河、运城涞水河等省内重点河流的生态修复规划编制工作。以汾河流域为核心的重点河流生态治理面积将占到全省面积的64.5%。晋祠泉复流工作自2014年启动实施以来，通过综合采取增加汾河入渗补给、恢复西山泉域植被和严格泉域水资源管理等措施，晋祠难老泉水位已由实施前距泉口9.03米上升到2015年年底的6.34米，上升2.69米。到2015年年底，全省累计治理水土流失面积5.89万平方千米，累计治理度达到54.5%。

"十三五"以来，山西致力于加强节水型社会建设、构建河库水系连通网络、推进水生态文明建设、夯实民生水利基础、健全防灾减灾体系、深化水利改革创新等六方面重点工作，有效破解"水少、水脏、水远、水漏、水失"问题，加快构建与全面建成小康社会目标任务相衔接、与人民群众期待相适应、符合山西实际、具有山西特色的水安全保障体系。作为"十三五"的开局之年，2016年山西水利突出抓好大水网攻坚和河流生态修复两个重点，强力推进农田水利、农村饮水、水保生态三大任务，全面提升水资源管理、水库安全运行与河道管理、防汛抗旱减灾、水利改革创新四项能力，全年完成水利建设投资422亿元，交出了塑造美好形象、实现振兴崛起的"山西水利答卷"。2017年全省水利工作取得了新进展新成效，大水网工程建设取得决定性进展，"七河"生态修复全面启动实施，民生水利基础进一步夯实，最严格水资源管理制度深入落实，防汛抗旱减灾取得显著成效。

第三节　信息基础设施建设突飞猛进

经过改革开放 40 年，特别是近十多年来的不懈努力，山西电信基础设施建设得到了突飞猛进的发展。如今，高速发展的山西通信业也成为全省国民经济基础产业中发展最快的产业之一，广泛地渗透到社会的各个领域，成为人们社会联系和信息交流的主要手段，在推动国民经济和社会发展中显示出越来越重要的作用。

一、电话的普及和移动通信的兴起

1978 年，山西全省长途传输明线为 6672 千米，长途电缆 48 千米；长话电路为 644 路，电报电路 345 路；城市电话交换机总容量为 50 810 门，农村电话交换机为 39 905 门，电话普及率为 0.57 部/百人。

"六五"时期是山西信息基础设施建设发展的准备阶段。从 1978 年到 1985 年，山西在长途、无线、市话、农话累计投入 6695.8 万元，逐步将过去以明线传输、人工交换为基本手段的电信网改造成传输以电缆、微波和明线相结合，交换以自动、半自动和人工并用的电信网。"七五"时期是山西信息基础设施大发展的起步期，数字电路、光缆通信等先进的信息技术进入山西，程控电话、无线寻呼等落户三晋大地。到"七五"末，山西全省引进日本二手纵横制交换机已经开通 8.23 万门，占市话交换机总容量的 37.2%，城市电话交换自动化比重达到95%。

20世纪90年代,光缆技术、数字传输技术和程控交换技术的发展为电信事业的发展提供了历史契机。"八五"时期,山西省确立"大通信、大发展、规模建设、负债经营"理念,山西省通信行业(含邮政)累计投资达到40.1亿元。在大规模投资的驱动下,山西通信事业出现了快速发展。1992年1月,太原市引进开通了蜂窝式移动通信,"大哥大"正式进入山西。到1995年,全省长话电路达14 578路,是1978年的22.64倍;长途光缆达2298千米,是1990年的10.13倍;局用交换机容量达102.5万门,是1990年的5.16倍;无线寻呼系统容量达81.5万户,模拟蜂窝移动交换容量达10.5万路,基站72个,信息总道1870个。1995年全省所有市县实现了电话交换程控化、传输数字化,为全省电话的普及奠定了坚实的基础。到1996年年底,分组交换、DDN网通达全省所有市县,移动电话、无线寻呼覆盖所有市县,为数字通信、移动通信的迅速发展创造了良好的条件。

"九五"期间,特别是1998年信息产业部成立,根据国家经济体制改革的整体部署,山西通信行业组织实施了邮电分营、寻呼剥离、移动分离、电信重组和政企分开等一系列重大改革。1997年9月,横贯山西东西的通信大动脉"济石太银"光缆干线工程山西段顺利通过验收,投入运行。该光缆干线是山西省继"京太西"光缆后又一条一级光缆干线,对改善山西省出省数字电路和省内数字电路紧张状况具有十分重要的意义。1997年12月,坐落在太原市的太原卫星通信地球站通过验收,标志着山西通信基础设施和技术装备水平上了一个新的台阶。1998年4月,呼和浩特—太原—北海光缆通信干线工程山西段竣工并投入运行。

随着通信基础设施的巨大进步,电话大规模进入城市普通家庭。到 1999 年年底,全省固定电话用户达到 194.6 万户,移动电话用户达到 126.21 万户,全省电话普及率达到 7.29 部 / 百人,其中市话普及率达到 23.43 部 / 百人。

二、互联网的急剧扩张

2000 年以后,山西电信行业不断加快基础设施建设步伐,基本实现了通信网络由电话网向信息网、窄带网向宽带网、单一网向综合网和智能网的演进。2004 年,山西省启动了"村村通电话"工程,3 年累计投资 15.1 亿元,新建光缆 3 万千米,架设移动通信基站 5000 多座,使 5860 个行政村通了电话。到 2007 年年底,村通电话率由 2003 年的 81.1% 提高到 100%。至 2007 年年底,全省交换机容量为 687.55 万门,比 2000 年增长了 1 倍多;移动电话交换机容量达 1867.4 万户,比 2000 年年底增长了 3.8 倍;长途电话交换机容量 33.5 万路端,比 1999 年年底增长了 1.8 倍;短消息容量呈现快速增长趋势,中心容量(每小时处理短信息最大量)达 4896 万条,比有短信业务统计的 2002 年年底的 376.2 万条增长了 12 倍。在短时间内,互联网上网用户达 188.3 万户,其中宽带上网用户达 166.3 万户,互联网上网用户普及率达到 5.72 户 / 百人。

三、"宽带山西"引领山西信息设施发展突飞猛进

自 2013 年以来,山西省持续开展"宽带山西"专项行动,信息基础设施发展水平突飞猛进。

2014 年,全省重点推进农村宽带普及,重点实施校通宽带工程,组织电信运营企业又实现 1000 所农村学校通宽带,已通宽带的中小学校达到 9232 所,通宽带率达到 65.6%;加快推进三网融合,完成了 IPTV 集中播控平台扩容改造,全年新增用户 16.6 万户,累计用户达到 23.4 万户;互联网省际出省带宽达到 3320G,比上年增加 1360G。全省测速用户平均接入带宽速率为 4.98Mbit/s,比上年提升 36%,测速用户文件下载平均速率为 5.25Mbit/s,比上年提升 58%。全省 FTTH 覆盖家庭完成 259 万户,累计达到 791 万户;固定宽带接入用户数完成 56 万户,累计达到 630 万户;TD-LTE 基站完成 17 070 个,累计达到 21 512 个。

2015 年,"宽带山西"专项行动持续推进,提速降费目标全部完成,太原、晋中实现了资费同城化,光纤到户两项强制性标准顺利推进,山西联通建成全省首张全光网络,全省通信建设发展环境呈现良好局面。

2016 年,山西通信业全力实施"宽带山西"专项行动,大力推进电信基础设施共建共享工作,11 个地市全部建成"光网城市",太原、忻州、晋城完成通信基础设施专项规划编制工作,第一批普遍服务项目实现当年开工当年验收,共建共享取得显著成效,通过共享存量资源,全年少建铁塔 20 139 个,节约建设投资约 45 亿元,

节约土地约 2600 亩。

2016 年 10 月，山西省发布《山西省信息通信业"十三五"发展规划》，明确了"十三五"期间山西通信业发展的四大目标：经济贡献目标，山西省电信增加值累计达到 155 亿元，占 GDP 的比重为 0.9%，基础电信企业累计缴纳税费达 85 亿元；基础设施建设目标，山西省信息通信业累计完成固定资产投资额 550 亿元，建成全光网省，11 个地级市全部建成光网城市，山西省光缆线路长度达 120 万千米；服务水平发展目标，山西省电话用户达到 3883 万户，电话用户普及率达到 104 部／百人，移动宽带用户突破 3200 万户，移动宽带用户普及率达到 86%；网络安全保障目标，山西省电话用户实名登记率达到 100%，网站备案率达到 100%，备案网站主体信息准确率达到 100%。

截至 2017 年 10 月底，山西提前完成"宽带山西"2017 专项行动各项指标，固定宽带家庭普及率达 68.9%、移动宽带用户普及率达 75.6%，超额完成工业和信息化部下达的发展目标，通信基础设施建设、提速降费、宽带用户发展、电信普遍服务项目同步推进，取得了良好效果。

第四节　城乡公共设施逐步改善

改革开放 40 年来，随着经济的快速发展，山西在城市和农村公共设施建设方面的投入逐步增加，城乡公共设施逐步趋于完善。特别是进入 21 世纪以来，山西全省上下坚持统筹城乡发展理念，以建设宜居宜业城市和美丽乡村为目标，实施了一大批基础设施和道路交通工程，切实改善了城乡环境、完善了城市功能，城乡面貌发生了日新月异的变化。

一、农村面貌日新月异

改革初期，山西全省尚有 11 个县不通油路、1240 个乡镇不通公路、4203 个村不通汽车，全省农村年用电量仅为 13 亿千瓦左右，还有 4% 的乡镇和 24% 的村没有通电。在改革开放政策的推动下，山西农村面貌也在发生显著而深刻的变化。到 20 世纪 90 年代，全省范围内的绝大多数地区形成了比较集中的村落。到 2000 年年底，全省行政村通电率达到 97.5%，通程控电话的行政村达到 50%，全省基本消灭了校舍危房，新解决了 1352 万人、23 万头大牲畜的饮水困难，新建改建乡镇卫生所 429 所，解决了 5547 个村通广播电视问题。

针对广大农村地区仍然存在的饮水困难问题，2000 年年初，省委、省政府作出了实施农村饮水解困工程的重大决策。到 2002 年 9 月，全省农村共新建各种水利工程 9731 处，全省农村 240 万严重缺水人口的饮水困难问题全部解决，同时还解决了 113 万饮水比较困难人口的饮水问题。从 2003 年开始，山西开展了新一轮饮水解困工程建设。到 2005 年，全省共建成农村饮水工程 1.53 万处，解决了 1.96 万个自然村、633 万人、74.5 万头大牲畜的饮水问题。

2006 年 3 月，省委召开全省建设社会主义新农村工作会议，对"十一五"期间推进社会主义新农村建设进行了部署，提出在"十一五"期间组织实施"千村试点、万村治理"工程，到 2010

第六章 基础设施建设成绩斐然

年使全省 1/3 农村的村容村貌得到新的改观。2010 年，省委、省政府决心用两年时间，在全省农村实现"五个全覆盖"，即具备条件的建制村通水泥（油）路全覆盖、中小学校舍安全改造全覆盖、县乡村三级卫生服务体系特别是村级卫生室全覆盖、村通广播电视全覆盖、农村安全饮水全覆盖。至 2012 年，全省共投入资金 300 多亿元，新建通村水泥（油）路 2.5 万千米，改造中小学校舍 9483 所，建成 6971 个村级卫生室，建成各类饮水工程 1.2 万处，完成 9638

雁门新姿

个村的村通广播电视任务。

2011年初，省委、省政府决定在上一轮农村"五个全覆盖"取得成效的基础上，再投入300亿元，用两年时间启动实施农村新的"五个全覆盖"工程，即农村街巷硬化全覆盖、农村便民连锁商店全覆盖、农村文化体育场所全覆盖、中等职业教育免费全覆盖、新型农村社会养老保险全覆盖，使广大农民群众得到更多的实惠。至2012年年底，全省共完成了27 763个行政村13.68万千米的农村街巷硬化任务，建设了8427个便民店，建成农家书屋21 239个，完成剩余5354个村的体育场所建设，为4383个村配送价值5000元的"农村流动书库"或农村文化活动器材。

2014年，省政府出台《山西省改善农村人居环境规划纲要（2014—2020年）》，明确提出"到2020年农村危房基本消灭，不适宜居住的山村基本完成搬迁；农村路水电气等基础设施基本完善。大部分村庄生产生活条件明显改善，建成一批家园美、田园美、生态美、生活美的美丽宜居乡村；农民普遍住安全房、喝干净水、走平坦路，更多农户用上清洁能源，城乡基础设施和基本公共服务差距逐步缩小，农民群众过上文明、舒适、便捷的好日子"。

到"十二五"期末，全省行政村街道全部硬化、亮化，建成各类农村饮水工程9685处，新建农村社区老年人日间照料中心3070个，实施采煤沉陷区治理搬迁9.3万户，易地搬迁特困群众44.5万人，改造农村困难家庭危房45.5万户。农村人均住房面积由2010年的28.69平方米增加到33.51平方米。

2016年，山西改善农村人居环境累计完成投资256亿元，完成年度计划的101.2%；完成农村公路建设2778千米，解决了44.5万农村人口安全饮水问题，新建、改扩建农村老年人日间照料中心

1000个、农村幼儿园152所,完成8万户农村广播电视卫星户户通提质工程;实施了7.6万户、22万人采煤沉陷区综合治理搬迁安置,同步启动了搬入地小城镇建设和搬出地生态治理修复工程,实施了4000户农村地质灾害治理搬迁、10万户农村困难家庭危房改造、10万贫困人口易地扶贫搬迁及1万户农村住房抗震改建试点工程;深入推进乡村清洁工程,累计清理"四堆"85万处,清理积存垃圾191万吨,在清徐、灵丘等11个县及孝义、侯马等8个县市,启动了农村垃圾治理、污水综合利用试点建设,同步启动了农村厕所革命试点工程;开展了100个省级美丽宜居乡村创建工作,启动实施了全省农村公共浴室试点建设工程,建成98个农村公共浴室,解决了近16万名农民群众的洗澡问题。

2017年,省政府出台《山西省改善农村人居环境2017年行动计划》,明确提出要把基础设施建设和社会事业发展重点放在农村,加大农村基础设施建设力度,提升农村公共服务水平,重点做好"三改",持续改善农村生产生活生态基础条件,还进一步明确了加强农村基础设施建设的任务,包括实施农村公路建设、稳步推进农村气化工作、实施农村饮水安全巩固提升工程、加快推进农村改厕、完成营造林和村庄绿化建设等任务。

二、城市公用事业日臻完善

城市公用事业是城市现代化的重要组成部分。改革开放以来,山西省城市公用事业取得了长足进展。特别是在20世纪90年代以后,随着山西省建委提出《关于加快城市公用事业的改革与发展的意见》，全省城市公用设施建设的总体思路和目标得以进一步明确。《意见》还就城市公用事业的市场化体系建设作出了全面规划。

至2002年，全省城市供水综合生产能力从1997年的329.9万立方米/日增加到340万立方米/日。2002年，全省城市供水总量达到7.79亿立方米，其中生活用水2.84亿立方米，用水人口775.5万；供气方面，全省煤气和天然气供气总量由1997年的6.94亿立方米增加到7.54亿立方米，液化石油气供气量由2.1万吨增加到6.5万吨，用气人口544.6万。到2002年年底，全省城市煤气化率达到59.3%；供热方面，全省城市集中供热由1997年的3899.3万立方米增加到2002年的6200万立方米，其中住宅集中供热面积由2679.3万立方米增加到4241万立方米；城市道路建设方面，至2002年，全省城市道路由1997年的4101千米增加到4225千米，道路面积由4690万平方米增加到5753万平方米，一批主要街道进行了拓宽改造，一批新街道开通，全省城市桥梁发展到728座；公共交通方面，2002年全省城市公交车辆由1997年的2825辆增加到3481辆，客运总量由4.25亿人次增加到4.82亿人次；在城市污水处理方面，2002年全省城市污水处理量达到1.89亿立方米，污水处理率达到41.9%。

"十一五"期间，山西城市公用事业建设持续发展，城市用水普及率、燃气普及率、集中供热普及率、污水处理率、垃圾无害化处理率、建成区绿化覆盖率、人均道路面积分别较2005年提高了3.15、16.61、31.4、19.01、46.27、6.28、22个百分点。到2010年年底，全省建成城镇污水处理厂116座，实现城市污水处理县级全覆盖；建成城镇生活垃圾无害化处理场48座。建制镇主要道路简易硬化，建成简易供水设施。学校、医院等各种公共服务设施建设有序推进，城市污染防治与生态环境保护取得很大进展，城镇脏乱差现象得到较大改观。与此同时，在"十一五"期间山西开始正式实施"蓝天碧水"工程，至2010年，该工程的36项指标有22项提前2年完成，10项提前1年完成；县县建成了污水处理厂，80%以上的县实现了集中供热；大运高速公路"绿色环保走廊"初步建成；3个省辖市、2个县级市、6个县建成了省级环保模范城。

2014年7月，山西省人民政府印发《关于加强城市基础设施建设的实施意见》，提出围绕道路交通、管网改造、污水和垃圾处理、生态园林建设等4个重点领域，加快城市基础设施建设步伐。在此基础上，山西在2015年6月出台了《山西省改善城市人居环境规划纲要（2015—2017年）》和《山西省改善城市人居环境2015年行动计划》，明确提出实施设施提升工程、城市安居工程、城中村改造工程、环境提质工程等四大工程，并且明确提出到2017年"全省城市建成区水电气热、通信、污水和垃圾处理实现全覆盖，公共综合交通体系基本形成，棚户区基本消除，城中村改造取得阶段性成果，城市环境质量显著改善"的改善城市人居环境工作目标任务。

至"十二五"期末，通过实施城市人居环境改善四大工程，全省城市道路交通、管网等设施明显改善，棚户区、城中村改造步伐明显加快，建成城镇保障性住房102.5万套，其中棚户区改造完成61.2万套。新增城市绿化面积7800万平方米，新创建国家卫生城市6个。全省城镇化率年均提高1.39个百分点，达到55%。城市整体面貌发生显著变化。

2016年5月，山西省政府办公厅下发《山西省改善城市人居环境2016年行动计划》，全省改善城市人居环境工作继续以实施四大工程为重点，统筹推进。2016年全年全省改善城市人居环境完成总投资2700亿元。

2017年4月，山西省政府办公厅下发《山西省改善城市人居环境2017年行动计划》，明确提出2017年山西继续深入实施四大工程，促进城市人居环境持续改善。在城市基础设施建设领域，全省将加快水气热等市政管网建设，新建改造城市水气热等各类市政管网5215千米；实施电网改造，新建、扩建变电站28座，新建及改造10千伏线路1095千米，新建及改造配电变压器439台；加快宽带网络建设，继续全力推进"宽带山西"建设，加大光纤成片改造力度，实现全省城市家庭具备百兆光纤接入能力，新增固定宽带接入互联网用户100万户；实现城市4G网络全覆盖；加快防洪排涝设施建设，提高城市防洪排涝能力，推进汾河太原段综合治理三期等工程建设，加快雨污分流管网改造，新建改造雨水管网1520千米，积极推进"海绵城市"建设，加快太原、吕梁、长治3个省级重点推进市建设；加大城市地下综合管廊建设力度，设区城市要全面开工建设地下综合管廊项目，完成国家下达的开工建设任务；加快城市道路建设，进一步优化主、次、支路网级配，全省新建、改造城市道路1000千米，加快行人过街天桥（地下通道）、人行步道、自行车道、无障碍设施和公共停车场等配套设施建设；进一步完善公交设施、设备和车辆，拓展公交网线，加快运能增长，全省更新和新增公交车辆500辆，新增公交运营线路网600千米，鼓励发展新能源公共交通体系，加快太原地铁2号线建设，积极推进太原地铁3号线、1号线前期工作。

2016年3月11日，备受全省人民关注的太原地铁2号线工程在经历近两年的停工后正式全线复工。2016年11月开始，2号线大部分站点已进入土建工作，部分站点结束围挡，进行主体施工。2017年11月，2号线一期工程中心街西站至晋阳街站正式实现双线贯通，标志着太原市地铁工程进入土建施工的新阶段。截至2018年6月，太原地铁2号线一期工程的中心街西站土建工程已完成，化章街站、通达街站、嘉节站、南中环街站、学府街站、矿机站、西涧河站、晋阳街站2号线部分、王村南街站、晋阳街站、长风街站、大南门站共13座车站主体结构已完成。2号线预计将在2020年10月试运营。同时，西起西山矿务局、东到太原武宿机场的1号线工程项目已完成工程设计招投标工作。北起柴村、南到东峰站的3号线项目，前期工作也在紧锣密鼓的进行中。

第七章
城镇化建设深入推进

城镇化是现代化的重要标志，事关经济社会发展全局。加快推进城镇化是扩大内需、拉动经济的重要抓手，是统筹城乡、解决"三农"问题的有效途径，是促进经济发展方式转变、保持经济长期平稳较快发展的强劲动力，对于全省实现振兴崛起，具有重要的现实意义和长远意义。

第一节　城镇化稳步发展

改革开放之初，山西省仅有城市7个，即太原、大同、阳泉、长治4个地级市，榆次、临汾、侯马3个县级市，城市总人口379.5万，非农业人口233.6万，城市化水平仅为9.4%。到2009年年底，山西省全省共有设市城市22个、县城84个、县城以外的建制镇478个，全省城镇人口1576.09万，城镇化率达到45.99%，接近全国46.6%的平均水平。可以说，从改革开放到2010年，是山西省城镇化稳步发展的阶段。

一、山西城镇化的起步

中共十一届三中全会以来,山西开启城镇化进程,主要原因有如下三个方面:第一,农村各项改革快速推进,极大地解放了生产力,大量原本被束缚在土地上的农民涌向城市,城镇化水平不断提高。随着改革开放和经济步伐的加快以及有关人口管理政策的变化,这一时期,山西省城镇化迈出了新的步伐,县改市、乡改镇,晋城、朔州等地级市在原来的县级基础上成立,城镇区划上的改变使得城镇化水平有了突出的进展。第二,山西煤矿企业的快速发展吸引了大量农村人口及外来务工人员,矿区作为山西城镇模式的重要组成部分,在这一时期为山西城镇化的快速发展起到了一定的积极作用。山西城镇化水平由 1979 年的 19.81%增长至 1990 年的 28.90%,平均每年涨幅为 0.76%,发展速度较快。第三,20 世纪 90 年代初期,社会主义市场经济体制不断深化,人口流动成为当时城镇化过程中的一个重要特征。经济的快速发展使得城市对流动人口的凝聚力不断上升,包括太原在内的山西省的 7 个市或地区在这一期间城镇化水平均有重大发展。然而,大同、晋城、阳泉、朔州这 4 个以煤炭为主导产业的市由于这一时期煤炭价格的降低,出现了人口大量减少的现象,使这一时期的山西省城镇化总体水平受到一定影响,仅由 1991 年的 29.06% 上升至 1997 年的 30.71%,增长较为缓慢。

二、小城镇逐步发展

党的十五大以来，随着改革开放的不断深化和市场经济体制的逐步完善，市场对劳动力资源配置的作用逐渐增强，城镇地区经济发展对人口聚集和拉动的作用越来越大，农村地区大量富余劳动力源源不断地向城镇地区转移。1998年10月，党的十五届三中全会通过的《中共中央关于农业和农村工作若干重大问题的决定》明确指出，"发展小城镇，是带动农村经济和社会发展的一个大战略，有利于乡镇企业相对集中，更大规模地转移农业富余劳动力，避免向大中城市盲目流动，有利于提高农民素质，改善生活质量，也有利于扩大内需，推动国民经济更快增长"，由此逐步形成了"小城镇、大战略"的指导思想。2000年6月，《中共中央、国务院关于促进小城镇健康发展的若干意见》发布，明确要求充分认识发展小城镇的重大战略意义。《意见》指出，"加快我国城镇化进程，实现城镇化与工业化协调发展，小城镇占有重要的地位。发展小城镇，可以吸纳众多的农村人口，降低农村人口盲目涌入大中城市的风险和成本，缓解现有大中城市的就业压力，走出一条适合我国国情的大中小城市和小城镇协调发展的城镇化道路"。2000年12月，山西省"十五"规划纲要中把"重点实施城镇化工程"作为全省八大工程之一。明确指出，山西省城市规模偏小，功能不完备，要从实际出发，按照"合理布局，科学规划，规模适度，注重实效"的原则，大力发展小城镇，积极发展中小城市，完善区域性中心城市功能，发挥大城市的辐射带动作用，合理扩大各类城市和小城镇规模，提高建设和综合管理水平，积极有序地推进全省的城镇化进程。要以县城和中心镇为重点，积极稳妥地搞好小城镇建设。少数基础好的县城要率先发展为小城市，其他县城和中心镇要进一步提高城镇综合功能。继续做好小城镇建设的各项工作。调整行政区划，积极稳妥地推进撤并乡镇，扩大小城镇规模。立足于优化农村生产力布局，发挥比较优势，发展各具特色的城镇经济。《纲要》进一步指出，要以太原为重点，加强城市建设，进一步完善太原市作为省会城市的功能，大力发展都市型产业。加强其他城市的建设，大力发展现代服务业，扩展城市功能，带动周边城镇协调发展。2001年山西省委、省政府颁布了《中共山西省委、山西省人民政府关于促进小城镇健康发展的实施意见》确定了山西省10年内要达到的主要目标是"优化小城镇发展布局，构建空间结构合理、职能分工明确的城镇体系；加强小城镇基础设施建设，完善城镇功能；改善居住环境，提高小城镇生活质量和人口素质。经过10年左右的努力，将450万农村人口转为城镇人口（10年转移45%），到2010年力争把20%的建制镇（全省561个建制镇）建设成为规模适度、规划科学、功能健全、环境整洁、具有较强辐射能力的农村区域性经济文化中心，其中少数具备条件的小城镇发展成为带动力更强的小城市；全省城镇化水平达到40%左右；平均每年拉动国民经济增长1.5个百分点"。

2005年6月，为进一步加快全省小城镇发展，山西省人民政府发布了《关于加快全省小城镇建设的意见》，该《意见》提出，要突出重点，实施小城镇建设"1323"工程。要围绕推进全省城镇化一个目标，抓住"大运""太晋"和"青银高速路山西段"等三条城镇带，突出抓好重点小城镇和历史文化名镇（名村）两个重点,山西省市县三级人民政府从三个层次,大力加强小城镇建设工作。要采取措施,扶持有条件的小城镇优先发展。山西省人民政府在"十一五"期间,将从有条件的县城和建制镇中择优选择100个重点小城镇,作为重点扶持的对象,并在这100个重点小城镇中开展"创建城镇化示范镇"的活动。要用好各级政府扶持小城镇发展的优惠政策和安排的小城镇建设专项资金,扶持重点小城镇优先发展。在小城镇建设资金使用上,采取"以奖代补"的办法,引入竞争机制和激励机制,扶持重点小城镇优先发展。

在政府推动下,小城镇建设快速发展,全省城镇化水平明显提升:一是小城镇数量逐步增加,城镇化率明显提高。2006年年底,全省共有建制镇561个,占到全省乡镇总数的47.0%,占全国建制镇总数的2.9%。其中农村镇(建制镇中不包括城关镇)478个,比1996年增加了51个,农村镇占乡镇总数的比重为40.0%,比1996年提高了17.9个百分点。1978年,全省城镇化水平只有19.8%,2000年达到34.9%,2006年提高到43.0%。农村城镇化步伐的加快,有效提升了城镇在促进全省农村发展中的地位。二是镇区面积不断扩大。2006年年底,全省建制镇镇区建成区面积达到1268.2平方千米,占建制镇行政区面积的1.7%,其中,农村镇镇区建成区面积为753.9平方千米,农村镇平均镇区建成区面积为1.6平方千米。三是镇区人口聚集效应日益明显。2006年年底,全省建制镇镇区总人口数达到532.2万,占全省农村常住人口的23.7%;建制镇镇区平均人数为9487。全省有两个市(朔州和吕梁)建制镇镇区人口超过了农村常住人口的25%。

随着小城镇建设的深入以及政府观念的转变,过去"千城一面"的状况得以改善,各地认真分析研究其特定的地形地貌、历史文化等特征，积极开发自然禀赋资源，形成了工业主导型、商业贸易型、交通枢纽型、文化旅游型等不同类型的发展模式，为当地经济的长远发展奠定了较为坚实的基础，促进了经济实力的进一步增强。2006年，全省建制镇全年财政总收入达到80.4亿元，占全省所有乡镇全年财政总收入的72.3%，占全省全年财政总收入的7.7%。全省有14个建制镇财政收入超过亿元，有7个建制镇跨入全国"千强镇"行列。2006年末，全省建制镇拥有企业10.5万个，从业人员165.4万人，全年企业实缴税金总额达125.9亿元。企业个数、从业人员、实缴税金总额占到全省乡镇总量的64.7%、67.3%和69.4%。全省561个建制镇中，有综合市场的占75.9%，有专业市场的占46.7%，有农产品专业市场的占41.9%，有百货商场和超市的占92.5%。2006年，全省建制镇全年固定资产投资完成额达到37.4亿元，占全省所有乡镇全年固定资产投资完成额的52.7%。投资完成额中，用于基础设施、公益事业和农业投资的额度分别为10.7亿元、3.7亿元和2.9亿元，分别占到全省建制镇全年固定资产投资完成额的28.5%、9.6%和7.8%。用于基础设施方面的投资大大高于其他方面的投资。

三、特色城镇化道路

2006年5月《山西省国民经济和社会发展第十一个五年（2006—2010）规划纲要》出台，规划明确提出，要顺应城镇化发展的客观规律，走出一条适应资源环境承载力、有利于产业和人口聚集的特色城镇化道路，力争到2010年，城镇体系框架基本形成，城市功能明显提升，城市综合经济实力明显增强，城乡一体化水平明显提高。

"十一五"规划提出，要完善城镇体系，优化空间布局。按照"中心集聚，轴线拓展，外围协作，分区组织"的思路，构建"叶脉型"城镇布局框架。优先发展省域和区域中心城市，择优发展县城和中心镇。到2010年，初步形成规模结构适宜、空间布局合理、分工联系密切、大中小城市和小城镇协调发展的城镇体系结构框架。一要加快太原都市圈发展，强化省会意识，加快太原市城市空间扩张和功能提升，提高聚集和辐射能力，力争将太原市建成中西部经济强市和全国生态园林城市。尽快实现太原市与榆次区在公交、电信、金融等领域的同城化。构建以太榆为中心，以周边城镇为依托的一小时经济圈。建立城市间的协商协作机制，加大体制创新和资源整合力度，强化城市与区域间的经济联系和功能分工，推动覆盖晋中、阳泉、忻州、吕梁等市的太原都市圈快速发展。二要推动城市经济区发展。发展晋北、晋南、晋东南三大城市经济区。统筹编制实施区域规划、城市规划和土地利用规划，积极引导山西城市经济区发展。依托大同至运城、太原至晋城等高速公路逐步形成晋北、晋南、晋东南三大城市经济区。要培育一批区域城镇组群。依托大运等城镇轴带，加快培育以区域中心城市为核心的城镇组群和介孝汾、忻定原、离柳中等城镇组群，统筹组群内基础设施建设和城市布局，优化区域布局，实现共同发展。三要积极发展小城镇，择优搞好县城与中心镇建设。要按照"重点突破、择优扶持、突出特色、提升品质"的原则，沿全省主要交通干线，重点培育具有发展优势和潜力的县城与中心镇。规划建设100个左右经济繁荣、设施配套、环境优美、特色鲜明、有较强吸引带动能力的重点镇。结合产业发展、市场建设和社会化服务，完善城镇职能，提高产业和人口的聚集规模，积极促进城郊型、工矿型、旅游型、交通商贸型城镇发展。加快县城二、三产业的发展，形成有较强经济辐射能力的县域增长极。择优选择有条件的县城发展成为小城市。

经过"十一五"时期的发展，全省城镇化率进一步提升。截至2009年年底，全省城镇化率达到45.99%，较2005年的42.11%提高了3.88个百分点，年均增长0.97个百分点，略高于全国年均增长0.9个百分点的水平。全省城镇建设与发展取得较大进展：2008年，全省11个设区城市市区人口总数、地区生产总值、社会消费品零售总额占全省的比重分别为28.08%、45.05%和58.71%，较2005年分别提高了1.18、3.61和2.41个百分点。小城镇人口总数较2005年增长了15%。太原晋中同城化取得一定进展，太原都市圈、介孝汾城镇组群、长治1+5城镇群已具雏形。2009年，全省城镇居民人均住房建筑面积29.73平方米，较2005年增加了4.94平方米，与全国平均水平持平。城市用水普及率、燃气普及率、集中供热普及率、污水处理率、垃圾无害化处理率、建成区绿化覆盖率、人均道路面积分别较2005年提高了3.15、16.61、31.4、19.01、46.27、6.28、22个百分点。2010年年底全省建成城镇污水处理厂116座，实现污水处理厂县级全覆盖；建制镇主要道路简易硬化，建成了简易供水设施。

第二节 城镇化进程快速推进

山西省城镇化率在2010年达到了47%，相对于1998年

31.03%的城镇化率年均涨幅为1.23%。2010年7月29日召开的山西省领导干部大会对山西城镇化推进战略作出重要部署。这次大会指出,"全省已进入城镇化发展的加快期、关键期。'十二五'时期,全省城镇化率每年要提高1.8左右,5年力争有300多万农村人口进入城镇,形成3000多亿元投资需求,全省城镇化率达到55%左右。我们要准确把握城镇化演进规律,以发展规划、土地利用规划、产业布局规划'三规合一'引领城镇化建设,以工业园区、高新技术园区、科技创新园区支撑城镇化建设,以城中村改造、棚户区改造、旧城改造推动城镇化建设,走出具有山西特色的城镇化发展路子"。

2010年11月30日,中共山西省第九届委员会第十一次全体会议通过了《中共山西省委关于制定"十二五"规划的建议》。《建议》对全省城镇化建设作出重要部署,指出要坚持统筹规划、合理布局、完善功能、以大带小的原则,紧扣提速、提质主题,按照"一核一圈三群"布局,以太原都市区为核心、区域中心城市为节点、大县城和中心镇为基础,加快推进市域城镇化,形成城镇化与工业化、城镇化与新农村建设良性互动的发展格局。一要加快发展太原都市圈。支持太原率先发展,把太原建设成为具有国际影响力的区域性现代化大都市,增强省会城市的龙头带动力。以基础设施建设、项目产业发展、公共服务供给为突破口,以启动共建区建设为切入点,统筹规划、合理布局、加强协调,加快太原晋中同城化步伐,实现产业同构、交通同网、信息同享、生态同建、环境同治、旅游同线。积极发展以太原都市区为核心,太原盆地城镇密集区为主体,阳泉、忻定原、离柳中等城镇组群为支撑的太原都市圈,形成推动转型发展的强大引擎。二要发挥区域中心城市和城镇群辐射带动作用。科学规划城市功能定位和产业布局,把除省会太原外的10个地级市发展成为经济实力强、综合承载能力高、辐射带动力大的区域中心城市。统筹区域城镇布局、基础设施建设、经济社会发展和资源环境保护，构筑跨市域的城镇群，重点建设以大同、朔州为核心的晋北城镇群，以临汾、侯马、运城为核心的晋南城镇群，以长治、晋城为核心的晋东南城镇群，促进区域协调发展。三要大力实施"大县城"战略和百镇建设工程。把县城和重点镇作为统筹城乡发展的突破口，引导生产要素、优势资源向其集中，推动基础设施向农村延伸、社会事业向农村辐射、公共服务和社会保障体系向农村覆盖，发挥县城和重点镇承接大中城市、带动农村的桥梁纽带作用，促进城乡协调发展。着力做大做强一批县级市和县城，培育县域经济集聚中心。选择一大批基础条件好、发展潜力大的重点镇予以扶持，进一步带动小城镇发展。整合开发区和产业聚集区，促进人口、产业集中集聚。四要加强城镇化管理。深化就业、社保、医

第七章 城镇化建设深入推进

疗等改革,实现农民工在劳动报酬、子女上学、公共卫生、住房租购以及社会保障等方面与城镇居民享有同等待遇。推进户籍制度改革,改进大城市落户政策,放宽中小城市落户条件,取消小城镇落户限制,使在城镇稳定就业和居住的农民有序转变为城镇居民。提高城市管理水平,创新城镇管理体制,加快推进城市数字化管理,强化公共服务能力,提升城市的品位和形象。

2011年,全省各地紧紧围绕《山西省人民政府关于加快推进城镇化的意见》《"一核一圈三群"规划编制方案》《全省城市扩容提质大行动实施方案》和《全省"双百"城镇建设实施方案》,把加快推进城镇化作为国家资源型经济转型综合配套改革试验区建设的重要内容。2011年全省常住人口中,居住在城镇的人口为1785.31万,城镇化率比2010年上升了1.63个百分点,达到49.68%,高于"十一五"时期的年均增长速度0.62个百分点;城

新区美景展新姿 绿树碧水人宜居

镇人口比 2010 年增加 67.88 万，比"十一五"时期的年均增长量多了 14.88 万，全省城镇化进程进入快速发展阶段。2011 年山西省城镇化率前三位的是太原市（83.35%）、阳泉市（61.61%）、大同市（56.49%），后三位的是运城市（39.51%）、忻州市（39.80%）、吕梁市（39.84%）。但从城镇化率排第 1 位和第 11 位间的差距看，由 2006 年的相差 48.55 个百分点缩小为 2011 年的 43.84 个百分点，表明地区间城镇化水平的差距进一步缩小，全省城镇化发展速度在逐步加快。

第三节　新型城镇化水平显著提高

2015 年 2 月，国家发改委等 11 部委发布的国家新型城镇化综合试点名单中，全国 25 个县（市、区）入选，介休市为山西省在该批试点中唯一入选者。

在试点选拔中，共有 169 个市、县、镇参与竞争，介休突出重围，杀入决赛圈，成为全国 1/25。选手当中不乏大理、义乌这样的全国名城，以它们的知名度和实力，入选似乎在意料之中。相比之下，介休的入围则多少令人惊讶，到底其实力何在、胜在何处？

外强体质，内强素质——介休市实施城镇化的凤凰涅槃！

介休过去以煤焦闻名，发展如"凤凰单展翅"，经济发展把文化、环境等发展远远甩在后面。而经过多年努力，介休正在从严重"偏科"的困境中走出来，更像一只展开双翼的凤凰，铺开了一条协调发展之路，展现出诸多可鉴之处。

向"睡城""鬼城"说不，规划先行，新旧共融话和谐！

第七章 城镇化建设深入推进

介休市坚持以"十二五"经济社会发展规划、土地利用总体规划、城乡总体规划"三规合一"通盘考虑。规划中,注重城市与园区融合,打造宜居宜业的城市。介休在240平方千米平川核心区域,规划了"一区三园"与"一城两区五镇三十中心村"。这个规划的目的在于依托产业集聚人口,围绕人口升级产业,力求实现产业与人的和谐。

向挖断文脉说不,留住乡愁,不叹重阳少一人!

经过多年探索,介休明确了"慈孝之都、琉璃之城、寒食之乡、三贤故里"定位,先后投资5亿元完成历史文化名城复兴十大工程,形成1平方千米历史文化街区。全力打造文化介休"五大名片":5A级绵山风景区、全国十大魅力名镇张壁古堡、中国古玩名镇张兰、自然生态景区天峻山以及由中国琉璃博物馆后土庙领衔的文保单位

张壁古堡

群。加快推进古村落保护，以张壁、南庄、北贾为代表，对村庄内遗留的古建筑、古民居和自然景观等进行保护挖掘，加强基础建设和公共服务配套完善，改善人居环境。

向水泥森林说不，见山见水，散入春风满介城！

介休确立了环保为先、生态立市的发展理念，重塑绿色健康的城市生命体：1.疏通经络。工业循环利用体系已具规模。以义安经济循环园区为龙头，以生产要素为纽带，集聚上下游企业；生活污水经处理成中水后，再次用于城市景观、市政用水；生活垃圾处理一改后患无穷的填埋方式，用于焚烧发电……2.输血造血。投资6亿元实施汾河、龙凤河生态综合治理工程、汾河湿地森林公园和3万亩汾河生态防护林建设；实施环城林带、水系景观等十大园林绿化工程，介休市城区每年新增绿地面积超过100万平方米，人均公园绿地面积达到10.8平方米；投资2亿元建设3万亩核桃林以及银锭山、天峻山、洪山森林公园。3.强壮筋骨。积极吸引广大社会团体和市民群众自发参与到创园活动中，全市义务植树成活率和保存率均达到90%以上。实现垃圾清运密闭式收集、上门收集、随满随清，形成人工清扫、机械清扫、机械清洗的作业体系，城市生活垃圾无害化处理率达到95%以上。

向重物轻人说不，以人为本，乡音原是家乡美！

介休连续4年用于民生的资金占到总支出70%以上，全力保障农民进城之后能够落地生根。

先扎根。投资8亿元开工保障性住房建设，完工3206套，在满足城镇中低收入住房困难家庭应保尽保基础上，将经适房保障延伸到全市户籍人口，投资3500万元新建13个便民市场，方便住户生活。

后发芽。全面实施校安工程和中小学标准化建设，4年投入13.59亿元，占到公共财政支出的1/4强。建成38所城乡新校、51所城乡公办幼儿园，农民工随迁子女接受义务教育比率达到100%。

有保障。城乡居民养老保险参保人数达18.54万，职工养老保险覆盖4.61万人，城镇常住人口基本养老保险覆盖率达98%，医疗保险参保率达98.5%。坚持以人为本，介休市在城镇化过程中兼顾促进人的全面发展和社会公平正义，使全体居民共享现代化建设成果。

提升新型城镇化发展水平，介休给出了满意的答卷。党的十八届三中全会提出，"完善城镇化健康发展体制机制，坚持走中国特色新型城镇化道路，推进以人为核心的城镇化，推动大中小城市和小城镇协调发展。产业和城镇融合发展，促进城镇化和新农村建设协调推进"。

2013年3月17日，国务院总理李克强在答记者问时指出，我们强调的新型城镇化是以人为核心的城镇化。现在大约有2.6亿农民工，使他们中有愿望的人逐步融入城市，是一个长期复杂的过程，要有就业支撑，有服务保障。而且城镇化也不能靠摊大饼，还是要大、中、小城市协调发展，东、中、西部地区因地制宜地推进。还要注意防止城市病，不能一边是高楼林立，一边是棚户连片。尤为重要的是，新型城镇化必须和农业现代化相辅相成，要保住耕地红线，保障粮食安全，保护农民利益。2013年8月30日，李克强总理邀请两院院士和有关专家到中南海，听取城镇化研究报告并与大家座谈。座谈中，李克强总理强调，"推进新型城镇化，就是要以人为核心，以质量为关键，以改革为动力，使城镇真正成为人们的安居之处、乐业之地"。2013年12月12日至13日，中央城镇化工作会议在北京举行，会议要求，要以人为本，推进以人为核心的城镇化，提高城镇人口素质和居民生活质量，把促进有能力在城镇稳定就业和生活的常住人口有序实现市民化作为首要任务。要优化布局，根据资源环境承载能力构建科学合理的城镇化宏观布局，把城市群作为主体形态，促进大中小城市和小城镇合理分工、功能互补、协同发展。2014年3月，为进一步推动全国新型城镇化步伐，中共中央、国务院印发《国家新型城镇化规划（2014—2020年）》，明确指出，城镇化是现代化的必由之路，是解决农业农村农民问题的重要途径，是推动区域协调发展的有力支撑，是扩大内需和促进产业升级的重要抓手。制定实施《规划》，努力走出一条以人为本、四化同步、优化布局、生态文明、文化传承的中国特色新型城镇化道路，对全面建成小康社会、加快推进社会主义现代化具有重大现实意义和深远历史意义。

在上述重要精神的指引下，2015年4月，《山西省新型城镇化规划（2015—2020年）》出台。《规划》明确提出，到2020年，山西常住人口城镇化率达到60%以上，户籍人口城镇化率达到43%，实现350万左右农业转移人口和其他常住人口在城镇落户等一系列发展目标。根据《规划》，全省正在努力走出一条以人为本、城乡一体、高效集约、绿色低碳的新型城镇化道路。此次《规划》还提出要逐步使符合条件的农业转移人口落户城镇，全面放开建制镇和中小城市落户限制，有序放开大城市落户限制。以没有城镇户籍的进城农民、城中村居民和采煤沉陷区群众等为重点，因地制宜制定各类城镇农业转移人口落户制度，有序推进农业转移人口市民化，提高常住人口城镇化率和户籍人口城镇化率。要按照"合法稳定就业、合法稳定住所、参加城镇社会保险达到一定年限"的基本要求，有序放开太原市、大同市的落户限制。全面放开建制镇和中小城市（包括朔州市、忻州市、吕梁市、晋中市、阳泉市、长治市、晋城市、临汾市、运城市9个市的所辖城镇以及太原市、大同市所辖县级市市区、县人民政府驻地镇和基地建制镇）落户限制。《规划》还要求按照"一核一圈三群"城镇化总体布局，进一步优化全省城镇布局和形态。太原晋中同城化进程加快，成为全省城镇化核心、科技发展中心、产业转型重心。太原都市圈是省域经济与社会事业最为发达的核心区域和最为重要的城镇密集地区，必须通过基础设施一体化和市场要素流动，提高太原盆地城镇密集区对都市圈内城镇组群的辐射强度，形成"核辐射圈、圈拱卫核"的态势，让"一圈"更加完备。孝汾平介灵组群要协调城区拓展方向，推进区间交通网络的一体化对接，加强城市功能的有机联系。阳泉市要按照"一带四城，多点环绕"的空间结构（"一带"指纵贯南北的城镇发展带；"四城"指阳泉老城、北部新城、平定和盂县城区；"多点"指城市周边的阳泉矿区、开发区、荫营、冶西等功能组团，以及外围的西烟、河底、梁家寨、娘子关、张庄等若干具有产业特色的重点城镇），推进市区、郊区、平定的一体化和以阳泉北站、盂县县城组成的北部组团发展，建成太原都市圈对接环渤海及东部地区的门户、山西省资源型城市转型的先导示范区。忻州市要加快云中新城和经济开发区建设，推进中心城区与原平、定襄整合发展，加快形成"一廊三带，两区三城"的空间结构（"一廊"指大运城镇发展走廊，"三带"指朔黄铁路产业带、五保高速旅游经济带、南环高速产业集聚带；"两区"指东部发展区和西部生态区；"三城"指忻州城区、定襄县区、原平城区三者一主两次、组群联动发展），建设太原都市圈北部装备制造、能源和旅游服务基地，山西省生态人居环境建设试验区。吕梁市要以北部新区建设为着力点，拓展城市发展空间，促进离柳中及方山大武镇的一体化发展，形成"一体两翼，带状组团"的空间结构（"一体"指离石城区，"两翼"指柳林城区和中阳城区；"一体"与"两翼"之间分别由李家湾和金锣两个产业集聚区衔接，形成沿着山地河谷串珠式延伸的带状组团城市），打造太原都市圈西部中心和连接西北地区的门户、山西省走新型工业化道路的先进地区。

《规划》指出，晋北、晋南、晋东南城镇群是区域经济发展的核心区域、省域经济持续增长的重要区域，必须加快提升"群"的整体实力，使三大城镇群尽快成为具有较强竞争力的增长型区域，让三大城镇群发展壮大，形成太原、大同、阳泉、长治、临汾、晋城、晋中、运城8个50万以上人口规模的城市，成为引领全省经济发展的重要增长极。

《规划》要求把发展县城和县级市作为完善城镇体系的切入点，引导生产要素、优势资源向县城集中，重点发展一批人口在10万以上的大县城，逐步减少5万人以下的县城，提高县城对人口和产业的承载力，让"大县城"更具规模。《规划》同时指出，要在特色镇建设上取得实效，形成100个有产业、有人口、有特色的工业镇、旅游镇、商贸镇等。到2020年，人口、经济、资源和环境，大、中、小城市与小城镇协调发展的新型城镇体系将基本形成。

为深入贯彻落实2016年国务院出台的《关于深入推进新型城镇化建设的若干意见》精神，加快推进全省新型城镇化建设，山西省人民政府于2016年5月颁布了《关于深入推进新型城镇化建设的实施意见》。该《意见》明确指出，要按照"一核一圈三群"城镇化总体布局，加快推进以城市群为主要形态、以人的城镇化为核心、以提高质量为关键的新型城镇化建设，制定完善土地、财政、投融资等配套政策，加快落实户籍制度改革，努力实现农业转移人口市民化、公共服务均等化、基础设施标准化、产业发展集群化、资源环境集约化，充分释放新型城镇化蕴藏的巨大内需潜力，推动山西新型城镇化沿着正确的方向更稳更好更快发展，为全省经济持续健康发展提供持久强劲动力。

在各项政策的推动下，山西全省城镇化水平稳步提高，新型城镇化建设取得显著成效："十二五"以来，全省各地区城镇化实现了快速增长，城镇化率超过50%的覆盖面扩大，区域间的差距继续缩小。2016年山西全省常住人口中，居住在城镇的人口为2069.63万，比上年增长53.26万；居住在乡村的人口为1612.01万，比上年减少35.74万。城镇人口比乡村人口多了457.62万。全省城镇化水平达到56.21%，比2015年提高了1.18个百分点，高于"十二五"时期平均增幅0.11个百分点。2016年，全省11个市中城镇人口超过50%的市由2011年的4个（太原、阳泉、大同、晋城）增加到8个（太原、阳泉、大同、晋城、朔州、晋中、长治、临汾）。2016年全省城镇化率排名第1位和第11位差距为36.90个百分点，低于2015年38.28个百分点的差距，远低于2011年43.84个百分点的差距。围绕"一核一圈三群"总体布局，太原晋中同城化速度明显加快，太原都市区对阳泉、忻州、吕梁的辐射能力明显增加，晋北、晋南和晋东南三大城镇群快速推进。2016年，"一圈三群"常住人口占全省总人口比重达到73.54%，其中居住在城镇区域的人口占全省城镇人口比重达到80.82%，城镇化率为61.78%，高于全省平均水平5.57个百分点。

但是当前山西省的城镇化水平依然滞后于全国发展水平，全省大城市数量偏少，百万人以上的城市只有太原、大同两个市，难以形成辐射带动作用；22个设市城市平均人口46万，比全国平均数少13.1万，县城平均人口7.2万，比全国平均数少2.12万，一般建制镇平均人口不足6000，其中3000人以下的镇近200个。全省大城市功能不够健全，中心城市辐射带动能力弱，县城和建制镇服务能力弱，存在着大城市不大、小城市不强等问题。所以，"十三五"时期，山西省要继续加快新型城镇化发展步伐。一是以人的城镇化为核心，全面落实全省户籍管理制度改革政策，建立"以人为本、规范有序"的新型户籍制度，有序推进农业转移人口市民化。二是继续深入实施大县城战略，提高县城对人口和产业的承载力。选择基础条件好、发展动力强、辐射带动能力强的县城先行开展"大县城"试点，建设形成数量合理的强县大县，促进人口向城镇集中、产业向园区集聚、土地集约化利用、基础设施和公共服务设施向农村延伸。三是发展特色县域经济，加快推进重点镇建设和资源型城镇转型。统筹规划，分类指导，在工业、农业、服务业方面发展县域特色经济，促进农产品精深加工和农村服务业发展。通过农民进城、移民搬迁做大乡镇规模，建成一批有产业、有人口、成本低的中心型、特色工业型、特色旅游型、物流交通型、休闲商贸型、"三农"服务型小城镇。此外，"十三五"期间，要积极发展都市圈、城镇群和中心城市周边等重点开发区域内的小城镇，逐步形成卫星城。开展不同类型的资源型城镇转型试点，因地制宜探索转型路径和模式，加强分类指导和政策扶持，在招商引资、科教资源投入、棚户区改造、沉陷区治理等方面给予支持。加快新型城镇化步伐对保障山西省经济平稳增长，促进资源型经济结构调整有着重大的战略意义。在城镇化水平超过50%的城镇化发展新阶段，山西省要更加注重城镇化质量的提升，统筹推进户籍、社保、就业、土地、住房保障、社区管理等制度改革，从根本上消除城乡二元结构，努力实现"半城镇化人口"向完全城市化人口的转型。

第八章
持续推进扶贫攻坚

  中国是背负贫困历史包袱的发展中国家，由于诸多历史原因，在相当长的时期里一直饱受贫困的困扰。中华人民共和国成立后，我们党始终坚持人民主体地位，致力于提高广大人民群众的生活水平。特别是改革开放以来，党和政府在努力推动经济和社会全面发展的进程中，在全国范围内实施了以解决贫困人口温饱问题为主要目标的有计划、有组织的大规模扶贫开发，极大地缓解了贫困现象。山西是全国贫困面较大的省区之一，解困脱贫也一直是山西经济社会发展的重头戏。与全国其他省区一起，伴随着改革开放的号角声，山西的扶贫工作迅速启动并在之后的40年里持续推进，取得了巨大成效。同时，我们要清醒地认识到，农村扶贫不是一朝一夕的事，当前的山西仍面临繁重的扶贫工作任务。

第一节　山西扶贫工作的启动

山西作为经济发展长期欠发达的省区之一，贫困问题一直比较突出。统计数据显示，至1978年，山西农民的人均纯收入只有101.61元，80%的农民仍处于贫困状态。

中共十一届三中全会以后，中国进入社会主义现代化建设新时期，山西的农业生产逐步恢复，农村经济日益繁荣。1978年11月，第七次全国民政工作会议召开，会议指出："扶贫是帮助贫困户改变贫困面貌的正确途径。各级民政部门应积极会同有关单位做好这项工作，通过试点，取得经验，逐步推广。"1978年11月29日，山西召开第十四次全省民政工作会议，传达了全国民政工作会议精神，并随后在山西全省范围内选择了兴县白家沟公社、浑源县西河口公社、平鲁县只泥泉公社、运城县三路里公社、五台县铜钱沟公社、永济县清华公社、芮城县岭底公社、大同市新荣区西村公社、安泽县杜村公社、长治市郊区西白兔公社、榆社县东汇公社等11个社作为扶贫试点。1982年，全省的扶贫试点增加至38个县的200个公社。山西省的扶贫工作正式启动。

20世纪80年代初，中央政府在农业生产领域进行了重大的体制性改革，《中共中央加快农业发展的若干历史问题的决定》和《关于进一步加强和完善农业生产责任制的几个问题》等重要文件先后颁布和全面贯彻执行。随着农村改革的进一步深化和家庭联产承包责任制在全省农村的普遍推行,过去过分集中的管理体制彻底打破,克服了"吃大锅饭"的平均主义,农民得到了生产和经营的自主权,从而极大地激发了生产积极性。山西广大农民群众解放思想、打破框框、冲破禁区，突破了在多种经营、家庭副业、集市贸易、自留地等问题上的种种限制，农村经济日益繁荣。广大农村迅速呈现出"家家粮满仓，人人喜洋洋"的动人景象，长期困扰农村的温饱问题开始得到解决。

总的来看，山西在1979年到1982年这一扶贫的起步阶段，扶贫的对象主要是单个的贫困户，扶贫的手段也主要以救济为主，且偏重于扶持基本生活和解决温饱问题，扶贫的范围也相对较小。

第二节 山西扶贫工作的大规模展开

党的十二大召开以后，国家经委等9个部委联合起草和下发了《关于认真做好扶助农村贫困户工作的通知》。1983年5月，山西省政府根据十二大精神和九部委《通知》的精神，成立了山西省扶助农村贫困户工作领导组。领导组的成立，标志着山西扶贫工作有了专门的领导机构。随后，各地、市、县也都相继成立了扶贫领导组，扶贫工作在全省范围内大规模展开。

一、扶贫任务和标准的确定

1984年6月，山西省在怀仁县召开第一次全省扶贫工作会议暨全省扶贫工作怀仁县现场经验交流会。会议总结了全省扶贫工作的成绩，介绍了雁北地区和怀仁等县的扶贫工作经验，研究了扶贫措施,并确定了此后两年的扶贫任务。会议还对扶贫的标准做了明确的界定,"扶贫的标准,因各地生产水平、收入水平不同,不能强求一律,就全省来说,应把年人均纯收入在100元以下的作为扶贫对象,有的县经济基础差,贫困面比较大,也可以首先把年人均纯收入60元以下、人均口粮300斤以下的严重贫困户作重点"。

1984年9月,中共中央、国务院发出《关于帮助贫困地区尽快改变面貌的通知》,明确提出了中央扶贫的目标是帮助贫困地区首先摆脱贫困,进而改变生产条件,提高生产能力,发展商品生产,赶上全国经济发展的步伐。按照中央的精神,山西省委、省政府组织大批干部,深入调查研究,划定了贫困县,制定了《关于帮助贫困地区尽快改变面貌的实施方案》,明确提出"七五"期间扶贫工作的基本目标就是解决大多数贫困地区人民的温饱问题,到"七五"期末赶上全省经济发展的步伐,人均收入达到或接近全省平均水平。

二、扶贫投入的加大和扶贫范围的扩大

与扶贫工作启动初期相比较,在这一阶段,山西的扶贫工作明显出现了扶贫资金不断加大、扶贫范围不断扩大的趋势,扶贫方式也有了较大的变化。

1980年以前,全省每年的救济款只有几十万元,到1983年全年从各种渠道筹集的扶贫资金达到1.5亿元。并且,在救济款的使用上也实行了有偿使用和无偿使用相结合的新办法,提高了扶贫资金使用的效率,也增强了被救济户使用救济款的责任心。1983年

以后，扶贫范围迅速扩大，由 1982 年的 38 个县的 200 个公社扩大到 102 个县的 1340 个公社。扶贫户数也大大增加。截至 1984 年年底，全省累计扶贫 43 万户，其中有 25.5 万户脱贫，有 10 万户在脱贫后进一步发展为专业户、重点户。山西省政府根据国务院标准，于 1985 年第一次确定了贫困县标准：以县为单位，1985 年农民年人均纯收入低于 120 元的县。按此标准，当时山西有贫困人口 348 万，涉及 35 个贫困县，农村贫困发生率从 1978 年的 80% 以上，下降到 1985 年的 16.3%。

在扶贫资金的使用方式上，从 1984 年开始就改变了过去单纯救济治标的做法，实行了治标与治本相结合、救济生活与发展生产相结合的办法，扶助贫困户发展生产，提高脱贫致富能力，从根本上解决贫困户的贫困问题。怀仁县扶持 154 户有技术的贫困户联营办起了饲料、盐硝等加工厂，一年就使 83 户贫困户发展成了专业户。该县商业局拿出 11 万元资金与吴家窑公社联合办起日杂百货店，让 12 户贫困户进店经营，使他们走上了致富道路。在金沙滩乡南家堡村办起一个皮手套加工厂，吸收了 20 个贫困户进厂工作，让他们有了较为稳定的收入来源。浑源县西河口公社重点扶持贫困户养羊，养羊百只以上的就达到 20 多户。

三、贫困山区开发和集中扶贫

早在 1983 年年初，山西就召开了山西省山区建设工作会议，研究、部署山区建设工作，制定了扶持山区发展的一系列政策措施。1984 年 9 月，中共中央、国务院发出《关于帮助贫困地区尽快改变面貌的通知》，明确了帮助贫困地区的指导思想，并就进一步放宽政策、减轻负担、给予优惠、搞活商品流通、加速商品周转、增加智力投资等问题做出了规定。

按照《通知》关于集中力量解决连片贫困地区的精神，省委、省政府组织大批干部深入到吕梁山、太行山的28个县进行了调查研究，并在听取调查组汇报的基础上起草了《关于帮助贫困地区改变面貌的实施方案》。《实施方案》确定了第一批31个贫困县，其中分布在吕梁山区的有20个，包括河曲县、保德县、静乐县、岢岚县、娄烦县、兴县、临县、柳林县、石楼县、中阳县、方山县、离石县、交城县、大宁县、永和县、隰县、乡宁县、汾西县、吉县和蒲县；分布在太行山区的有11个，包括代县、左权县、榆社县、平顺县、武乡县、壶关县、沁县、沁水县、陵川县、浮山县和古县。1983年，这31个贫困县的人均年收入只有261元，不到全省人均收入的一半。

为了切实尽快改变这些贫困地区的面貌，《实施方案》确定了一系列的重要措施：一是为减轻贫困地区农民的负担，从1985年起对上述贫困县给予10项优惠照顾，包括免征农业税、减轻工商税、减少集体提留、免除中小学生学杂费等；二是大力加强贫困地区的基础设施建设，并相应地提出了一系列具体办法；三是针对31个贫困县产业结构普遍单一的问题，明确提出要调整产业结构，在继续重视发展农业的同时，大力发展畜牧业、林业和农村工业。

《实施方案》的发布在山西扶贫史上具有里程碑的重要意义，不仅意味着扶贫内涵的重大变化，同时也意味着扶贫范围的重大变化。1985年7月通过的《山西省"七五"期间国民经济和社会发展纲要》更是明确把扶贫确定为"七五"期间的5个发展重点之一。

经过全省上下的一致努力,这一阶段山西的扶贫工作取得了令人瞩目的成就,贫困县的面貌发生了巨大变化。一是基础设施得到了明显改善。在道路方面,新建、改建县级公路3562千米、乡村道路4000千米,35个县实现了县县通油路。在通电方面,架设输电线路4512千米,使全部乡镇和89%的行政村通了电。在解决人畜吃水方面,建设饮水工程11 743处,解决了70.23万人和11.71万头大牲畜的吃水问题。在农村通信设施建设方面,450多个行政村通了电话,并兴建了小冷库6座,为大力发展畜

"户户通电"为农户送去光明和希望

牧业创造了条件。二是乡镇企业得到较快发展。到1990年年底，35个贫困县的乡镇企业发展到5.5万个，吸收从业人员31.3万人，分别比1984年增长91.5%和42.9%。乡镇企业总产值达到15.55亿元，比1984年增长150%。实现利润1.98亿元，比1984年增长147%。三是县级经济实力增强。从1985年到1990年，共使用2.08亿元扶贫资金，建设了64个投资百万元以上的骨干项目。到1990年年底共建成57项，新增年产值8931万元，实现利润1751万元。四是农民收入有了较快增长。1990年，35个贫困县的农民人均纯收入由1984年的254元增加到377.9元，增长47.2%。经过7年的努力，山西贫困人口稳步减少，到1994年末，山西农村贫困人口减少到380万左右，贫困发生率下降为17%，山西贫困问题得到进一步缓解。

第三节 山西扶贫进入攻坚阶段

1994年3月，国务院制定和发布了《国家八七扶贫攻坚计划》，决心从1994年到2000年，集中人力、物力、财力，动员社会各界力量，力争用7年左右的时间，基本解决全国农村8000万贫困人口的温饱问题。以该计划的公布实施为标志，全国的扶贫开发进入攻坚阶段。山西省政府根据新的国务院标准重新调整了贫困县的标准：凡是1992年农民人均纯收入低于400元的县全部纳入贫困县范围，依据这个标准，山西省的贫困县有50个、贫困乡镇有492个，农村贫困人口为381万。

一、《山西省 1994 年—2000 年扶贫开发攻坚方案》的主要内容

为了贯彻《国家八七扶贫攻坚计划》，山西省省委、省政府先后制定了《山西省 1994 年—2000 年扶贫开发攻坚方案》和《关于九五期间实现扶贫目标的实施意见》，决定从 1994 年开始到 2000 年集中人力、物力、财力，动员社会各界力量，力争用 7 年左右的时间，基本解决全省 50 个贫困县（所属 492 个贫困乡镇）381 万贫困人口的温饱问题。山西省的扶贫工作也正式进入了攻坚阶段。

《攻坚方案》根据中央确定的新标准，重新审查和确定了 50 个贫困县，其中包括国定贫困县 35 个、省定贫困县 15 个，贫困人口 381 万。《攻坚方案》还确定了山西省总的扶贫工作目标，即"1994 年至 2000 年的 7 年内，基本解决目前 381 万贫困人口的温饱问题，剔除物价因素，贫困县年人均纯收入达到 800 元，其中贫困人口的年人均纯收入达到 500 元以上，人均占有粮食稳定在 350 公斤以上。50 个贫困县全部稳定解决温饱，半数以上的县实现基本脱贫，过上富裕生活，个别县达到小康标准"。

围绕上述目标，《攻坚方案》设定了 50 个贫困县的脱贫时间表：1994 年交口等 4 县实现基本脱贫，1995 年沁县等 7 县实现基本脱贫，1996 年阳高等 11 县实现基本脱贫，1997 年天镇等 8 县实现基本脱贫，1998 年娄烦等 13 县实现基本脱贫，1999 年灵丘等 7 县实现基本脱贫。到 2000 年年底，全省 50 个贫困县要全部完成脱贫任务的扫尾，全省贫困地区实现整体脱贫。

二、《攻坚方案》的实施

《攻坚方案》颁布后，中共山西省委、省政府把扶贫攻坚作为全省农村工作的重中之重，下大力气推进扶贫攻坚工作。

一是明确各级党委书记是扶贫工作的第一责任人，层层签订责任书，规定提前完成任务的给予奖励，包括提拔使用；不能按时完成任务的就地免职。摘不掉贫帽子，就摘掉官帽子。

二是继续实行机关定点扶贫，省、市机关包乡，县级机关包村，不脱贫不"摘钩"，不脱贫不撤点。

三是继续开展社会扶贫活动。如朔州市只有右玉县一个贫困县，该市就发动13家大中型企业集中火力，在右玉县开发相关产业，投入资金1300万元，为该县脱贫创造了条件。晋城发动小康村与贫困村结成600个对子，互帮互学，加快了脱贫致富的步伐。吕梁地区妇联创造了"妇女连环脱贫"活动，用很少的扶贫资金学习编织、刺绣等技术，一传十十传百，短短两年就解决了上千人的温饱问题。

四是注重科技扶贫、教育扶贫，着力提高农民群众的综合素质。山西省委、省政府在1996年制定了科技扶贫实施意见，决定为每个贫困户培训一个懂技术的"明白人"。同时，还安排农科院、省农大在吕梁和太行两个山区开展科技扶贫试点工作。各地市在扶贫工作中也都很注重科技扶贫。

五是加大扶贫资金投入，组织实施"三大温饱工程"。针对全省的贫困县大部分分布在自然条件很差的吕梁、太行两片山区和晋北高寒地区的情况，省委、省政府规划了"三大温饱工程"，即在

产业扶贫：秸秆还田

吕梁山区新修 150 万亩机修梯田工程，使当地农民人均达到 2 亩基本农田；在太行山区修建和栽植 42 万亩石坎梯田和 40 万亩经济林，使当地农民人均达到 1.5 亩高产农田和 1.5 亩干果经济林；在晋北高寒地区发展 150 万亩地膜覆盖和地膜、秸秆双覆盖高产田，使当地农民人均实现 1.5 亩高产良田和 0.5 亩经济田。

连续几年的扶贫攻坚取得了很大的成效。至 1997 年年底，山西达到攻坚目标的县有 27 个，脱贫人口突破 200 万。其余未达到攻坚目标的 23 个县中，也有部分乡镇和村庄达到了攻坚目标。

三、两个《实施意见》

在扶贫工作取得巨大成效的同时，受制于自然条件恶劣、县域经济发展落后、基础设施投资不足、扶贫资金使用效益不高等诸多现实因素，山西的扶贫任务仍然十分艰巨。1996 年，国务院作出《关于尽快解决农村贫困人口温饱问题的决定》后，为了确保完成《决定》提出的"到20世纪末基本解决农村贫困人口的温饱问题"的战略目标，中共山西省委、省政府在1997年10月制定了《贯彻落实中共中央、国务院〈关于尽快解决农村贫困人口温饱问题的决定〉的实施意见》。

《实施意见》确定要对贫困户建档立卡，把扶贫工作落实到村到户。建档立卡工作以1994年确定的492个乡、381万贫困人口为范围，根据1995年年底的统计数据，凡人均纯收入低于530元的列为特困户，高于530元低于849元的列为一般贫困户，高于849元的不再作为建档立卡对象；贫困人口占全村人口比例高于30%的为贫困村，高于60%的为特困村。

《实施意见》还提出，一是要努力增加扶贫资金投入，省、市、县三级给国定贫困县的配套资金要达到中央分配给山西的扶贫资金的40%以上；二是改革扶贫资金管理办法，要把70%的扶贫资金用于修地、种养业为主的温饱工程建设，15%用于农副产品加工龙头骨干项目，15%留省用于省定重点外资项目配套资金；三是强化对扶贫资金使用的审计监督。

1999年年初，中共中央、国务院作出《关于进一步加强扶贫工作的决定》后，为了确保扶贫攻坚目标和3年内基本解决农村贫困人口目标的实现，山西省委、省政府在1999年9月制定了上述《决定》的《实施意见》。

《实施意见》确定了全省扶贫工作的具体目标，"到2000年基本解决贫困人口的温饱问题。就我省来说，就是要在正常年景下，通过积极努力，巩固已有成果，并在目前165万尚未解决温饱的人口中再帮助100万人越过温饱线。其余65万人一部分为鳏寡孤独和丧失劳动力的残疾人，是社会保障对象，要通过家庭供养和社会救济来解决他们的生活问题；另一部分为居住在3000多个山庄窝棚、不具备基本生存条件的12万多特困群众，要通过移民搬迁来解决问题，今明两年要争取搬迁5万人左右"。同时，《实施意见》还部署了重点工作：一是继续开展基本农田建设；二是东西两山要全面启动生态治理工程，大力发展植树种草；三是要以市场为导向，开发特色农业，发展产业化经营；四是发挥职能部门在基础设施建设中的作用，继续改善贫困地区的基础设施条件；五是要继续加大科技扶贫力度，努力提高劳动者基本素质；六是要加大投入，继续搞好移民扶贫工作。

上述两个《实施意见》是20世纪最后3年山西扶贫攻坚的总纲领和总部署。

四、扶贫攻坚目标的基本完成

从1997年确立"三个基本"目标以后的3年里，山西按照两个《实施意见》的部署，在扶贫工作中采取了一系列的重要举措：一是继续坚持了"一把手工程"，强调各级党委领导是扶贫攻坚的责任主体，坚持"一套马车拉到底"原则，没有完成攻坚目标的县、乡领导班子一般不予调整，领导不予提拔。二是对贫困地区实施了一系列优惠政策，主要包括对贫困县新办企业和发达地区到贫困县新办企业，在3年内免征所得税；对贫困户减免农业税和农业特产税；对种养业扶贫资金实行信用贷款；对贫困户免除粮食定购任务。三是继续实施"三大温饱工程"。从1996年到2000年，全省新修机修梯田126万亩，打旱井10万眼，营造经济林390万亩，在晋北高寒地区推广地膜覆盖1418万亩。四是进一步加强对贫困地区的基础设施建设，使贫困地区的道路、电力、通信、饮水等状况得到了进一步的改善。到2000年年底，全省行政村通电率达到97.5%，通程控电话的行政村达到50%，一大批贫困农民安装了电话，全省基本消灭了校舍危房，新解决了1352万人、23万头大牲畜的饮水困难，新建改建乡镇卫生所429所，新解决了5547个村通广播电视的问题。五是继续开展移民扶贫。山西从1996年开始对移民开发进行试点，中共十五大后全面展开。从1996年到2000年，全省共安排移民开发补助资金8134万元，移民搬迁8万人。六是继续开展机关扶贫。山西从1990年开始开展机关定点扶贫工作。从1996年起，省级142个部委厅局先后选派了1500多名干部包扶112个贫困乡镇，每年投入扶贫资金达5000万元。到1998年年底，先后有47个乡镇、31万贫困人口提前或如期达标，有59个厅局转战第二战场，累计实际包扶了162个贫困乡镇，占到全省攻坚乡镇总数的1/3。1998年以后，山西全省每年参加定点扶贫的各级干部近2万人。

到2000年年底，全省50个贫困县、381万贫困人口，有28个县、320万人按2000年前标准基本解决了温饱问题，基本实现了国家"八七"扶贫攻坚计划目标和3年内基本解决农村贫困人口温饱问题的目标。未达温饱的人数仅剩60万，主要集中在吕梁山区。随着经济的发展，贫困标准也在不断提高。山西省政府2000年根据国务院标准，将贫困标准提高为人均625元。依据这一标准，在2004年年底，山西省贫困人口仍然还有332万，未解决温饱还有122万，低收入的还有210万。

第四节　扶贫攻坚持续推进

进入 21 世纪以来，在基本解决了农村贫困人口温饱问题的情况下，山西省农村扶贫工作面临着一些新的任务。一是山西省还需要进一步缩小贫困面。从贫困县数量上看，需要国家重点扶持的贫困县仍有 35 个，加上需要继续扶持的贫困县，占了全省县区总数的近一半。二是需要继续扶持已初步解决温饱的贫困人口。山西省贫困地区多自然灾害，每次自然灾害后都有大量人口返贫。巩固已初步解决温饱的 320 万人口的任务非常艰巨。三是需要加强基础设施建设，改善生产生活条件。太行、吕梁贫困山区具有一定抗旱作用的沟坝滩地和集雨补灌面积人均不到四分，人畜吃水问题虽经大力解决，不少地方仍很困难。四是需要增加贫困地区经济总量。贫困地区经济总量小，自我发展能力低，多数贫困县的财政状况入不敷出，扶贫配套资金的支出难以保证。五是需要加强科技文化事业。

一、山西省农村扶贫开发 10 年规划的实施

2001 年 6 月，国务院下发《关于印发中国农村扶贫开发纲要（2001—2010 年）的通知》，就 21 世纪前 10 年的农村扶贫工作作出了全面部署。针对农村扶贫工作面临的新形势和新任务，2001 年 12 月 28 日至 29 日，山西省委、省政府召开全省扶贫开发工作

会议，总结了全省"八七"扶贫攻坚的成就和经验，讨论了《山西省2001—2010年农村扶贫开发总体规划》，明确提出以"四大扶贫增收工程"为载体，进行各项农村扶贫工作：第一，实施旱作节水增收工程。"十五"期间，以扶贫开发工作重点县为主要工程区，选择科学合理的旱作节水技术模式，在现有基础上，每个贫困人口建成1亩旱作节水高效农田。到2010年争取每个贫困人口再建成半亩到1亩。第二，实施种草养畜工程。"十五"期间在贫困地区退耕种草300万亩，改良草地100万亩，达到贫困户人均退耕1.1亩草，人均增养2只羊或价值相当的其他畜产品，到2010年再退耕种草1亩、养羊2只，配套建设一批服务防疫设施。第三，实施农产品加工增收工程。"十五"期间重点扶持一批年销售收入千万元以上的农产品加工企业，大力发展年销售收入100万元左右的加工大户，组织非重点县的大中型农产品加工龙头企业到重点县建基地，每个基地带动1000户左右的贫困户增收。第四，实施移民开发增收工程。用8年左右的时间基本解决目前贫困地区生产、生活条件极端恶劣的23.6万特困人口的移民搬迁问题，移出的特困人口实现稳定解决温饱，部分实现脱贫致富。

山西开始实施《纲要》和《规划》以来，经过全省贫困地区广大干部群众的艰苦奋斗和不懈努力，全省扶贫开发工作取得了显著成效。2001年到2004年，全省57个贫困县贫困人口数量由437万减少到332万。其中，未解决温饱的贫困人口由182万减少到122万，减少了60万；低收入贫困人口由255万减少到210万，减少了45万。全省贫困人口在农村人口中的比例由18%下降到14%，下降了4个百分点，降幅高于全国平均水平2.3个百分点。全省57个贫困县贫困农民人均纯收入由1138元增加到1776.3元，增加了638.3元,增幅56%,增幅高于全国平均水平32.2个百分点。与此同时,贫困地区的各项基础设施和社会事业有了较大发展。截至2004年,全省57个贫困县新建学校1867所,建筑面积达157.72万平方米,改造学校3389所,改造面积达140.86万平方米;新建卫生所365个,面积23 375平方米,改造卫生所2376个,面积77 385平方米;累计修建干线公路4323.27千米,修建乡村公路19 982.79千米;建成旱井38 739眼,旱池3586个,其他水利工程9307处,解决了257.08万人、44.37万头大牲畜的饮水困难;通电、通电话、通广播电视行政村数分别占到贫困地区行政村总数的97.08%、71.99%、71.56%。

二、晋西北、太行山革命老区开发和农村扶贫开发"十一五"规划

2006年7月12日,山西省委、省政府作出《关于加快晋西北、太行山革命老区开发的决定》。《决定》提出,"按照3年打基础、5年上台阶、10年大翻身的战略部署,2006年至2008年,集中力量支持一批产业开发项目和必要的基础设施、社会事业和生态环境建设,使'两区'开发有一个良好开局,力争县(市、区)财政收入有较大幅度增长,农民人均纯收入年增长10%;经过5年努力,到'十一五'期末,基本摆脱财政增收能力较弱、农民增收缓慢的局面;经过10年努力,力争'两区'在产业规模、基础设施、社会事业等方面有更大发展,为建设经济繁荣、社会进步、生活安定、山川秀美的新吕梁、新太行奠定坚实基础"。围绕这一目标,《决

定》部署了"以产业开发为龙头,着力增强'两区'造血功能和自我发展能力","以交通基础建设和植树造林为重点,继续加强'两区'基础设施和生态环境建设","以教育卫生文化建设为重点,大力发展'两区'社会事业、加大投入力度、加快项目开发建设、加强政策支持力度,积极为'两区'开发创造条件、加强人才队伍建设和劳动力转移,努力为'两区'建设提供人才保障和智力支持"等重点任务。

2007年3月,山西省人民政府制定并下发了《山西省贫困地区农村扶贫开发"十一五"规划》。《规划》确定"十一五"期间山西扶贫工作的目标是"基本解决120多万贫困人口的温饱问题,继续帮扶近200万低收入贫困人口稳定增加收入,逐步减少低收入人口;按照建设社会主义新农村的要求,初步完成第一轮扶持的贫困村的整村推进计划;开展大规模劳动力转移培训,使每个贫困农户至少有一个劳动力接受培训并实现非农就业;优化贫困地区农业生产区域化布局,扶持有带动能力的扶贫龙头企业,形成县县有龙头、市市有品牌的格局;继续帮助百人以下山庄窝铺实施移民搬迁,彻底改变贫困群众生产生活条件,实现'移得出、稳得住、能致富'"。《规划》明确"十一五"期间山西扶贫开发工作的对象为2004年农民人均纯收入低于924元的贫困户和2004年农民人均纯收入低于1000元的贫困村行政村,并按照35个国家级扶贫开发工作重点县、17个省定扶贫开发工作重点县、5个省定扶贫开发工作插花县和三个层次以外的其他县的顺序,确定了山西扶贫工作的范围和层次。

"十一五"以来,山西省扶贫开发紧紧围绕增加农民收入、减少贫困人口的目标,加大投入、创新机制、完善政策、强化措施,不断取得新的显著成效。2006年至2011年,全省累计投入中央和省级财政扶贫资金50.5亿元,其中中央财政扶贫资金31亿元、省级财政扶贫资金19.5亿元,57个贫困县农民人均纯收入由1931.8元增加到3874.5元,年均增长12.3%,其中35个国家扶贫开发工作重点县农民人均纯收入由1621.2元增加到3129元,年均增长11.6%,两项增幅均高于同期全省农民人均纯收入增长水平。按照当时的扶贫标准,全省农村贫困人口由332万减少到276万。在易地扶贫搬迁方面,省级投入易地扶贫搬迁资金16.17亿元,人均补助标准从2500元提高到5000元,通过各种方式帮助4291个自然村的7.3万户、50万贫困人口迁出山庄窝棚,解决了行路难、上学难、吃水难的问题;在产业扶贫方面,2005年和2008年,山西省先后两批确定32家企业为国家级扶贫龙头企业,2011年进一步评审认定145家省级扶贫龙头企业,基本实现了扶贫龙头企业对57个贫困县的全覆盖,通过扶持扶贫龙头企业在贫困地区建设原料生产基地带动数十万贫困户生产增收;在劳动力转移培训方面,积极开展了以劳动力转移培训为主要内容的"雨露计划",6年共安排专项资金1.28亿元,开展转移培训38万人次,转移就业率80%以上;在教育扶贫方面,从2009年开始,3年累计安排教育扶贫专项资金3500万元,资助贫困大学生1526名、中专技校生6275名、贫困高中生6700名;在机关单位定点扶贫方面,每年抽调省、市、县三级近两万名机关事业单位干部深入贫困乡村开展定点扶贫,年均投入帮扶资金、物资折款5亿元以上,实现了省直定点扶贫帮扶国家扶贫开发工作重点县全覆盖。

第五节　全力开展精准扶贫

2010年12月，中共山西省委发布《中共山西省委关于制定国民经济和社会发展第十二个五年规划的建议》，明确了"十二五"期间"继续实施整村推进、移民搬迁、产业开发、劳动力转移培训、教育扶贫五大扶贫工程，以片区扶贫开发为重点，加大政策支持、资金投入和帮扶力度，加快贫困地区脱贫致富步伐"的扶贫工作任务。

一、《山西省2011—2020年农村扶贫开发总体规划》制定与"十二五"扶贫工作成效

2011年11月，中共中央、国务院印发《中国农村扶贫开发纲要（2011—2020）》后，山西按照《纲要》的总体要求和山西转型发展的战略部署，结合全省扶贫开发实际编制出台了《山西省2011—2020年农村扶贫开发总体规划》，对新阶段全省扶贫开发范围和工作对象、总体要求和奋斗目标、重点措施和政策保障等作出全面的安排部署。《规划》提出，要以吕梁、太行两大片特困地区为主战场，大力实施以产业开发为核心的扶贫板块推进战略，扎实抓好片区开发、易地扶贫搬迁、整村推进、产业扶贫、以工代赈、就业促进和教育扶贫等7项重点工作。《规划》成为新一阶段山西农村扶贫工作的纲领性文件。

第八章 持续推进扶贫攻坚

2013年11月,习近平总书记在湖南湘西考察时首次提出了"精准扶贫"的概念,作出了"实事求是、因地制宜、分类指导、精准扶贫"的重要指示。2013年12月,中央中央、国务院发布《关于创新机制扎实推进农村扶贫开发工作的意见》,明确提出要建立精准扶贫工作机制。精准扶贫是以习近平为总书记的党中央治国理政方略中对新时期扶贫工作新挑战与新要求的积极应对和正确指引,也因此成为新时期党和国家扶贫工作的精髓和亮点。

"十二五"期间,山西积极贯彻中央精神,大力实施精准扶贫,取得明显成效,全省贫困人口数量不断下降。2011年至2014年,

壶关县店上镇绍良村设施蔬菜

按照 2300 元的扶贫标准，全省有 181 万贫困人口实现脱贫。36 个国家扶贫开发重点县农民人均纯收入由 2010 年的 2529 元增加到 5430 元，年均增长 16.4%，超出全省平均水平 3.1 个百分点；全省以"一村一品""一县一业"为主攻方向，实施了"531"工程，做大做强龙头企业，打造了一批标志性农业产业化龙头企业，开展了扶贫龙头企业"百企带万户"增收工程，基本建成以运城、晋中、大同为标志的特色农产品产业基地，集中打造畜牧、杂粮、蔬菜、干鲜果等特色优势产业；山西省委、省政府作出实施百企千村产业扶贫开发工程的重大决策，14 户省属国有企业成立产业扶贫公司 40 个，确定规划实施项目 58 个，投资总额 220 亿元，省内民企实施项目 180 个，覆盖设施农业、规模养殖、特色农业、易地扶贫搬迁等领域；省政府把加大力度推进易地扶贫搬迁作为向全省人民承诺的"五件实事"之一，每年安排 5 亿元专项补助资金，以 10 万人的规模加大力度扎实推进。到 2013 年年底，全省累计搬迁近万个山庄窝棚，20 万户、75.8 万贫困人口受益。

二、"十三五"精准扶贫工作任务

2015 年 12 月，《中共山西省委关于制定国民经济和社会发展第十三个五年规划的建议》明确提出，"把脱贫作为最大的民生工程，创新脱贫开发工作机制，增强贫困地区内生动力和发展活力，实现全省贫困人口如期脱贫。坚持因人因地施策、因贫困原因和贫困类型施策，努力实现扶持对象精准、项目安排精准、资金使用精准、措施到户精准、因村派人（第一书记）精准、脱贫成效精准"。

第八章 持续推进扶贫攻坚

2016年5月24日,全省脱贫攻坚推进大会在太原召开,会议着重强调了山西省全面推进脱贫攻坚10个方面的问题:一要坚持以脱贫攻坚统揽经济社会发展全局;二要把脱贫攻坚与生态文明建设紧密结合起来;三要狠抓植树造林,实现荒山增绿、农民增收;四要根治水土流失,兴水富民;五要突出发展产业,带动农民脱贫增收;六要扎实推进易地扶贫搬迁,积极稳妥实施村庄撤并;七要全力保障民生,确保政府兜底;八要统筹整合财政资金,用好用活金融资金;九要切实加强监督执纪问责,坚决实现廉洁扶贫;十要真抓实干、马上就办,坚决打赢脱贫攻坚战。会议还强调坚决完成2016年脱贫50万人的任务,确保"十三五"期间58个贫困县全部脱贫摘帽、现有232万贫困人口全部脱贫,确保山西省与全国同步、农村特别是贫困地区与全省同步全面建成小康社会。

2016年7月,中共山西省委、省政府发布了《关于坚决打赢全省脱贫攻坚战的实施意见》。《实施意见》是贯彻落实党中央、国务院《关于打赢脱贫攻坚战的决定》,结合山西省实际制定的全省"十三五"脱贫攻坚工作的纲领性文件。《实施意见》的发布,对推动各级各部门进一步把思想和行动统一到中央和山西省委、省政府打赢脱贫攻坚战的决策部署上来,深入贯彻落实并推进全省脱贫攻坚大会精神,以吕梁、太行两大连片特困地区为主战场,重点工程布局、专项行动推进、政策机制保障、各方合力攻坚,在"一个战场"上打赢脱贫攻坚和生态治理"两个攻坚战",如期实现全面建成小康社会目标具有重要作用。《实施意见》突出强调了"围绕补齐贫困短板、实现全面小康这一目标,到2020年,确保现行标准下232万农村贫困人口实现脱贫,58个贫困县全部摘帽,区域性整体贫困得到解决。稳定实现农村贫困人口不愁吃、不愁穿,义务教育、基本医疗和住房安全有保障，贫困地区农民人均可支配收入增长幅度高于全国平均水平，基本公共服务主要领域指标接近全国平均水平，确保山西与全国同步进入全面小康社会，贫困群众和全省人民同步进入全面小康社会"。《实施意见》还提出要精准实施和全力推进特色产业扶贫、易地扶贫搬迁、培训就业扶贫、生态补偿脱贫、社会保障兜底、基础设施改善、公共服务提升、社会力量帮扶等八大工程、20个专项行动。特色产业扶贫工程由特色农业扶贫、光伏扶贫、旅游扶贫、电商扶贫4个专项行动组成，带动115万左右人口增收脱贫；易地扶贫搬迁工程由易地扶贫搬迁和改善人居环境两个专项行动组成，对"一方水土养不起一方人"村庄的45万贫困人口实施易地搬迁；培训就业扶贫工程主要实施培训就业扶贫行动，支持带动30万左右贫困人口稳定就业增收脱贫；生态补偿脱贫工程主要实施生态建设扶贫行动，通过完善退耕还林政策，加大退耕还林补助，组织贫困群众参与生态建设、强化森林资源管护，支持贫困人口转化为护林员等措施，抓好经济林提质增效和延伸生态产业链条等措施，支持带动42万贫困人口增加收入稳定脱贫；社会保障兜底工程由农村低保扶贫和特殊群体关爱两个专项行动组成，支持无劳动能力和无法依靠发展生产脱贫的50万左右贫困人口兜底脱贫；基础设施改善工程由交通扶贫、水利扶贫、以工代赈扶贫、清洁能源和电力扶贫等4个专项行动组成，通过路、水、电、气等基础设施建设，改善贫困群众基本生产生活条件；公共服务提升工程由教育扶贫、健康扶贫、科技扶贫、文化和信息扶贫4个专项行动组成，通过加强改善教育、医疗、科技、文化等条件，提升贫困地区基本公共服务水平；社会力量帮扶工程由企业扶贫和社会扶贫两个专项行动组成，主要是支持引导企业参与产业扶贫,支持引导各类社会组织、群众团体开展精准帮扶活动。《实施意见》是指导山西省"十三五"脱贫攻坚的纲领性文件,明确了打赢全省脱贫攻坚战的任务书、路线图和时间表。

调查资料显示,按现行国家农村贫困标准(每人每年2952元,2016年不变价)测算,2016年山西全省农村贫困人口186万,比2012减少173万,下降48.2%,平均每年减少43.2万;贫困发生率由2012年的15.0%下降到2016年的7.7%,下降了7.3个百分点。贫困发生率降速在中部和周边均排名第二,仅次于湖南和陕西。2016年山西贫困地区农村居民人均可支配收入为6623元,比2012年的3967元增加了2656元,增长67.0%,年均增长13.7%;人均生活消费支出5841元,比2012年的3541元增加了2300元,增长65.0%,年均增长13.3%。

三、山西省"十三五"脱贫攻坚规划的制定和实施

2017年4月,中共山西省委、省政府出台了《山西省"十三五"脱贫攻坚规划》。《规划》在深刻分析山西农村贫困状况仍较严重、贫困地区农民增收要素支撑不足、经济环境对扶贫约束趋紧、精准扶贫措施还需强化、扶贫开发管理体制亟待完善等问题的基础上,提出了"到2020年,贫困地区自我发展能力明显增强,发展环境和条件明显改善,区域性整体贫困得到有效解决,58个扶贫开发工作重点县全部摘帽。农村贫困人口稳定实现不愁吃、不愁穿,义务教育、基本医疗和住房安全得到有效保障,贫困地区农村居民人均可支配收入增长幅度高于全省平均水平,基本公共服务主要领域

指标接近全国平均水平。现行标准下232万农村贫困人口全部脱贫"的总体目标,并对八大扶贫工程的实施作了详细部署。《规划》并就"以吕梁山、太行山集中连片特困地区为主战场,全面落实《吕梁山集中连片特困地区(山西)区域发展与扶贫攻坚规划(2016—2020年)》《燕山—太行山集中连片特困地区(山西)区域发展与扶贫攻坚规划(2016—2020年)》的目标任务,持续增强吕梁山、太行山发展能力,坚决打赢脱贫攻坚和生态治理'两个攻坚战'"作出了部署。

2017年6月,习近平总书记视察山西时在深度贫困地区脱贫攻坚座谈会上提出:"攻克深度贫困堡垒,是打赢脱贫攻坚战必须完成的任务,全党同志务必共同努力。"2017年9月4日至5日,

平顺县刘家移民新村全景

第八章 持续推进扶贫攻坚

李克强总理视察山西时，强调要深入贯彻习近平总书记在深度贫困地区脱贫攻坚座谈会上的讲话要求，把工作做实做细，解决深度贫困问题，坚决打赢脱贫攻坚战。为贯彻习近平总书记和李克强总理的讲话精神，山西省委、省政府出台了一系列重要举措。

在产业扶贫方面，山西省在2017年8月出台《山西省特色产业扶贫工作领导小组"五有"产业扶贫机制标准（试行）》，围绕脱贫产业，着力建立"企业＋合作社＋贫困户"等模式，密切利益联结，将企业、合作经济组织、贫困户结成命运共同体，使贫困户"有业可从、有企可带、有股可入、有利可获"。发展产业是脱贫攻坚的重要支撑，山西突出功能农业、光伏、电商和乡村旅游等特色产业，推进产业扶贫到村到户。2017年，山西全省贫困村

有主导产业的占83.7%,贫困户中有增收项目的占79.5%;到2017年年底,实现了50%的贫困村有龙头企业带动,30%的贫困村有股份合作经济组织,100%的有劳动能力的贫困户都有增收项目。

在易地扶贫搬迁方面,山西在2016年6月出台《山西省"十三五"时期易地扶贫搬迁实施方案》,就"十三五"期间的易地扶贫搬迁工作作出全面部署。2017年8月,山西省政府办公厅出台《关于进一步做好易地扶贫搬迁工作的若干意见》和《关于深度贫困自然村整体搬迁的实施意见》,明确了10个深度贫困县为区域攻坚重点,3350个需要整体搬迁的自然村为工作攻坚重点,28.47万家庭主要劳动力失去能力的深度贫困人口为群体攻坚重点,集中优势兵力攻城拔寨。要求全省3350个深度贫困自然村分三批实施易地搬迁,2019年年底前全部入住新居,到2020年,稳定实现扶贫对象不愁吃、不愁穿,保障其义务教育、基本医疗和住房,实现易地搬迁贫困人口如期脱贫。与此同时,培训就业扶贫、生态补偿扶贫、光伏扶贫、交通扶贫、电商扶贫等各项工作也都有条不紊地展开。

面对山区生态脆弱与深度贫困相互交织、互为因果的现实,山西践行"绿水青山就是金山银山"理念,联动实施退耕还林奖补、造林绿化投入、森林管护就业、经济林提质增效和林业综合增收生态脱贫"五大项目",探索"一个战场"同时打赢生态治理与脱贫攻坚"两个战役"。以退耕还林奖补为例,到2017年8月底,163万亩退耕还林落地到户149万亩,4.3亿元奖补资金兑现到户,惠及8.2万贫困户。2017年,全省共投入财政扶贫资金69.64亿元,较2013年增长172%;全省拿出中央和省财政专项扶贫资金的30.5%共11.76亿元,倾斜支持10个深度贫困县。省脱贫攻坚领导小组实行省委书记、省长"双组长"制,建立了五级书记一起

第八章　持续推进扶贫攻坚

光伏电厂

抓、党政"一把手"负总责、部门分工负责的脱贫攻坚责任体系。

做好新时期扶贫开发工作意义重大、任务艰巨、使命光荣。中共十八以来，在山西省委、省政府的领导下，山西全省上下为打赢脱贫攻坚战，狠抓落实，大力创新，在实践中探索出许多行之有效的做法。例如，阳高县为提升贫困群众精气神，变"输血式"扶贫为"造血式"扶贫，增强贫困群众自主脱贫意识，坚持扶贫与扶志、扶智相结合，开办了"农民夜校"，开通了大喇叭工程，将党的十九大精神、脱贫政策、农技知识等送到每一个村庄，覆盖到每一位群众，通过特殊课堂的"充电""蓄能"，着力打通精准扶贫

"最后一公里",使贫困群众增强脱贫自信心,靠勤劳的双手自己脱贫。截至 2018 年 1 月底,阳高县已成立农民夜校 256 所,选聘兼职教师 220 多名,已开课 2700 多场次,8 万多人次党员群众参加学习。农民夜校主要采取专题讲座、案例分析、文体活动等灵活多样、群众喜闻乐见的方式组织教学,着力把农民夜校建设成培养有文化、懂技术、明法理、守纪律的新型农民的重要平台。该县从乡镇、村干部、村第一书记、农技人员、教师医生、致富能人中,精选政治过硬、理论水平较高、经验丰富的人员,组建师资库,并组织开展教师培训,确保每所夜校有相对固定的专兼职教师。"农民夜校""采取固定课堂+流动教学"相结合的模式,结合农时农事、生产生活实际,采取"党员中心户+贫困户"的形式开展结对帮学,将课堂搬到大棚、田间地头,让群众在实践中学习、在学习中实践,最大限度地调动群众的积极性,激发群众脱贫致富的内生动力,为全面决胜脱贫攻坚奠定坚实基础。

第九章
从温饱到全面小康的民生巨变

改革开放之初,邓小平首先用小康来诠释中国式现代化,明确提出到 20 世纪末"在中国建立一个小康社会"的奋斗目标。在全党全国各族人民共同努力下,这个目标在 20 世纪末如期实现,人民生活总体上达到小康水平。在这个基础上,党的十六大提出 21 世纪头 20 年全面建设惠及十几亿人口的更高水平的小康社会的奋斗目标。党的十八大报告首次正式提出全面建成小康社会的目标要求。党的十八大以来,砥砺奋进的 5 年推动各项事业取得了辉煌成就。党的十九大又进一步明确了建成社会主义现代化强国的行动纲领。山西同全国一道,在如期实现了小康社会建设目标之后,又开启了全面建成小康社会并不断朝着"第二个百年目标奋进"的新征程。

第一节 从温饱到全面小康的建设历程

改革开放之前,解决温饱问题是山西乃至中国经济社会发展最为迫切需要解决的问题。中共十一届三中全会后，中共中央逐步确立了全国经济建设"三步走"发展战略：第一步，从1981年到1990年，国民生产总值翻一番，解决人民的温饱问题；第二步，到20世纪末，国民生产总值再翻一番，人民生活达到小康水平；第三步，到21世纪中叶，人均国民生产总值达到中等发达国家水平，人民生活比较富裕，基本实现现代化。

山西经过"六五"和"七五"的建设，到1990年，全省国民生产总值比1980年增长了1.15倍，实现了国民生产总值的第一个翻番，基本解决了长期困扰全省广大农村的温饱问题。在实现"三步走"战略第一步目标后，1991年山西提出了小康建设的任务。1991年2月，中共山西省第六次代表大会召开，会议决定，按照中共中央确定的全国社会主义现代化建设分"三步走"的战略部署，到20世纪末，实现国民生产总值的第二个翻番，使人民生活达到小康水平。

我国大部分人口在农村，小康建设的关键是农村，重点是农村，难点也是农村。1991年11月中共中央召开十三届八中全会，审议并通过了《中共中央关于进一步加强农业和农村工作的决定》。1992年7月11日，中共山西省委制定了《中共山西省委贯彻〈中共中央关于进一步加强农业和农村工作的决定〉的实施意见》，对全省农村小康建设作了初步的规划。为进一步推动全省的农村小康建设，从1992年到1995年，中共山西省委、省政府连续召开了4次全省小康建设会议，集中研究小康社会建设问题。到1997年年底，山西农村小康建设取得重大进展，全省有阳泉、晋城、太原3个市整体基本达到小康目标，同时有31个县（市、区）、711个乡镇、13 017个行政村、1343.8万农村人口达到小康标准，分别占全省农业县、乡、村和农村人口总数的30%、36.8%、40.3%和58.6%。全省农村小康综合实现程度达到82.4%。

为了进一步加快山西农村小康建设步伐，确保第二步战略目标如期实现，中共十五大闭幕后仅7天，即1997年9月25日，中共山西省委、省政府就制定和下发了《关于进一步加快全省农村达小康步伐的意见》。《意见》指出，从现在到2000年只有3年时间。各级党委和政府必须以高度的紧迫感与责任感，以决战的姿态，切实加强对小康工作的领导，加大工作力度，千方百计加快小康建设的步伐。然而，由于当时市场需求低迷和受自然灾害影响，农民增收遇到很大困难。1998年和1999年，山西全省连续两年遭遇了历史上罕见的干旱和多种自然灾害，再加上全省贫困面积较大，导致山西农村小康建设未完成预定计划。鉴于实际情况，中共山西省委、省政府决定，山西实现农村基本达小康时间后移两年，由原定的2000年改为2002年。2000年9月，中共山西省委、省政府召开全省农村小康建设运城现场会，对全省农村小康建设作了重新部署。2001年，山西农村小康建设取得较大突破和进展。至这年年底，太原、阳泉、晋城、长治、临汾、晋中6个市，61个县（市、区）整体基本达小康。省统计局根据"中国农村小康综合评价指标体系"测算，到2001年年底，山西农村小康建设的综合实现指数达到了97.87%。到2002年年底，全省有太原、阳泉、晋城、长治、临汾、晋中、运城、朔州8个市的66个县整体基本达到小康县水平。2003年8月，全省农村小康建设朔州现场会召开，山西省委、省政府正式宣布，到2002年年底，"全省有80.3%的农村人口过上了小康生活，初步实现了农村整体达小康的目标"。山西全省农村基本达小康，这是山西农村发展史上的重要里程碑。

到 20 世纪末，我国胜利实现了现代化"三步走"战略的第一步、第二步目标，人民生活总体上达到小康水平。但是，正如党的十六大报告指出的那样，这一小康还是低水平的、不全面的、发展很不平衡的小康。2002 年，根据我国小康建设的实际状况，党的十六大提出了在 21 世纪头 20 年，集中力量，全面建设惠及十几亿人口的更高水平的小康社会的建设任务，并具体确定了全面建设小康社会的目标。十六大闭幕后，中共山西省委先后召开常委扩大会议、中心组会议，对贯彻落实十六大精神，全面建设山西小康社会进行了讨论。在深入讨论的基础上，省委制定了《关于贯彻党的十六大精神，全面建设小康社会的意见》，确定了山西全面建设小康社会的奋斗目标。十六大以来，在全面建设小康社会的过程中，全省高度关注"三农"问题，从发展农村经济、减免税收、农机补贴、组织农村剩余劳动力转移、扶贫、移民搬迁、饮水困难、公路建设、电信建设、退耕还林、合作医疗试点等多方面进一步加强了农村工作，推动了农村经济的发展和社会主义新农村建设。

2012 年，胡锦涛在十八大报告中提出，"综观国际国内大势，我国发展仍处于可以大有作为的重要战略机遇期。我们要准确判断重要战略机遇期内涵和条件的变化，全面把握机遇，沉着应对挑战，赢得主动，赢得优势，赢得未来，确保到 2020 年实现全面建成小康社会宏伟目标"。十八大报告用"建成"取代十六大、十七大报告的"建设"，一字之易，寓意深远，这一字之改的"含金量"很高，"建设"体现的是过程、是描述、是愿景，更多的是目标。而"建成"则意味着从 2012 年起，再过 8 年时间，就成为现实。"建成"意味着东部和西部、城市和农村，要同步跨入小康，一个都不能少。"建成"还意味着不仅是经济指标，民主、民生、科技创新、文化软实力、资源环境等等都要同步推进，一样也不能缺。报告根据全国经济社会发展实际，在十六大、十七大确立的全面建设小康社会目标的基础上提出了新的要求：一是经济持续健康发展。转变经济发展方式取得重大进展，在发展平衡性、协调性、可持续性明显增强的基础上，实现国内生产总值和城乡居民人均收入比 2020 年翻一番。科技进步对经济增长的贡献率大幅上升，进入创新型国家行列。工业化基本实现，信息化水平大幅提升，城镇化质量明显提高，农业现代化和社会主义新农村建设成效显著，区域协调发展机制基本形成。对外开放水平进一步提高，国际竞争力明显增强。二是人民民主不断扩大。民主制度更加完善，民主形式更加丰富，人民积极性、主动性、创造性进一步发挥。依法治国基本方略全面落实，法治政府基本建成，司法公信力不断提高，人权得到切实尊重和保障。三是文化软实力显著增强。社会主义核心价值体系深入人心，公民文明素质和社会文明程度明显提高。文化产品更加丰富，公共文化服务体系基本建成，文化产业成为国民经济支柱性产业，中华文化"走出去"迈出更大步伐，社会主义文化强国建设基础更加坚实。四是人民生活水平全面提高。基本公共服务均等化总体实现，全民受教育程度和创新人才培养水平明显提高，进入人才强国和人力资源强国行列，教育现代化基本实现。就业更加充分。收入分配差距缩小，中等收入群体持续扩大，扶贫对象大幅减少。社会保障全民覆盖，人人享有基本医疗卫生服务，住房保障体系基本形成，社会和谐稳定。五是资源节约型、环境友好型社会建设取得重大进展。主体功能区布局基本形成，资源循环利用体系初步建立。单位国内生产总值能源消耗和二氧化碳排放大幅下降，主要污染物排放总量显著减少。森林覆盖率提高，生态系统稳定性增强，人居环境明显改善。

2017年中共十九大召开。十九大报告明确指出,从现在到2020年,是全面建成小康社会决胜期,要按照十六大、十七大、十八大提出的全面建成小康社会各项要求,紧扣我国社会主要矛盾变化,统筹推进经济建设、政治建设、文化建设、社会建设、生态文明建设,坚定实施科教兴国战略、人才强国战略、创新驱动发展战略、乡村振兴战略、区域协调发展战略、可持续发展战略、军民融合发展战略,突出抓重点、补短板、强弱项,特别是要坚决打好防范化解重大风险、精准脱贫、污染防治的攻坚战,使全面建成小康社会得到人民认可、经得起历史检验。

2017年以来,山西省委、省政府聚焦最困难的地方,紧盯最困难的人群,扭住最急需解决的问题,向深度贫困发起全面总攻;在污染防治上,坚持以环保倒逼转型,加大环境污染综合治理力度,推进汾河等七河生态修复与保护工程,推进资源节约集约利用和循环型经济发展,全面小康的实现程度不断提高。2018年的《山西省政府工作报告》强调,"山西已进入深化转型发展的关键阶段。综观国内外形势,全省面临的机遇与挑战并存,机遇大于挑战,总体上看,山西正处于可以大有作为的重要战略机遇期。伴随着新时代新征程的前进步伐,山西2020年要与全国同步全面建成小康社会,2030年要基本完成经济转型任务,2035年要与全国同步基本实现社会主义现代化,这是山西现代化进程中三个重要的历史节点"。

但是,必须看到实现全面建成小康社会还面临不少困难,全省尚有144.2万人需要脱贫,污染防治的任务还很艰巨,人民幸福指数有待进一步提高,等等。山西必须对标全面小康要求,着力推动经济高质量发展，持续扩大经济总量，不断提高核心竞争力，夯实全面小康的物质基础；着眼提升全面小康水平，推动社会各项事业全面进步，优先发展教育事业，促进文化繁荣兴盛，提高就业质量和收入水平，加强社会保障体系建设，实施"健康山西"战略，完善住房供应和保障体系，提供更多优质生态产品，推进民主法治建设，提升公共安全水平，维护社会和谐稳定，让人民群众有更多获得感、幸福感、安全感。

第二节 吃穿住行显著改善

40年改革开放，人民群众的社会生活与经济社会同步变化。随着改革开放的逐步推进，人民群众的日常生活也同样发生了巨大的变化，山西人民告别饥饿迎来温饱、告别贫穷迎来富裕，居民消费水平不断提高，生活质量明显改善。山西城乡居民实现了由贫穷到温饱、再到整体小康逐步全面小康的转变，山西社会实现了由封闭、贫穷、落后和缺乏生机到开放、富强、文明和充满活力的历史转变。

特别是进入21世纪以来，山西城乡居民的生活更是日新月异。据国家统计局山西调查总队对2000年以来的城乡居民消费分析：进入21世纪以来，全省城乡居民消费水平大幅提升，恩格尔系数（食品支出占家庭生活消费支出的比重）均呈现逐步下降的趋势：城镇居民恩格尔系数由2000年的35%降至2014年的26%，农村居民恩格尔系数由2000年的49%降至2014年的29%。居民消费支出增长较快：2016年全省城镇居民人均消费支出16 993元，比

2012年增长33.1%，年均增长7.4%；农村居民人均消费支出8029元，比2012年增长34.4%，年均增长7.7%。分项支出来看，2016年除农村居民"其他商品和服务"与2012年相比略有降低外，城乡居民其余各项消费支出全面增长，且交通通信、教育文化娱乐、医疗保健消费支出增速分别占据前三位。2016年城乡居民人均交通通信支出分别为2401元和962元，2012年至2016年年均增速分别为12.6%和11.2%；2016年人均教育文化娱乐支出分别为2439元和1132元，年均增速分别为14.2%和9.3%；2016年人均医疗保健支出分别为1652元和770元，年均增速分别为16.1%和7.9%。耐用消费品不断升级换代，2012年以来城乡居民主要耐用消费品拥有量不断增多，农村居民耐用消费品升级换代趋势更为明显：2016年农村居民每百户汽车拥有量为15.7辆，比2012年增长142.2%，在农村居民耐用消费品拥有量中增长速度最快；2016年农村居民每百户空调拥有量为12.85台，增长69.7%；微波炉拥有量为6.99台，增长45.3%；电冰箱拥有量为70.53台，增长33.3%；计算机拥有量为33.58台，增长21.4%；移动电话拥有量为215.46部，增长15.4%。

　　安居才能乐业，住房是最基本的民生。据统计，中华人民共和国成立初期的1954年，山西城乡居民人均拥有住宅面积仅7.3平方米，直到1978年才增加到10.2平方米，人均居住面积从7.3平方米才增加到9.4平方米。无论人均拥有住宅面积，还是人均居住面积均仅仅增加了2平方米多，山西农村居民住房建设发展缓慢，质量没有明显变化，砖木结构和钢筋混凝土结构房屋面积仅占到5%，绝大多数房屋仍然是窑洞土屋，农村居民居住消费以遮风、挡雨、保暖为基本特征，住房条件和村容村貌未有发生根本性的改观。十一届三中全会后，随着农村经济的发展，广大农村在改革开放不久就掀起了持续升温的建房热潮,农村修建新房的人越来越多。从开始的砖石(木)结构,到砖混结构,再到近年来开始大规模兴建的钢筋混凝土结构住房,到20世纪90年代,绝大多数的农村居民都盖了新房,迁入了新居。山西第二次全国农业普查资料(2006年年底)显示,山西农村98.5%的农户拥有住房,近80%的农户住房是改革开放之后兴建的,人均拥有住宅面积达到30.69平方米,人均居住面积达到21.84平方米。到2016年,山西全省农村居民人均住房建筑面积为37.51平方米,比2012年增长了15.8%,城乡居民住房面积不断提高。2016年有45.4%的农村居民住房建筑材料为钢筋混凝土或砖混材料,比2013年提高6.1个百分点,农村居民住房质量更有保障。2016年,农村住房外道路为水泥柏油路面或其他硬质路面的占95.9%,比2013年提高2.7个百分点;农村住房实现管道供水入户的占80.9%,比2013年提高2.2个百分点;农村住户主要饮用水为经过净化处理的自来水或受保护的井水和泉水的占89.1%,比2013年提高3.7个百分点;住户使用水冲式卫生厕所或卫生旱厕的占17.9%,比2013年提高2.1个百分点。

改革开放以来,山西城镇居民住宅建设发展很快。随着住房制度改革的深化,山西省多数城镇居民由租房向买房过渡,拥有了属于自己的住房,人均拥有住宅建筑面积也由20世纪80年代中期的5.8平方米增加到1995年的14.24平方米,住房条件大有改观。但由于城市化进程不断加快,大量农村人口向城镇转移,城镇住宅长期处于供不应求的状态,导致房价节节攀升、居高不下。为了解决城镇中低收入家庭的住房问题,中共十六大以来,山西不断健全和完善城镇住房保障体系,着力开展了安居工程建设,取得了较大的成就。截至2007年年底,全省11个市(区)已经全部建立了廉租房保障制度。《山西省国民经济和社会发展"十一五"规划》把加快棚户区改造作为重要内容，明确提出用5年时间新建住宅614万平方米，基本上把全省国有重点煤矿棚户区全部改造为新的住宅小区，让9.5万户家庭、26万人住进新楼房。2016年山西省以棚户区和城中村改造为抓手，加大棚改货币化安置力度、拓宽改造资金筹集渠道、加快实现公租房货币化，全面推进保障性安居工程。2016年全省城镇居民人均住房建筑面积为33.21平方米，比2012年增长了8.4%，城乡居民住房面积不断提高。

为深入贯彻落实好党的十八大、十八届三中全会和习近平总书记系列重要讲话精神，进一步做好改善农村人居环境工作，根据全国改善农村人居环境工作会议部署，2014年6月山西省发布了《改善农村人居环境规划纲要（2014—2020年）》，明确提出全省改善农村人居环境主要任务是实施以农村基础设施和公共服务为重点的完善提质工程；以采煤沉陷治理、易地搬迁、危房改造为重点的农民安居工程。到2020年农村危房基本消灭，不适宜居住的山村基本完成搬迁，农村路水电气等基础设施基本完善。大部分村庄生产生活条件明显改善，建成一批家园美、田园美、生态美、生活美的美丽宜居乡村；农民普遍住安全房、喝干净水、走平坦路，更多农户用上清洁能源，城乡基础设施和基本公共服务差距逐步缩小，农民群众过上文明、舒适、便捷的好日子。2018年，山西省在租购并举住房制度建立、房地产市场发展、城市建设与管理、农村人居环境整治、建筑业质量效益提升等方面着重发力，新开工棚户区住房改造12.52万套，加快发展住房租赁市场，大力建设人才用房；新改造城市道路1000千米、供水供气供热和污水管网3700千米，改善城市人居环境，推动全省住建事业更加均衡、充分、协调、高质量发展。

第三节　就业工作成就突出

就业是民生之本。改革开放 40 多年，从计划经济向市场经济转型过程中，山西人民的就业观念和方式发生了翻天覆地的变化，就业工作取得了重大成就，突出表现在三个方面：就业规模不断扩大，就业结构逐渐优化，适应社会主义市场经济的就业管理体制逐步形成。

一、就业总量稳步增长

改革开放 40 年来，山西省委、省政府始终以经济建设为中心，针对不同时期就业工作特点，采取多种措施创造就业岗位，扩大就业：一是结合调整所有制结构，大力发展集体经济和私营个体经济，吸纳了大量劳动力就业；二是结合产业结构调整，大力发展第三产业扩大就业；三是坚持市场化改革方向，通过市场力量配置劳动力资源，劳动力市场已成为劳动力实现就业的主要渠道。各项改革尤其是就业管理体制的改革和经济快速发展促进了山西省就业总量稳步增长。从 1979 年开始，山西省实行了劳动部门介绍就业、自愿组织起来就业和自谋职业的"三结合"就业方针，适应了当时所有制结构和产业结构调整的需求，拓展了集体、社会、个体等就业领域，解决了广大待业青年的就业问题。1992 年前后，为适应国有企业改革"放权让利""转换机制"和建立现代企业制度的需要，全省取消了企业招工指令性计划。中共十四届三中全会提出适应社会主义市场经济体制要求，培育和发展劳动力市场。据此，山西确立进一步深化劳动就业制度改革的目标，建立国家宏观调控、城乡协调发展、企业自主用人、劳动者自主择业、市场调节供求、社会提供服务的就业新格局，实行国家政策指导下的市场就业。从1995年开始，山西实施了"再就业"工程，把保障下岗职工基本生活和再就业列入"一把手"工程。

进入21世纪以来，16岁及以上的劳动年龄人口增长进入高峰期，平均每年新增劳动力达到54.5万人，就业压力逐年增大。山西省各级政府对就业工作更加重视，采用政府购买公益岗位、提供就业创业培训、强化推动"零就业家庭"就业等政策措施保证就业局势总体稳定。2015年，山西城乡从业人数达到1872.76万，与改革开放前的965.2万相比，增长了94%，增加了907.56万；2016年全年山西省城镇新增就业46.46万人，转移农村劳动力34.36万人，年末城镇登记失业率3.52%；2017年全年山西省城镇新增就业51.8万人，完成全年目标115.1%。

二、就业结构不断优化

（一）城镇就业比例快速上升，城乡就业结构发生较大变化

1978年，山西城镇就业人数为268.4万，占全省就业人员的27.8%。随着改革开放的深入，农村劳动力向城市流动步伐加快，

就业的城乡结构也发生了很大变化。到 2000 年，山西城镇就业人数为 430.5 万，占全省就业人员比重已达到 30.9%。进入 21 世纪，在经济持续快速增长的拉动下，城镇就业人员迅速增加。2007 年，山西城镇就业人数达到 512.8 万，占全省就业人员比重达到 32.1%。截至 2015 年，山西城镇就业人数达到 712.6 万，占全省就业人员比重达到 38.04%。城镇就业人数增长高于全省平均水平。随着城市化和工业化进程的加快，城镇吸纳就业的能力不断增强。全省城镇就业人数 2015 年比 1978 年增加了 444.2 万，年均递增率远高于全省平均水平。城镇就业岗位的快速增加，带动了乡村富余劳动力不断向城镇转移，使乡村就业人员占全省就业总量的比重，从 1978 年的 72.2% 下降到 2015 年的 61.9%。2018 年山西将实施全民技能提升、创业带动就业、大学生就业质量提升、困难群体就业帮扶、"互联网+"就业服务等 5 项工程，计划全年实现城镇新增就业 45 万人、建档立卡贫困劳动力转移就业 8 万人。

（二）第二、三产业发展迅速，就业结构随之发生显著变化

改革开放以来，山西加快产业结构调整步伐，针对产业结构偏向重工业，先后将重点转向与人民生活密切相关的轻工业、服务业以及交通运输、邮电通信、金融保险业等行业。经过近 40 年的努力，山西产业结构发生了变化，人民生活迅速改善，严重制约经济发展的基础设施瓶颈也逐渐得到缓解。随着经济结构和产业结构的调整，从业人员的就业结构发生了相应变化。第一、第二和第三产业就业人员的比重由 1978 年的 65.1 : 19.6 : 15.3，变化为 2015 年的 35.6 : 26.3 : 38.1，也就是在第一产业农业中就业的人口显

著减少，在第二产业与第三产业就业的人数快速增加。目前，在努力推进转型发展的背景下，全省三次产业就业结构进一步优化。

（三）国有和集体单位就业人员比重下降，非公有制经济就业人员大幅增加

改革开放以来，随着经济结构调整和国有企业改革的不断深化，非公有制经济成为新的就业增长点。大批劳动力从国有企业转向私营个体等非公有制经济领域，私营个体等非公有制经济在吸纳社会劳动力就业方面的作用进一步增强。2015年年末，山西城镇国有单位就业人数201.94万，比1978年减少了25.36万，占城镇就业人员的比重由1978年的84.7%下降到2015年的28.3%；集体单位就业人数17.64万，比1978年减少了23.36万，占城镇就业人员的比重由1978年的15.3%下降为2015年的2.5%。而有限责任公司、股份有限公司以及外商和港澳台商投资企业等其他经济类型单位就业人员，从无到有、由小到大、逐年增多。城镇私营个体就业人数从1978年的0.12万增加到2015年的272.27万。目前，其他经济单位和私营个体经济已经成为吸纳就业的主渠道。

（四）女性就业人数不断增加

党和政府历来高度重视妇女工作，国家制定了一系列法律法规保障妇女的各项权利。随着社会进步和文明程度的提高，女性就业问题日益受到各方面的关注和重视，妇女同男性一样参与国家的政治事务、经济事务和社会事务，妇女在经济社会发展和社会生活中的地位和作用更加突出。特别是改革开放以来，女性就业取得长足发展。仅从城镇单位从业人员来看，改革开放之初的1980年，全

省仅有女职工 86.4 万人，2015 年达到 240 多万人，占全省职工总数的比例为 31.2%，是推动全省社会经济发展的重要力量，平均每年增长速度超过了城镇单位全部职工的增长速度。

三、就业管理体制发生了根本变化

中华人民共和国成立初期，国家曾经实行过"政府帮助就业和劳动者自谋职业相结合"的多渠道就业方针，但随着经济政策的改变，这一行之有效的就业方针逐渐为"统包统配"的就业政策所取代，并一直延续到改革开放前。党的十一届三中全会以后，在积极推进经济体制改革的同时，也开始了对僵化的就业体制的改革和新的就业体制的创新。

（一）改革企业用工制度，普遍实行劳动合同制

党的十一届三中全会以来，随着经济体制改革的不断深入，山西劳动制度改革有了较大发展。改革开放前，我国实行的用工制度是与"统包统配"政策相适应的固定工制度，最大的弊端是阻碍了劳动力的流动，不利于资源的最有效配置，同时也强化了职工的"铁饭碗"意识，不利于劳动者生产积极性的提高。改革开放以后，国家提出了实行劳动合同制的设想，并于 20 世纪 80 年代初期开始付诸实施。劳动合同制的实施，标志着就业管理体制的改革已由宏观层面进入微观层面。从 1983 年开始，山西省在部分企业新招工人中试行劳动合同制，1985 年在全省逐步推开。1986 年，国务院关于《国营企业实行劳动合同制暂行规定》以及与这个规定相配套的

几个暂行规定发布后，不仅在新招工人中普遍实行了劳动合同制，而且实行了养老和待业保险制度，恢复了劳动争议处理制度，使劳动关系的建立开始向法制化方面迈进。为了消除两种用工制度并存的弊端，1988年以来，山西省又积极进行了优化劳动组合和全员劳动合同制的试点。特别是党的十四届三中全会关于建立社会主义市场经济体制的目标模式确立后，为进一步转换企业经营机制，搞好搞活大中型企业，在各级党委和政府的领导下，进一步加快了劳动制度改革步伐，劳动制度改革已由单项突进转向以实行全员劳动合同制为重点的改革。《劳动法》颁布以来，为全面实行劳动合同制创造了较好的内部和外部环境。经过几年的努力，全员合同制已基本在全省范围内建立起来。1996年，山西城镇企业实行劳动合同制度的职工人数就占到城镇企业职工总数的99%，形成了劳动力就业多渠道、企业能招能辞、职工能进能出的新局面。之后，随着劳动合同法实施条例等法律法规的全面落实，全省劳动合同用工更加规范。

（二）坚持市场取向，不断深化改革

党的十四届三中全会通过的《中共中央关于建立社会主义市场经济体制若干问题的决议》中，第一次明确提出要建立社会主义市场经济体制及培育和发展劳动力市场。为了培育和发展劳动力市场体系，国家先后制定和颁布了《中华人民共和国劳动法》及一系列的相关配套法规。伴随《劳动法》及其配套法规的实施以及社会劳动保险体制改革的不断推进，山西与全国改革同步，企业用工自主权进一步落实，企业可以根据自身生产经营需要，随时到市场招收自己所需的各类人员或辞退不需要的劳动者。全员劳动合同制的全

面推行,打破了单位内部不同劳动者之间的身份差别,赋予所有劳动者以平等的权利,促进了劳动力的自由流动。到 1998 年末,山西劳动力市场建设取得了明显进展,市场机制已成为配置劳动力资源的主要力量,新的就业管理体制逐步形成。2007 年 6 月 29 日,国家颁布《劳动合同法》,在劳动法的基础上进一步提高了对员工的保护力度,提升了用人单位人力资源的管理成本。2007 年 8 月 30 日颁布的《就业促进法》是继《劳动合同法》后又一部完善劳动用工制度方面的重要制度,为解决就业问题提供积极有力的法律保障。2012 年 11 月 29 日,山西省人民代表大会常务委员会通过了《山西省就业促进条例》,为促进全省就业、保障和改善民生、促进社会和谐稳定提供了法律保障。

(三)采用积极有效的促进就业政策

山西省委、省政府长期把促进就业作为重要工作,采用各种帮扶政策积极帮助农村居民就业创业。1990 年以来,山西省大力实施农村劳动力跨地区流动有序化工程,积极推进农村劳动力转移,有效缓解了劳动就业不充分的问题。为了解决国有企业改革进程中下岗职工再就业问题,山西从 1995 年开始实施了再就业工程,在省级层面陆续出台了一系列保障基本生活的再就业政策措施。1998 年以来,按照全国国有企业下岗职工基本生活保障和再就业工作会议要求,山西省建立了国有企业下岗职工基本生活保障制度,对国有企业下岗职工实行了签协议、进中心、保生活的政策,全省共成立再就业服务中心 4125 个,累计有下岗职工 98 万人按照规定签了协议。进入 21 世纪以来,山西省以贯彻中共中央国务院《关于进一步做好下岗失业人员再就业工作的通知》(中发〔2002〕12

号）和国务院《关于进一步加强就业再就业工作的通知》（国发〔2005〕36号文件）为重点，逐步完善各项促进就业的政策体系，并就扶持政策的落实建立了情况通报和监督检查制度。这些政策举措的出台有力推动了全省的就业再就业工作。

2017年12月8日，山西省政府公布《关于做好当前和今后一段时期创业就业工作的实施意见》。《意见》指出，要落实小微企业降税减负、缓缴社会保险费、吸纳就业等一系列扶持政策和清理规范涉企收费有关政策；要推动小微企业创新创业示范基地建设，搭建中小企业公共服务平台；加大科研基础设施、大型科研仪器向小微企业开放力度，鼓励高校、科研院所及企业向小微企业转移科技成果，支持小微企业协同创新；同时，统筹整合各部门资源，加快创业孵化基地、众创空间、小微企业创业创新基地等的建设，为创业者提供指导服务和政策扶持。优惠政策面向新兴业态企业开放为支持新兴业态发展，山西省以新一代信息技术和网络技术为支撑，加强技术集成和商业模式创新，推动平台经济、众包经济、分享经济等创新发展。将鼓励创业创新发展的优惠政策面向新兴业态企业开放，符合条件的新兴业态企业均可享受相关财政、信贷等优惠政策。推动政府部门带头购买新兴业态企业产品和服务。同时，山西省支持劳动者通过新兴业态实现多元化就业。从业者与新兴业态企业签订劳动合同的，企业要依法为其参加职工社会保险和缴纳住房公积金，符合条件的可按规定享受企业吸纳就业扶持政策。其他从业者可按灵活就业人员身份参加养老、医疗保险和缴纳住房公积金，符合条件的可享受灵活就业、自主创业扶持政策。进一步落实支持和促进重点群体创业就业的税收优惠政策。对高校毕业生、就业困难人员首次创办小微企业或从事个体经营带动3人以上就业，并正常经营 1 年以上的，根据其带动就业人数按每人不超过 1000 元的标准给予一次性创业就业补助，等等。

第四节　教育事业健康发展

十一届三中全会以来的 40 年，山西教育事业健康发展，为全省的经济建设、科技进步和社会发展提供了人才保证和智力支持。改革开放 40 年，山西省教育事业的发展大致可以分为以下四个阶段。

一、教育事业的恢复、调整与改革

从党的十一届三中全会至 1985 年是山西省教育事业恢复、调整和改革的兴起阶段。这一阶段，主要是按照中央提出的"调整、改革、整顿、提高"方针，贯彻执行大、中、小学暂行工作条例，整顿教育秩序，调整教育结构，提高教育质量。一是大力调整压缩普通中学。1979 年，全省共有普通中学 11 886 所，在校生达到 177.64 万人，平均每个县（区）有高、完中 15 所、初中 80 所。由于单一的普通中学发展过多，造成校舍严重不足，教师层层拔高，教学质量急剧下降。经过六七年的调整，到 1985 年，全省普通中学数量减少到 4749 所，比 1979 年减少了 7137 所，调整了 60.1%，普通中学在校生为 156.99 万人，比 1979 年减少了 11.6%。二是普及小学教育。1980 年中共中央、国务院作出《关于普及小学教育若干问题的决定》之后,山西省各级党委、政府高度重视,大力增加教育投入,努力改善办学条件,到1985年,全省通过普及初等教育验收的县(市、区)达到37个,人口覆盖率达到70%以上。三是尽快恢复和发展中等职业技术教育,改变单一的中等教育结构。1980年,国务院批准教育部、国家劳动总局提出的《关于中等教育结构改革的报告》后,山西省政府专门成立了中等教育结构改革领导组,提出全省中等教育结构改革方案。到1985年,全省中等专业学校恢复和发展到113所,比1979年增加30所;招生数达到2.1万,比1979年增长12.56%。农业、职业中学发展到408所,比1981年增加236所;招生数达到3.7万,已相当于普通高中招生数的37.7%。四是多种形式发展高等教育。到1985年,山西全省高等学校有22所,正在批准筹建的院校有6所,比1979年增加了12所;实际招生数达到1.4万,比1979年增长75.99%。高等学校除举办国家计划内的普通本专科外,委托培养、收费走读、干部专修科或函授、夜大学等办学形式也有了较快发展。1985年各类成人高校实际招生达到1.2万人,比1980年增长59.2%。党的十一届三中全会以后,农村教育管理体制改革,极大地调动了各级地方政府和广大人民群众办学的积极性,有力地促进了全省农村教育事业的发展。

二、教育体制改革的全面展开

从1985年至1992年是山西省教育体制改革的全面展开阶段。其间,山西省的教育事业主要是贯彻落实1985年中共中央《关于教育体制改革的决定》，认真实施《义务教育法》，进一步更新教育观念，改善办学条件，调整教育结构，推进依法治教，深化各项改革。到1992年，山西省有61个县（市、区）、1353个乡镇达到实施小学阶段义务教育的基本要求，人口覆盖率占到全省总人口的81.80%；全省有15个县（市、区）、524个乡镇达到实施初中阶段义务教育的要求，人口覆盖率达到37.6%。在职业技术教育方面，1986年7月，国家教委等四部委召开中华人民共和国成立以来的第一次全国职业教育工作会议。同年10月，经山西省政府批准，山西省经委、计委、财政厅、教育厅、劳动局、人事局等6个部门在左云联合召开了山西省职业技术教育工作会议，讨论制定了《关于发展职业技术教育若干问题的规定》。1988年，山西省人大通过了《山西省职业技术教育条例》，这一地方性法规为全省职业技术教育发展和职前培训提供了法制保障。到1992年，普通中专在校生达到88 659人，技工学校在校生达到44 605人，职业高中在校生达到72 369人，高中阶段职业技术学校在校生与普通高中在校生的比例由1985年的1∶1.87上升到1∶1.16，中等教育结构不合理的状况得到初步改变。在高等教育方面，认真贯彻"坚持方向，稳定规模，深化改革，优化结构，完善条件，提高质量"的指导方针，依托老校走内涵挖潜的发展道路，使办学活力不断增强，专业结构、办学层次更加合理。到1992年，全省有普通高校25所，招生数达到19 471，比1985年增长了30.9%。平均每万人口中的在校大学生数由1985年的16.1上升到1992年的17.29。在农村教育方面，山西省政府于1988年4月正式下达了《关于加快和深化农村教育改革若干问题的试行意见》。这个《意见》的颁布实施标志着全省农村教育改革由单方面、浅层次的改革转向综合性、深层次的改革。1989年，山西省政府在长治召开全省农村教育改革经验交流会，学习和推广长治等地市举办"三加一"教育的经验。这样，全省以"三教统筹""农科教结合"为主要内容的农村教育综合改革全面展开。

三、教育事业的快速发展

从1992年到2012年是山西省教育改革全面深化，教育事业快速发展、整体提高的阶段。为了建立适应社会主义市场经济体制和政治、科技体制改革需要的教育体制，指导20世纪90年代乃至21世纪初教育的改革和发展，中共中央、国务院于1993年2月13日颁发了《中国教育改革和发展纲要》。1994年10月，山西省委、省政府及时召开了由各地市、县区党政"一把手"参加的全省教育工作会议，要求各级党政领导带着感情抓教育，决定到20世纪末在全省实施"十大教育工程"，即"两基"工程、教育扶贫工程、职教发展工程、高校"四重"工程、成人岗位培训工程、教育综合改革工程、教育结构布局调整工程、教师安居工程、德育工程。"教育十大工程"的顺利实施，有力地推动了山西省教育的改革和发展，使全省教育事业走上了快速、健康发展的新阶段。为深入贯彻中共中央、国务院印发的《国家中长期教育改革和发展规划纲要（2010—2020年）》，山西省于2010年制定了《山西省中长期教育改革和发展规划纲要（2010—2020年）》。《纲要》提出"到2020年，教育发展主要指标达到或超过全国平均水平，在中西部地区率先基本实现教育现代化，基本形成学习型社会，进入教育强省和人力资源强省行列"。"十一五"时期,以巩固提高义务教育水平、大力发展职业教育、提高高等教育质量为重点,山西省组织实施了"教育改革发展八大重点工程",促进各类教育发展水平和教育质量的稳步提升。2012年,山西省人民政府工作报告明确提出,要认真贯彻落实中长期教育改革发展规划纲要,全年全省教育支出占一般预算支出的比例达到16%。加快推进义务教育学校标准化建设,提高家庭经济困难寄宿生生活费补助;加快普及高中阶段教育,毛入学率达到88%以上;大力发展职业教育,全面实现中等职业教育免费全覆盖;加大高等教育投入,将生均经费由9000元提高到1.2万元;积极发展继续教育、特殊教育,促进各级各类教育全面协调发展。

四、办好让人民满意的教育

2012年至今是办好让人民满意的教育,加快教育强省建设的阶段。2012年11月,山西省印发《山西省教育事业发展"十二五"规划》。"十二五"期间,山西省实施了义务教育标准化建设工程和农村薄弱学校改造计划,52个县(市、区)通过国家义务教育均衡发展评估认定。新建改扩建标准化公办幼儿园1049所,改造农村幼儿园2738所。进城务工人员随迁子女实现在就读地参加中考、高考。城乡特殊教育生均公用经费补助标准由310元、750元统一提高到5000元。全部免除中等职业学校学生学费,每年惠及50万学生。高职生均公用经费补助标准达到9000元。新增7所本科院校,11个设区市都有了本科院校和高等职业院校,10所高校、

13万师生入驻高校新校区。

2016年《山西省"十三五"教育事业发展规划》明确提出,山西省要实现更高水平的普及教育,教育质量整体提升,人民群众接受高质量教育的需求得到更好的满足;形成覆盖更广的公平教育,建成覆盖城乡、更加均衡的基本公共教育服务体系,教育脱贫任务全面完成;到2020年,全省教育现代化取得重要进展,教育总体实力显著增强,主要发展指标达到或超过全国平均水平,进入中西部教育先进行列。到2017年年末,全省共有幼儿园6937所,山西省学前教育毛入园率达到89.1%,实现了全省基本普及学前一年教育,城镇地区基本普及学前三年教育的任务。2017年年末全省共有小学5646所、普通初中1835所,小学学龄儿童净入学率99.9%,义务教育巩固率保持在95%以上,残疾儿童少年义务教育普及程度显著提高,县域内义务教育均衡发展稳步推进。全省共有普通高中505所、中等职业教育学校535所,基本普及高中阶段教育,普通高中和中等职业学校招生规模保持大体相当,高中阶段毛入学率达到94.2%。全省共有普通高等学校80所、成人高等学校11所。高等教育毛入学率46.6%。高等教育布局结构明显优化,全省所有设区市实现了普通本科教育和高职院校全覆盖。普通本专科在校生达到76.3万人,在读研究生达到3.2万人。

这一阶段尤其值得一提的是山西全力推进教育精准扶贫。山西省委、省政府把提高贫困地区教育水平放在突出位置,以"两不愁、三保障"为主要目标,统筹教育资金和项目向贫困地区倾斜,出台了一系列政策举措,成立脱贫攻坚教育扶贫领导组,把任务分解到每一个单位,动员教育界全部力量对58个贫困县进行对口帮扶,对全省建档立卡的贫困家庭学生设立个人教育资助账户,逐人逐户落实资助政策。2017年教育扶贫行动计划明确了扶贫的两大工作重点，聚焦五大教育群体、21项重点任务。首先从五大教育群体入手，建档立卡的贫困家庭中，学前教育阶段受助幼儿14.52万人，义务教育阶段营养改善计划受助学生25.9万人，农村家庭经济困难寄宿受助学生19.13万人，并且免费提供教科书。高中阶段对建档立卡家庭经济困难学生和残疾学生免除学杂费，普通高中在校生资助覆盖面达20%，受助学生16.56万人。中等职业教育贫困家庭学生实现免学费，并享受国家助学金补助，受助学生44.87万人。"雨露计划"教育扶贫，资助大学生7370人、中高职学生4.19万人，资助总额达31.68亿元。2017年，山西省启动实施第三期学前教育行动计划，改善贫困地区幼儿园办学条件，继续实施"全面改薄"工程，农村学生营养改善计划实现贫困县全覆盖，特岗教师计划向全省58个贫困县优先安排，优先支持贫困县普通高中改善办学条件，继续完善从学前教育到高等教育的资助体系，为集中连片特困县2.6万名乡村教师提供生活补助1.11亿元。国培计划向贫困地区倾斜，培训农村乡镇教师7万人次；实施贫困地区定向招生专项计划、地方专项计划和高校专项计划，同等条件下优先录取建档立卡的贫困家庭学生。与此同时，山西省充分利用高校教育资源优势，充分发挥人才库和智力源以及科技的优势，所有高校与贫困县对接，奔赴贫困一线，开展全省脱贫成效评估，助推贫困地区产业升级。60所重点骨干职业院校对口帮扶58个贫困县县级职教中心，增强贫困地区造血功能和群众自我发展能力，让大学生到扶贫一线开展技术咨询、科普讲座、农技推广、顶岗支教、健康扶贫等服务。

第五节　医疗卫生事业快速发展

改革开放40年，山西省医疗卫生事业坚定不移贯彻执行党的卫生工作方针，忠实实践为人民健康服务的根本宗旨，立足省情、科学发展，构建起了以城镇职工医疗保险制度、新型农村合作医疗制度和城镇居民医疗保险制度为内核的基本医疗保险制度体系，为保护和增进人民健康，促进经济社会协调发展做出了积极贡献。1978年，山西省各类医疗卫生机构仅2250个，卫生人员7.6万。2016年末山西全省共有卫生机构（含诊所、村卫生室）4.2万个、床位19万张，卫生防疫、防治机构133个，妇幼保健院（所、站）134个，且全省90%以上的县级综合医院达到二甲水平。全省卫生机构共有卫生技术人员22.6万。卫生院卫生技术人员2.2万，其中，农村乡镇卫生院卫生技术人员2万。社区卫生服务中心（站）卫生技术人员1.1万，防疫、防治卫生技术人员0.3万，妇幼保健（所、站）卫生技术人员0.7万。人均期望寿命由中华人民共和国成立初期的35岁上升到74.92岁。

一、城镇职工医疗保障制度的建立与发展

改革开放前，我国的城镇医疗保障体系主要是覆盖企业职工和退休人员及其家属的劳动保险医疗制度（以下简称"劳保医疗"）和覆盖机关、事业单位工作人员的公费医疗制度及其家属的医疗费

用补助和统筹制度。1984年4月，卫生部和财政部联合发出《关于进一步加强公费医疗管理的通知》，提出要积极慎重改革公费医疗制度，开始了政府对传统公费医疗制度改革探索的新阶段。之后，山西针对公费、劳保医疗制度存在的问题，开始了对传统职工医疗保障制度的改革探索。1994年，国家体改委、财政部、劳动部、卫生部共同制定了《关于职工医疗制度改革的试点意见》，经国务院批准，在江苏镇江、江西九江进行了试点。1994年山西省医疗保险制度改革的主要内容是医疗保险费由国家、企业和职工个人共同负担；职工看病的原则是"大病统筹，小病分流"；职工患病发生的医疗费用，先从个人医疗账户开支，不足部分由企业医疗账户和职工共同支付。1996年4月，国务院在"两江试点"的基础上，转发了国家体改委、财政部、劳动部、卫生部四部委《关于职工医疗保障制度改革扩大试点的意见》，进行更大范围的试点，其中山西阳泉、晋城为试点城市。经过多次试点，1998年底国务院颁布了《国务院关于建立城镇职工基本医疗保险制度的决定》，明确提出了城镇职工医疗保险制度改革的目标、原则及主要政策，山西省依据文件精神于1999年8月下发了贯彻该决定的实施意见。参照省政府的文件，医疗保险相关管理部门共同研究制定了《山西省城镇职工基本医疗保险的待遇》，具体规定了享受对象、享受条件、支付要求、统筹基金支付的费用、个人账户支付的费用、定点医疗、定点购药以及医疗费用的结算方式、审核报销办法等相关内容。2002年6月，全省结合省直机关国家公务员医疗保障的实际情况，在实施城镇职工基本医疗保险的基础上对国家公务员实行医疗补助，并由山西省人民政府办公厅颁布了《山西省省直机关国家公务员医疗补助试行办法》。2002年9月，山西全省11个地市医疗改革全面启动,尤其是 2002 年 8 月山西直管单位医疗保险制度的启动实施,标志着山西各级医疗保险制度改革进入了全面实施阶段。2002 年 9 月全省城镇职工医疗保险制度改革全面完成,2002 年底,山西全省参加基本医疗保险的职工达到 216 万人。为了扩大基本医疗保险的覆盖面,山西先后出台了《关于城镇灵活就业人员参加基本医疗保险的指导意见》等文件,将灵活就业人员、混合所有制企业和非公有制经济组织从业人员以及农村进城务工人员纳入了医疗保险范围。相比其他医疗保障制度,城镇职工医疗保障制度建立较早,发展更为完善,截至目前,该制度在各类医疗保障制度中仍然发挥着主要作用。

二、新型农村合作医疗制度的建立与发展

改革开放以来,农村经济有了很大发展,农民的生活水平有了很大提高,但是与农村集体经济相配套的农村合作医疗逐步解体,农村医疗保障问题日益突出。为了解决好农民的医疗保障问题,2003 年 1 月 16 日,国务院办公厅转发卫生部、财政部、农业部《关于建立新型农村合作医疗制度的意见》。根据国家新农合试点工作的总体安排,山西省在 2003 年选择河津、潞城、沁源等 15 个县(市)作为第一批开展新型农村合作医疗制度的试点。为了推动试点工作顺利进展,山西省还在 2004 年配套出台了《山西省新型农村合作医疗制度管理办法》。2005 年山西省在 15 个试点的基础上将太原市迎泽区等 9 区 1 县扩展为试点,超过 320 万的农村人口被纳入新农合体系。2006 年山西又将襄垣等 33 个县(市)确定为第

二批试点，覆盖了全省一半的农业人口。2008年山西省又将祁县、山阴县等16个县（区）纳入新农合试点，至此山西省新农合覆盖到了全部农业人口。2014年，全省新农合参合人数2191万，参合率达到99.4%，基本实现应保尽保，人均筹资标准达390元，门诊补偿比例达到60%以上，住院补偿封顶线达到15万元，大病保险补充报销达40万元。2014年以后，山西省逐步提高新农合筹资标准和报销比例，简化报销流程，农民看病难、看病贵的问题得到进一步解决。2017年是健康扶贫工程承上启下、全面突破的关键之年。2017年2月10日召开的山西省健康扶贫工作会议进一步明确要全面建立医保兜底保障机制，2017年建档立卡贫困人口新农合参合率须达到100%，个人缴费部分由财政通过医疗救助给予补助；实施高血压、糖尿病等慢性疾病门诊补偿政策，进一步提高慢性疾病门诊报销比例；降低并逐步取消农村贫困人口大病保险起付线，进一步提高报销比例。

三、城镇居民基本医疗保险制度的建立与发展

改革开放之后，随着就业方式的日益灵活和多样化，劳保医疗的覆盖率显著下降，城镇非从业居民的医疗问题开始出现。为实现基本建立覆盖城乡全体居民的医疗保障体系的目标，国务院决定，从2007年起开展城镇居民基本医疗保险试点，并于2007年发布了《国务院关于开展城镇居民基本医疗保险试点的指导意见》，山西省根据这一指导意见，于同年发布了《关于开展城镇居民基本医疗保险试点的实施意见》，明确2007年第4季度太原和阳泉两个城

镇居民基本医疗保险试点城市启动实施；2008年试点城市总数达到6个以上；争取2009年试点城市总数达到9个以上；2010年在全省全面推开，逐步覆盖全省城镇非从业居民。要通过试点探索和完善城镇居民基本医疗保险的政策体系，形成合理的筹资机制、健全的管理体制和规范的运行机制，逐步建立以大病统筹为主的城镇居民基本医疗保险制度。对试点城市的参保居民，中央财政从2007年起每年人均补助20元。在此基础上，对属于低保对象或重度残疾的学生和儿童参保所需的家庭缴费部分，中央财政每年人均补助5元；对其他低保对象、丧失劳动能力的重度残疾人、低收入家庭60周岁以上的老年人等困难居民参保所需家庭缴费部分，中央财政每年人均补助30元。省级财政对各类人群的补助标准与中央财政的补助标准相同；市、县两级财政对各类人群的补助标准不低于中央财政的补助标准。城镇居民基本医疗保险基金重点用于参保居民的住院和门诊大病医疗费用支出。在经济基础较好、有管理能力的试点城市可以探索对参保居民的门诊医疗费用进行统筹，充分依托和利用社区卫生服务体系，探索解决参保居民的门诊医疗费用负担问题。城镇居民基本医疗保险基金用于支付规定范围内的医疗费用，其他费用可以通过补充医疗保险、商业健康保险、医疗救助和社会慈善捐助等方式解决。城镇居民基本医疗保险制度实施后，参保人数不断提升，2012年全省城镇居民基本医疗保险参保率达到95%。2016年度，仅太原市城镇居民医保参保人数就达99.6万，直逼百万大关。

四、建立统一的城乡居民医疗保险制度

整合城镇居民基本医疗保险和新型农村合作医疗两项制度，建立统一的城乡居民基本医疗保险制度，是推进医药卫生体制改革、实现城乡居民公平享有基本医疗保险权益、促进社会公平正义、增进人民福祉的重大举措，对促进城乡经济社会协调发展、全面建成小康社会具有重要意义。山西省人民政府根据国务院2016年1月发布的《关于整合城乡居民基本医疗保险制度的意见》，于2016年11月制定出台了《山西省人民政府关于整合城乡居民基本医疗保险制度的实施意见》。该《实施意见》指出一要实施市级统筹。从2017年起，全省城乡居民医保实行市级统筹。各统筹地区要严格基金统收统支、规范基金账户管理，完善市、县两级经办模式，规范业务流程、内部管理办法和医疗费用支付办法，建立更加科学规范的城乡居民医保市级统筹运行机制。坚持"以收定支、收支平衡、略有结余"的原则，确保城乡居民医保待遇按时足额支付。二要巩固完善基层医保公共服务体系。县级人民政府要加强医保经办机构建设，原有的城镇居民医保和新农合经办资源要充分利用，原有的财政经费保障标准不降低，确保做好医保管理服务工作。乡（镇、街道）级人民政府要组织原承担城镇居民医保和新农合职能事务的人员继续履行公共服务职责，运用社会保障卡等服务载体，做好参保登记、保费收缴等服务工作，做到服务力量不削弱，确保移交整合期间医保业务工作正常运行，确保对群众的医保服务工作到位。三要实现异地就医联网结算。进一步完善医疗保险省内异地就医结

算平台，统一医保三个目录编码，优化运行流程，强化各市间的协作配合，确保城乡居民跨市就医实现联网直接结算。按照国家统一部署，及时与国家级异地就医结算平台联网，2017年底基本实现符合规定的跨省异地住院费用直接结算。四是积极支持配合医改等工作。各地要将整合城乡居民医保制度纳入完善全民医保体系和深化医药卫生体制改革全局，推进医保、医疗、医药"三医"联动。

为深入贯彻落实习近平总书记2017年6月21日至23日视察山西重要讲话精神，有效解决农村贫困人口因病致贫、因病返贫等"支出型贫困"问题，山西省于2017年8月印发了《山西省农村建档立卡贫困人口医疗保障帮扶方案》及《关于进一步完善城乡居民医疗保险政策的通知》。这两项医保改革，既有惠及全体城乡居民的普惠政策，又有针对特定群体的特惠政策，既有全新的制度安排，又有对现行制度的完善创新，涉及面广、含金量高、指向明确，在全国处于领先水平、排在第一方阵。《山西省农村建档立卡贫困人口医疗保障帮扶方案》是一项全新的制度安排，是针对特定群体的阶段性帮扶政策，该方案共计年度投入11.7亿元，专门用于解决全省201万农村建档立卡贫困人口的医疗费用报销问题，其核心内容是"三保险、三救助"等6项措施，精准破解深度贫困地区"支出型贫困"难题。"三保险"即通过基本医保、大病保险和补充医疗保险"三保险"报销，确保贫困人口住院总费用实际报销比例达到90%以上。其中，医保目录内费用，个人自付住院实行"136"控制机制，即县级医院住院费用个人年度负担总额不超过1000元，市级医院不超过3000元，省级医院不超过6000元，超过部分由人社部门医保基金兜底报销。医保目录外控制比例内的费用，通过补充医疗保险报销85%，个人自付15%。总体算账，农村贫困人口住院总费用实际报销比例将达90%以上。"三救助"即一是对农村建档立卡贫困人口个人缴费按城乡居民缴费标准由财政资金给予全额救助；二是对省定24类重特大疾病晚期患者由民政部门给予一次性每人5000元的大病关怀救助，对有需求的持证贫困残疾人免费适配辅助器具；三是对少数农村特困人口由民政部门特殊帮扶，重点救助目录内个人自付"136"封顶额和目录外15%费用部分仍无力负担的特殊困难人群。《关于进一步完善城乡居民医疗保险政策的通知》是普惠性政策，共投入29.5亿元，政策亮点主要体现在"两个75%"，即城乡居民基本医保政策范围内住院医疗费用报销比例平均达75%，城乡居民大病保险报销比例统一为75%。全省农村居民医保目录用药品种由原来的1500余种扩大到2800余种，定点医疗机构从原来的2000余所扩大到7000余所，城乡居民住院总费用报销比例将达到80%，比改革前提高15%，惠及全省2600万城乡居民。这两项医保改革，体现了"以民为本"的工作理念。制度设计由注重基金安全变为政府主动承担社会责任，贫困患者看病就医的经济风险由个人承担变为由制度承担，报销比例提高、帮扶力度加大、个人支付减少。

近年来山西医疗卫生事业的成就巨大。在医保方面，山西省基本医保参保率连续5年稳定在95%以上，2017年人均政府补助标准提高到450元，职工医保、城镇居民医保和新农合政策范围内住院费用的支付比例分别达到86%、75%和78%。城乡居民大病保险和医保支付方式改革实现全覆盖，城乡基本医保实现机构整合。10家医院作为首批跨省联网异地就医直接结算医院，与15个省市完成跨省异地就医直接结算测试工作。2015年，山西省实现了县级公立医院综合改革全覆盖；自2017年7月1日起实现城市公立医院改革全覆盖，全省所有公立医院全部取消药品加成，财政补偿机制、医疗服务价格、医院管理体制等相关改革同步推进。山西省从家庭签约服务引导、完善畅通双向转诊渠道、实行医保差别化支付等方面入手，综合施策，逐步构建基层首诊、双向转诊、上下联动、急慢分治的就医新格局。截至 2017 年 5 月底，山西省共组建家庭医生团队 12 085 个，签约城乡居民 1307.8 万人，签约覆盖率为 35.69%，签约重点人群 430.67 万，签约率达 52.7%。

让广大人民群众享有公平可及、系统连续的预防、治疗、康复、健康促进等健康服务，是我国医疗卫生事业的根本宗旨。2017 年山西审议通过《"健康山西"2030 规划纲要》和《关于进一步深化医药卫生体制改革的意见》。这两份文件明确要求，山西省要与全国试点省份、先进经验对照，在补短板上下功夫，向创新体制机制要红利。要统筹推进医疗、医保、医药"三医"联动改革，在强化大病医疗保障、建立分级诊疗制度、推进公立医院综合改革、探索县乡一体化改革等关键性改革上取得突破性进展，打造具有山西特色的医改亮点，迈入全国医改先进行列。要推进基本公共卫生服务均等化，提升基层医疗服务水平，让人民群众在医改中得实惠。

第十章
文化事业长足发展

改革开放以后，随着经济和社会发展步伐的不断加快，山西的文化事业也得到了长足的发展。特别是进入 21 世纪以来，中共山西省委、山西省政府及时准确地把握时代特征，立足于山西的省情实际，明确提出了文化强省发展战略。随着《山西省建设文化强省发展规划纲要（2003—2010）》等相关文件的先后出台，山西文化强省战略开始全面实施，全省的文化事业实现了快速发展，文化体制改革全面深化，公共文化服务体系基本建立，文化产业实力不断壮大，文艺精品持续涌现，文化市场更加繁荣，人民群众文化创新能力不断提高，团结奋进的思想基础进一步巩固，三晋文化软实力显著增强。

第一节 文艺创作日益繁荣

党的十一届三中全会后，整个社会涌动着改革的浪潮，整个山西的文化面貌发生着令人惊喜的变化，文艺创作者们热情地记录和讴歌改革，文艺创作也逐步走向繁荣。

1978年，以马烽在《山西日报》发表短篇小说《有准备的发言》和《无准备的行动》为标志，山西的文艺创作重新进入了一个百花争艳、万紫千红的历史阶段。从最早的对极左路线的批判、控诉，到对改革开放的呼唤、呐喊，到对民族文化的审视、追寻，到对社会主义现代化建设的歌颂以及对发展进程中消极、落后现象的揭露、批评，山西的文艺创作坚持了正确方向，表现了时代精神，并在艺术探索中进行了积极的努力。

文学创作是山西文化建设中收获最丰的领域之一。《顶凌下种》《镢柄韩宝山》《结婚现场会》《在住招待所的日子里》《祭妻》等是20世纪70年代末、80年代初涌现出的对"文化大革命"10年来错误路线、极左思潮进行批判和反思的优秀作品。这种批判意识在山西作家中一直延续下来，强化了直面现实、弘扬正气、为民代言的品格。之后，又有《黑雪》《天网》《抉择》《跑官》等具有强烈批判意识的作品面世。《三千万》《新星》《夜与昼》《跋涉者》《柳大翠一家的故事》等是最早呼唤改革的小说。之后，《国家干部》《特别提款权》《股票市场的迷走神经》《金融家》《乡村豪门》《城市英雄》《归来》《上面》等一大批反映现代化建设的优秀作品涌现出来。在表现现实生活的同时，山西作家也有相当一部分从历史文化的角度对我们民族的发展进步进行了思考。《世界正年轻》《白银谷》《茶道青红》《旧址》《栎树的囚徒》《心爱的树》《地气》《喊山》以及《太平风物——农具系列》等作品都产生了重要的影响。报告文学《中国的要害》《强国梦》《革命百里洲》《晋人援蜀记》《西部在移民》《昨天》《黄河落天走山西》《大运亨通》《丰收不在田野》《文字狱纪实》等反响巨大。

影视创作是改革开放以来山西文艺创作的重要组成部分。在电影领域，《泪痕》是最早对极左路线进行批判和反思的作品，上映后产生了巨大的轰动效应。而《知音》虽然说的是蔡锷等反对帝制复辟的重大主题，但电影以蔡锷和小凤仙的爱情故事为重要线索，在重大题材中融入了传奇色彩、爱情故事、武装行动以及类似于斗智斗勇的谍战情节，是最早在电影中注入娱乐因素的故事片，可以说是开内地电影娱乐化的先声之作。之后，山西的电影以密切关注现实生活为主，先后创作和拍摄了《咱们的退伍兵》《黄土地上的婆姨们》《山村锣鼓》《神行太保》《元帅的思念》《刘胡兰》等。进入21世纪以来，山西的电影创作进入新的辉煌期，先后拍摄了《明天我爱你》《声震长空》《暖春》《暖情》《二十五个孩子一个爹》《夜袭》《生死托付》《江北好人》《剃头匠》《黄河喜事》等大量电影作品。1980年，山西电视台拍摄了第一部电视剧《祝你们幸福》。之后，山西的电视剧创作风起云涌，佳作不断，比较突出的有以下几个方面：一是革命历史题材电视剧，从1985年的《上党战役》以来，陆续拍摄了《尹灵芝》《大敌当前》《忻口战役》《百团大战》《毛泽东过山西》《刘胡兰》等；二是纪实题材短篇电视剧，如《太阳从这里升起》《有这样一个民警》《好人燕居谦》《沟里人》等；三是表现现实生活的长篇电视连续剧，如《新星》《葛掌柜》《阿霞》《黑金地的女人》《郭兰英》《赵树理》《喜耕田的故事》等；四是历史题材的长篇电视连续剧，如《杨家将》《昌晋源票号》《一代廉吏于成龙》《八路军》《乔家大院》《走西口》《吕梁英雄传》等。随着电视的普及，电视连续剧的影响日益扩大。《杨家将》和《昌晋源票号》在中央电视台黄金时段播出后，赢得了极高的收视率。1995年，《昌晋源票号》荣获中国电视剧飞天奖一等奖。

舞台艺术作品呈现出异彩纷呈的繁荣局面，改编传统戏《挂画》《苏三起解》《教子》、新编历史剧《杨儒传奇》《桐叶记》《范进中举》《大脚皇后》《边城罢剑》《傅山进京》《走西口》等都产生了积极的影响；新创剧目《家风》《油灯灯开花》《丁果仙》《风流父子》《唢呐泪》《赵树理》《孔繁森》《八思巴》《傲雪花红》《刘胡兰》《我能当班长》《立秋》《一把酸枣》，以及《黄河儿女情》《黄河一方土》《黄河水长流》《黄河情韵》《唱享山西》《解放》等均产生了较大的影响。1987年，山西省歌舞剧院排练出大型民间歌舞《黄河儿女情》，成为继甘肃省歌舞团创作的

舞剧《一把酸枣》精美绝伦

《丝路花雨》之后又一部带有民族特色和地方风格的大型民间歌舞。1989年3月，山西省歌舞剧院又编导出大型民俗系列舞蹈《黄河一方土》，引起了全省有关方面的关注，继而扩展向全国，先后获取了一系列重要奖项。1997年，山西省歌舞剧院历时5年创作完成了大型舞蹈诗剧《黄河水长流》，最终形成了在国内产生重大影响的"黄河三部曲"。1997年8月，文化部第5届文华奖揭晓，《黄河水长流》一举夺得5项大奖。

进入21世纪以来，随着文化强省发展战略的确立和实施，山西省的文艺创作更加繁荣，涌现了一大批既具影响力又特色鲜明的高水平文艺作品，获得全国文艺文化界多项荣誉，充分展现了山西的历史文化特色，成绩斐然，硕果累累。大型人文电视专题片《晋商》获得第22届中国电视金鹰奖，话剧《我能当班长》、舞剧《西厢记》获得第11届文华奖新剧目奖，文化电视专题片《汉字宫》获得好莱坞最佳电视系列片创意奖。作家张平的长篇新作《国家干部》由作家出版社出版后，创造了一星期内发行10万册的记录。话剧《立秋》在一个月内连演34场，观众达到2万余人。山西电影制片厂摄制的故事片《暖春》是蒙古族女导演乌兰塔娜的处女作，也是她首度与山西电影制片厂合作，公映后不久就捷报频传，屡创票房佳绩，而且还在国内的众多知名影展、电影节上展播、提名乃至获奖。《暖春》《暖情》等影片的成功推出，为国产影片走出了一条"小厂家、小投入、大影响、大效益"的发展路子。

由山西创作完成的舞剧《一把酸枣》、京剧《走西口》、晋剧《傅山进京》、说唱剧《解放》、舞剧《粉墨春秋》等剧目先后入选国家舞台艺术精品工程，数量和质量均位居全国前列。说唱剧《解放》、舞剧《粉墨春秋》、电视剧《八路军》《吕梁英雄传》《乔家大院》

《赵树理》《天地民心》《幸福生活万年长》《革命人永远是年轻》、电影《暖春》《生死托付》《红军东征》《高君宇和石评梅》《终极大冒险》、长篇小说《国家干部》、短篇小说《上边》、报告文学《革命百里洲》、民族交响乐《华夏之根》等、图书《少年的荣耀》《乍放的玫瑰》、广播剧《种树人》、歌曲《阳光路上》等一大批优秀作品先后荣获全国"五个一工程奖"、文华奖、金鸡奖、华表奖和飞天奖等。

中共十八大以来的5年,山西创作了反映共产党人干事创业的上党落子《第一书记》、话剧《热泉》、反映弘扬传统美德的蒲剧《樱桃花开》等剧目;话剧《生命如歌》获第5届全国少数民族文艺会演金奖;晋剧《于成龙》、音乐剧《火花》等8部作品入选国家舞台艺术精品工程资助剧目;全省108个项目获国家艺术基金资助1.09525亿元。2015年,山西10台优秀新创舞台剧进京展演20余场,吸引观众2万余人次,在首都各界乃至全国引起强烈反响。迄今为止,山西已有49人次获得戏剧梅花奖,摘得小梅花奖188项,居全国第一方阵,被称为戏剧界的"山西现象"。

"十三五"以来,山西继续推出一批以中国梦为主题,体现山西特色、代表国家水准的精品力作。实施"三个一批"工程(即创演一批以中国梦、"一带一路"等为主题的戏剧与影视艺术作品,复排一批传统经典剧目,改编移植一批红色经典剧目)的同时,进一步提高网络文化作品和服务供给能力,促进优秀传统文化瑰宝和当代文化精品网络传播,大力推动优秀文艺作品"走下去""走进去""走出去"。还通过实施"山西戏曲传承发展振兴工程"和"山西四大梆子振兴工程",加强戏曲人才培养,发展振兴地方戏曲,推动戏曲传承发展。

第二节　公共文化服务体系粗具规模

构建公共文化服务体系是文化事业发展的核心内容。改革开放40年来，山西省积极发展公共文化服务体系，特别是进入21世纪以后，山西省委、省政府从提高文化软实力的高度，从满足人民群众的文化需求和切实提高全民整体文化素质的目的出发，高度重视山西公共文化服务体系建设，把城乡基本公共文化服务均等化纳入国民经济和社会发展总体规划及城乡规划，积极调整财政支出结构，不断加大财政投入力度。在坚持各级政府财政投入为主导的同时积极拓宽资金来源渠道，鼓励社会组织、机构和个人捐赠，引导全社会形成积极参与公共文化服务建设的良好氛围，山西的公共文化服务体系也粗具规模，逐步形成了初步满足人民群众公共文化需求的公共文化服务体系。

改革开放以来，山西的广播电视事业获得了飞速发展。20世纪八九十年代，短短十多年的时间实现了广播电视在城市和农村的普及。1998年，山西省广电厅组织实施了村村通广播电视工程。到1999年年底，全省有4004个村实现了"村村通"，占到总任务的55.8%。到2000年10月，全省完成了7707个村的村村通广播电视任务，占到总任务的103.5%，超额完成3.5个百分点。在基本实现行政村村村通广播电视后，山西省广播电视局在2001年制定了《山西省自然村广播电视盲点覆盖计划》，对自然村的覆盖任务、资金来源、年度计划等提出了具体的要求。到2001年年底，全省完成自然村盲点覆盖1744个，2002年又完成了2000多个。2014年，山西省广电"村村通"建设让2232个自然村的40多万群众看上了高品质的数字电视,提前完成全省广播电视"村村通"工程建设任务。2015年山西省又启动了广播电视直播卫星"户户通"工程。

2005年9月,山西博物院正式对外开放。2008年8月6日山西省委部署了省城"十大建筑"建设工程。山西大医院、山西省图书馆、山西省科技馆、山西体育中心、山西大剧院、中国(太原)煤炭交易中心、太原铁路新站、太原国际机场新航站楼和太原博物馆、太原美术馆是山西省委、省政府和太原市委、市政府在"十一五"期间建设的"十大建筑"。山西大剧院、省图书馆新馆、山西体育

太原美术馆

中心、山西科技馆、太原美术馆等文化设施相继投入使用，极大地提高了山西公共文化服务水平。特别是太原美术馆的建成结束了山西省没有大型专业美术馆的历史。与此同时，全省市级"五馆一院"（博物馆、公共图书馆、文化〈群众艺术〉馆、科技馆、体育馆、剧院〈场〉），县级"三馆一院"（文化〈博〉馆、体育馆〈场〉、图书馆和多厅影院）建设稳步推进，全省公共图书馆、文化馆、美术馆全部实现免费开放。在县级文化（图书）馆和乡级文化站的基础上，普遍实现了村有文化室的目标，文化信息资源共享工程村级站点已实现全覆盖。2012年全省共有28 000多个行政村基本建成了文化资源共享工程和文化共享工程服务体系及拓展型村级基层站点，实现城乡全覆盖，全省行政村体育活动场所和乡镇全民健身活动广场实现全覆盖，人均公共体育场馆面积突破了平均每人1平方米的预定目标。

十八大以来，山西加速推进公共文化服务体系建设，坚持文化惠民，让人民群众共享文化发展成果。至2016年末，全省共有群众艺术馆12个、文化馆131个、文化站1409个（其中乡镇综合文化站1196个）、农村文化活动场所2.8万个、专业艺术表演团体157个、公共图书馆126个，出版报纸60种（不含高校校报）18.8亿份，各类杂志201种、2379.2万册，各类图书4189种、9929万册；广播电视台114座、电视台2座、中短波转播发射台15座、调频转播发射台119座、100瓦以上电视转播发射台145座；广播人口覆盖率98.6%，电视人口覆盖率99.4%，有线电视用户455.9万户。同时，惠民文化服务日益常态化、多样化、品牌化。2016年全省文化馆（站）开展各类文化活动39 194次，惠及1006.334万人次；全省公共图书馆总流通人次981.356万。在各类

"农家书屋"

全国性群众文化活动赛事中屡创佳绩,14件作品在第16届群星奖评选中获奖,群舞《扫街》在第17届群星奖舞蹈类比赛中脱颖而出。2014年实施《山西省级购买公共演出服务方案》及实施细则以来,省级累计投入5000万元,购买演出2000余场。2017年,省、市、县三级联动开展了"免费送戏下乡一万场"活动。2017年10月,山西政府购买公共演出服务工作在全国财政系统政府购买服务培训会上进行推广。

"十三五"以来,山西致力于构建覆盖城乡、惠及全民的现代公共文化服务体系。一是大力推进全民阅读,全面实施全民阅读工程,开展多种形式的阅读活动,关注青少年等全民阅读重点群体,提升全民综合阅读率。在加强"农家书屋"统筹管理和使用的同时,推进城乡阅报栏（屏）等基础阅读设施建设，推动"送书下乡"，切实解决基层群众尤其是农民看书看报难问题。二是全面落实国家基本公共文化服务指导标准和山西省实施标准，促进城乡基本公共文化服务资源共建共享，积极搭建公益性文化活动平台，制定公共文化服务目录，开展"菜单式""订单式"服务。保障公共图书馆、博物馆、纪念馆、美术馆、文化馆（站）等免费开放，公共体育设施免费或低收费开放。三是实施一批文化扶贫项目，加大对革命老区、贫困地区文化建设的支持力度，加强文化遗产保护。深入挖掘地方特色文化资源，努力实现"一县（市、区）一品牌、一乡（镇、街道）一特色、一村（社区）一活动"。四是推进公共文化服务机构数字化建设，建设山西文化云平台。加大跨部门、跨行业、跨地域公共文化资源的整合力度，在县级以上城市推行公共文化服务"一卡通"。构建广播影视公共服务体系，在实现"村村通"的基础上，推进数字广播电视入户接收，基本实现数字广播电视户户通。五是要开展爱国主义电影进寄宿制学校活动。进一步改善农村电影放映条件，电影公共服务由乡村流动放映逐步向固定和室内放映过渡，向城市社区、学校、艰苦厂矿延伸，实现公益电影放映全覆盖，扶持欠发达地区县级影院建设。六是要加快实施应急广播建设工程，形成省、市、县三级统一协调、上下贯通、可管可控、综合覆盖的全省应急广播体系。

第三节　文化产业蓬勃发展

文化产品既具有社会价值也具有经济价值，文化产业既具有社会效益也具有经济效益。以中共十六大作出"支持文化产业发展，增强我国文化产业的整体实力和竞争力"的战略部署为起点，山西省开始了文化产业发展的新阶段。2002年12月25日，中共山西省委八届三次全会通过的《中共山西省委关于贯彻党的十六大精神，全面建设小康社会的意见》中明确指出要"大力发展文化产业，建设文化强省"。2003年8月10日颁布的《山西省建设文化强省发展规划纲要（2003—2010）》再次把文化产业放在了重要的地位。山西的文化产业进入了快速发展的轨道。

一、文化活动强势推动山西文化产业发展

山西文化产业发展的一个突出特点就是文化活动丰富多彩，以文化活动为龙头带动全省文化产业的全面发展。近年来，全省各地举办了一系列文化节活动，可以说文化节此起彼伏，遍地开花，势头猛增，这些文化节为山西发展文化产业、建设文化强省起到了推波助澜的作用，为山西文化产业发展创造了契机。

山西文化资源开发已经形成具有一定市场影响力的品牌，包括太原晋商文化节、平遥中国年、平遥国际摄影节、云丘山中和文化旅游节、寒食文化节、洪洞大槐树寻根祭祖节、云冈文化艺术节、右玉西口风情生态旅游节、五台山国际旅游文化节、我们的节日·清明节、太行山红色文化艺术节、黄河壶口文化旅游节、关公国际文化旅游节、晋国古都文化节等。此外还有吕梁举办的黄河黄土风情艺术节、碛口红枣节；晋中举办的中国（晋中）社火节、中国和顺牛郎织女文化旅游节；阳泉举办的藏山国际忠义文化节；长治举办

的端午民俗文化节；晋城举办的中国·晋城太行山文化旅游节、围棋文化节、高平炎帝农耕文化节；临汾举办的荀子文化节、中国山西侯马春秋古都文化节；运城举办的永乐宫书画艺术节等等。

首届平遥国际摄影展于2001年9月20日至30日举行，此后每年举办一届。中国平遥国际摄影大展是一个具有中国传统文化特色的国际摄影展，按照国际惯例运行。每届大展都会有数百名中国和世界各地的优秀摄影师和摄影机构参展，来自世界各国各地十多万专业摄影家和业余摄影爱好者前来观看展览和参加各项活动。诸多国际摄影大师都曾在平遥展出过作品，马格南图片社、美国联系图片社、美国《国家地理杂志》、美国光圈基金会、法国《巴黎竞赛》、PHOTO 杂志社、《德国国家地理杂志》等摄影机构也都在平遥举办过各种展览及活动。平遥国际摄影大展

赵氏孤儿故事的发生地——盂县藏山

于2005年荣获"IFEA中国最具国际影响力十大节庆活动"，2007年当选"中国节庆产业十大品牌节庆""中国节庆产业十大博览赛事类节庆"，2015年荣获"中国国际文化旅游节庆奖"。如今平遥国际摄影节已成为当代摄影家最盛大的节日之一，是国际摄影艺术和中国摄影发展、引领各种摄影流派和顶级学术活动的重要展示平台。

2010年，在太原召开的中国会展业新世纪十年创新发展论坛暨新世纪十年会展中国颁奖盛典上，太原被评为"新世纪十年中国十大创新会展城市"。2011年，山西省会展行业协会成立，标志着山西省会展业的发展进入一个全新的阶段。平遥国际摄影

中国平遥国际摄影展

展、中国（太原）国际能源产业博览会、中国（山西）特色农产品交易博览会已经成为山西会展业的著名品牌，得到全国普遍认可和欢迎。

二、文化产业经济总量增长较快，占 GDP 比重稳步提升

2009 年 9 月，国务院发布了《文化产业振兴规划》，标志着把文化产业发展作为一个战略性产业提升到了国家战略的层面。为了贯彻落实国家规划，山西省委、省政府公布了《山西省文化产业发展规划纲要（2009—2015）》，描绘出山西省文化产业清晰的发展路线图。《山西省国民经济和社会发展第十二个五年规划》明确提出，要大力发展文化产业，推动文化产业成为山西战略性的支柱产业，实施"大作品、大集团、大景点、大会展、大服务"战略，重点打造一批反映五台山、云冈石窟等体现山西文化符号和元素的大型旅游演艺项目，重点打造一批反映山西重大历史事件，提升山西文化形象的影视、舞台、美术等作品。在各级政府的大力支持下，山西文化产业得到较快发展，产业总量不断跃升，在国民经济中的地位也不断提高。2015 年，全省文化产业增加值达到 268.65 亿元，比 2014 年增长 12.1%，比全国增速快 1.1 个百分点，比全省 GDP 增速高 9 个百分点；文化产业增加值占全省 GDP 的比重为 2.1%，比 2014 年提高 0.22 个百分点。全省文化产业发展呈现较快增长态势，成为经济增长的亮点之一，在推动经济社会发展、优化产业结构中发挥着越来越重要的作用。

三、文化产业结构调整步伐不断加快，投资规模持续增加

2010年，山西省文化体制改革拉开序幕。2011年4月，全新组建的山西广电信息网络（集团）有限责任公司、山西日报传媒（集团）有限责任公司、山西广电传媒（集团）有限责任公司、山西演艺（集团）有限责任公司、山西影视（集团）有限责任公司五大文化企业集团正式成立。加上先期组建的山西出版传媒集团，山西省属文化集团达到6家，涵盖了网络、演艺、传媒、报业、影视、出版等文化产业核心层的多个领域。与此同时，山西先后制定出台了支持文化产业发展、推动文化创意产业与设计服务融合发展、推进文化金融合作、鼓励民营资本投资文化旅游业等一系列针对性强的文化经济政策，并设立文化发展基金、文化产业发展投资基金等多个基金。同时，大批社会资本踊跃进入文化产业，煤炭行业转入文化产业的项目与资金源源不断，文化产业已成为山西投融资较为活跃的领域。

2015年，山西全省文化服务业增加值为199.9亿元，比2014年增长15%；占全省文化产业增加值的比重达到74.41%，比2014年提高1.9个百分点。而文化制造业、文化批发和零售业增加值分别为38.12亿元、30.63亿元，两项合计占全省文化产业增加值的比重为25.59%。文化服务业在文化产业中占据主体地位。2015年，全省文化产业固定资产投资突破600亿元，达到643亿元，比2014年增长26.3%，比全社会固定资产投资增速高11.5个百分点；

第十章　文化事业长足发展

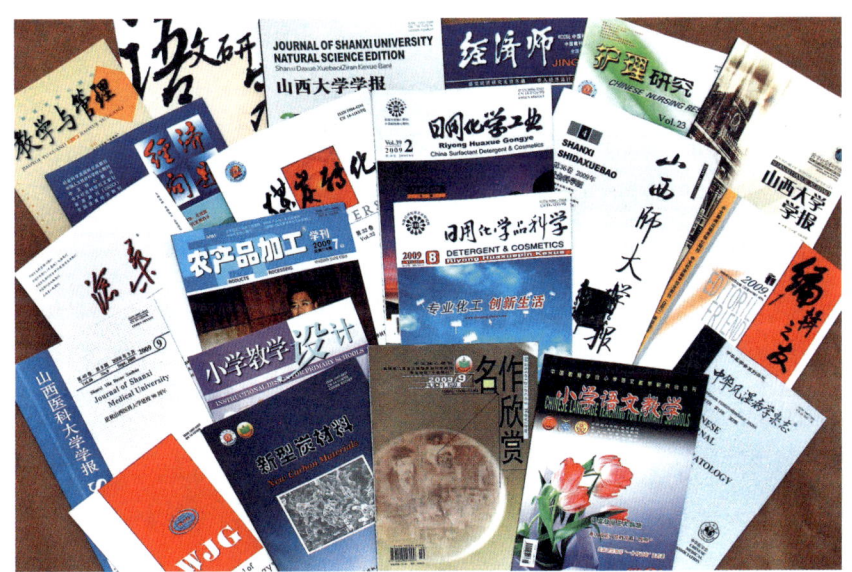

晋版精品刊物系列

占全社会固定资产投资的比重为4.7%，比2014年提高0.6个百分点。投资规模的持续扩大，一大批文化设施的相继建成或得到改善，有力地推动了文化产业的较快发展。截至2015年年底，山西全省平均每万人拥有公共图书馆、文化馆建筑面积分别达到114.33平方米、267.35平方米。全省共有国家级文化产业示范基地9家、省级文化产业示范基地41家。2016年，上述六大文化集团共实现营业收入49.78亿元，实现净利润3.27亿元。六大文化集团中有五家实现盈利、一家亏损。

四、文化大市引领发展，地区之间竞相赶超

山西文化产业发展较快的主要是太原、晋中、运城、长治4市，

4市文化产业法人单位数量占到全省总数的58.9%。2015年，4市领跑全省文化产业发展，其文化产业增加值均在20亿元以上，分别为95.55亿元、31.82亿元、26.86亿元、23.90亿元，4市合计占全省文化产业增加值的比重达到66.31%，成为全省文化产业发展的主力军。其他各市奋力赶超、竞相发展，2015年，晋城、临汾、大同文化产业增加值均增加到15亿元以上，分别为19.51亿元、19亿元、17.53亿元；忻州、吕梁、阳泉、朔州等市文化产业增加值增速达到两位数，分别比2014年增长21.4%、19.4%、18.9%、18.5%。

尽管山西省文化产业取得较快发展，但总量规模仍然偏小，整体实力有待提升，与中部其他省份特别是全国文化产业发达省份相比还有较大差距。对此，山西省在2016年12月发布了《"十三五"文化强省规划》，明确了"十三五"期间山西文化产业发展的任务：一是完善文化产业空间布局。发挥山西省文化保税区、山西省文化产业园、山西文化云平台等重大项目的辐射、带动、示范作用。围绕重点产业项目优化产业发展要素配置，做好项目储备、策划、包装、推介等工作，引导文化企业和项目向园区集聚。加快发展重点文化产业园区和特色文化产业群。培育10家左右高起点、规模化、代表未来发展方向的文化产业示范园区，100个集聚效应明显的文化产业示范基地，1000个左右特色鲜明、主导产业突出的特色文化企业和一大批特色文化产业乡镇，形成一批特色文化企业、产品和品牌，尽快形成支柱性主导产业。二是大力发展文化旅游产业。大力挖掘三晋历史文化的深厚底蕴，加大保护和利用历史文化遗产的力度，推动文化与旅游融合发展。持续开展文化旅游节庆活动，利用会展、论坛、赛事等平台，提升山西文化品牌知名度和影响力。

大力推动"华夏古中国，山西好风光""五千年文明看山西"等品牌宣传推广。不断深化"文艺走进去"活动，积极推动文艺精品、文化产品、文化名家进景区。支持煤炭资源型城市加快发展文化旅游产业，构建政府引导、企业为主、协同合作的良性机制。创建文化旅游大县。大力推动全域旅游，重点提升五台山、云冈石窟、平遥古城等世界遗产景区，努力将雁门关、平型关、娘子关长城山西段等打造为知名旅游品牌，规划建设一批特色旅游景区，支持创演一批文化旅游演艺精品，培育开发一批文化旅游特色产品，提升《又见平遥》《又见五台山》和《太行山》等旅游演艺节目水平。加强对入境游市场的境外宣传促销，重点加强对"一带一路"沿线国家和地区的宣传推广，大力开拓入境旅游市场。三是加快文化与科技融合发展。围绕"互联网+"推动文化与科技深度融合。深入实施文化科技创新工程。加快推进太原高新区国家级文化和科技融合示范基地建设。顺应网络时代大众创业、万众创新的新趋势，加快发展众创空间等新型创业服务平台。依托山西科技创新城、山西大学城优势资源，强化产学研合作，建设山西文化企业校企合作示范基地、山西文化艺术创新基地，进一步提高科技创新对文化产业发展的支撑作用，重点打造以太原高新区、山西科技创新城、山西省高校新校区为中心、辐射全省的文化创意产业集聚区和数字出版基地。四是推动"文化+"新业态发展。围绕"文化+"推动文化与相关产业融合发展，着力培育新型文化业态，推动产业结构优化升级。积极挖掘特色文化资源，加强文化创意产品研发。推动出版发行、影视制作、工艺美术等传统产业转型升级。对网络视听、数字出版、数字文化创意、动漫游戏、移动多媒体、网络文化等新兴文化业态重点扶持。推动优秀文化资源与新型城镇化紧密结合，更多融入公共空间,丰富城乡文化内涵。推进文化创意和设计服务与农业、体育、会展等相关产业融合发展。

第四节 文化遗产保护成效显著

山西有着悠久的历史和深厚的文化底蕴,更有着种类繁多、价值连城的物质的、非物质的文化积淀。这些珍贵的文化遗产也是山西建设文化强省的底蕴所在。山西自21世纪初实施文化强省战略以来,正卓有成效地进行着文化遗产保护工作,这也为山西文化产业的发展奠定了良好的基础。

一、文物保护工作卓有成效

俗话说:"地下文物看陕西,地上文物看山西。"山西拥有全国独一无二的历史文物资源。据统计,目前山西有3处世界遗产、6座国家级历史文化名城,现存地面文物古迹总数达31 401处,其中古建筑18 118处。山西共有全国重点文物保护单位452处,名列全国第一;古代壁画2.4万平方米,古代彩塑1.27万尊,均居全国第一;宋辽金以前的地上木构建筑106座,占全国同期木结构建筑总量的70%以上。针对这些珍贵的历史文物资源,山西采取了一系列有效措施进行保护。

一是实施了南部早期建筑保护工程。该工程是"十一五"时期国家文物保护重点工程,也是我国文物保护史上的一件大事。自

2008年开工以来，国家共投入59 535万元，用于山西南部4市35县的105处元代以前建筑本体的维修保护、保护规划编制、资料收集和模型制作以及竣工报告编制和附属文物的保护等。南部工程的实施，使山西同时也是我国古建筑遗存精华得到了科学有效的整体保护，同时也培养和锻炼了一批古建筑保护和研究专业人才，推动了山西省古建筑保护研究水平的整体提升。

二是古建筑保护理念的变化。山西根据形势发展需要，总结多年实践经验，在古建筑保护工作上实现了三个转变，即在保护理念上，由抢救性保护为主转向抢救性保护和预防性保护并重，使保护工作由被动逐步转向主动；在保护方法上，由单一的实体性保护转向以实体性保护为主兼顾数字化保护的方式，使传统保护与现代信息技术应用相结合；在保护资金筹措上，由单一的财政投入为主转向财政和社会力量多方投入的机制，努力构建政府主导、社会参与的多元保护格局。

三是形成了对全省古建筑保护的基本规划。到"十三五"末，全力筹资15亿元，用于235处国、省保木结构古建筑抢险维修，做到全覆盖。要争取延伸到所有市、县保单位元代以前的古建筑，"十三五"期间要抢险维修到位。市、县两级要进一步落实文物保护主体责任，在古建筑保护上做到"三有三防"。

统计数据显示，"十二五"期间，山西实施了806座文物本体保护工程和80余处文物保护单位环境整治工程，全省不可移动文物保护状况明显改善。实施主动性考古发掘19项。修复保养珍贵文物3600余件。除此之外，中央和山西省财政安排了9623万元用于红色及抗战遗存的保护，如山西省长治市武乡县砖壁和王家峪八路军总部旧址、晋中市左权县麻田八路军前方总部旧址、长治市潞

八路军总部王家峪旧址（武乡县）

城县北村八路军总部旧址等，2015年又投入1500万元对八路军太行纪念馆的展陈进行了改造提升。近年来，国家和山西省政府还先后投入7400余万元用于古长城保护，组织开展了长城资源调查，全面掌握了长城的各项基础资料，开展长城重点段落保护标志的竖立，配备长城保护员131名，划定并公布了94段明长城保护范围和建设控制地带。

"十二五"期间，国家文物局启动了传统村落保护工程。全国共有270处国保、省保集中连片传统村落列入国家文物局传统村落整体保护和利用项目，山西有13个村名列其中，其中介休张壁村、沁水湘峪村及窦庄村列入首批试点项目。目前，国家文物局已投入9171万元用于试点村落的保护和整治，整个工程进展顺利。

为了加强对山西地面文化遗产的保护，"十三五"以来，山西重点推进平遥城墙保护修缮工程、平遥镇国寺、双林寺彩塑保护工程、云冈石窟岩体加固及窟檐建设工程、五台山重点寺庙抢险工程、佛光寺东大殿保护工程等；重点推进芮城西侯度遗址、陶寺遗址、曲村—天马遗址、侯马晋国遗址、晋阳古城遗址、蒲津渡与蒲州故城等大遗址的本体保护、周边环境整治、安全防护和展示服务设施建设等；重点推进老营、韩庄、旧关、雁门关、新广武、白草口、十二连城等长城重点段落及重点片区的保护、修缮和利用工作；继续推进应县木塔加固保护工程。重点做好179处国保古建筑保护，力争"十三五"末国保和第一至四批省保古建筑全部抢险维修到位。开展国保单位附属彩塑、壁画的前期勘察、研究，制订保护方案，实施抢险保护加固；重点做好湘峪村、窦庄村、西文兴村、郭峪村等国省保单位集中成片的传统村落保护；力争第一至五批全国重点文物保护单位完善安全防护设施，第六至七批全国重点文物保护单

佛光寺唐代壁画

位中高风险单位基本具备安全防护设施，省级文物保护单位安全基础设施建设率至少达到50%。

二、非物质文化遗产保护力度逐步加大

山西不仅是文物大省，也是非物质文化遗产极其丰厚的宝库，是全国非物质文化遗产较为丰富的省份。山西的非物质文化遗产涵盖了民间文学、民间美术、民间音乐、民间舞蹈、传统戏剧、曲艺、民间手工艺术和民俗等许多领域，体现了山西深厚的历史文化底蕴。在山西的非物质文化遗产项目中，有民歌（左权开花调、河曲民歌），鼓乐（晋南威风锣鼓、绛州鼓乐），民间舞蹈（稷山高跷、翼城花鼓），传统戏剧（临汾地区的蒲州梆子、雁北地区的北路梆子、晋东南的上党梆子和晋中地区的中路梆子），另外还有上党八音会、潞安大鼓、雁北耍孩儿、灵丘罗罗腔、孝义碗碗腔、右玉县和临县的道情戏、五台山佛乐及繁峙秧歌戏等民间艺术形式。在传统手工技艺的项目中，山西有传统手工技艺平遥推光漆器髹饰技艺、杏花村汾酒酿制技艺等等。2005年，山西省人民政府下发了《山西省非物质文化遗产保护实施意见》。为了更好地保护非物质文化遗产，保证文化生态健康，山西省于2006年12月成立了非物质文化遗产保护中心。该中心工作人员先后采访并登记了传承人8.8万名，拍摄照片21.3万张，拍摄视频资料3091小时，录制音频资料3366小时，共搜集非遗线索84 583条，采录非遗项目33 045条，发现重大项目135个。在普查基础上，形成了96项国家级非物质文化遗产项目、446项省级非物质文化遗产项目、593项市级项目、907项县级项目，

第十章 文化事业长足发展

已有国家级非物质文化遗产项目代表性传承人72名、省级非物质文化遗产项目代表性传承人228名。2007年，晋中文化生态保护区被确定为10个国家级文化生态保护区之一，标志着山西省非物质文化遗产保护进入了整体保护的阶段。

在国家级非物质文化遗产名录中，山西省第一批入选32个项目，第二批入选64个项目，第三批入选40个项目，第四批入选21个项目。截至2015年，山西省共有157个非遗项目入列国家级

清徐皮影

非遗名录，代表性项目包括民间文学 1 项，为阳城县广禅侯故事；传统舞蹈 1 项，为左权县左权小花戏；传统戏剧 2 项，为芮城县线腔、晋中市晋剧；曲艺 1 项，为吕梁市离石区弹唱；传统技艺 8 项，为大同市城区铜器制作技艺（大同铜器制作技艺）、太原市古建筑模型制作技艺、襄汾县酿醋技艺（小米醋酿造技艺）和皮纸制作技艺（平阳麻笺制作技艺）、平定县陶器烧制技艺（平定砂器制作技艺、平定黑釉刻花陶瓷制作技艺）、高平市蚕丝织造技艺（潞绸织造技艺）、稷山县金银细工制作技艺和漆器髹饰技艺（稷山螺钿漆器髹饰技艺）；传统医药 1 项，为太谷县和新绛县中医传统制剂方法（益德成闻药制作技艺、点舌丸制作技艺）；民俗 2 项，为晋中市榆次区民间社火（南庄无根架火）、蒲县庙会（蒲县朝山会）；传统音乐 2 项，为临县唢呐艺术（临县大唢呐）、万荣县锣鼓艺术（软槌锣鼓）；传统美术 3 项，静乐县剪纸（静乐剪纸）、岚县面花（岚县面塑）、芮城县木雕（永乐桃木雕刻）等。

在 2015 年第 11 届中国（深圳）文博会上，山西工美集团精心挑选的剪纸、软陶、布艺、面塑、漆器、青铜器、玻璃器皿等十多个品类 200 余件展品，充分展示了山西工艺美术的文化特色，深受广大参观者的喜爱，选送的作品获得"中国工艺美术文化创意奖" 2 金 5 银 4 铜的好成绩。

为加快非物质文化遗产保护工程，"十三五"以来，山西在"晋中文化生态保护实验区"所涉 3 个市和 19 个县（市、区）各建设一个以上的国有综合性非物质文化遗产展示馆或综合传习中心，展示传承各级非物质文化遗产名录项目；加强"晋中国家级文化生态保护实验区"建设，推进山西省碛口、河曲、上党（晋城）3 个省级文化生态保护区建设，支持各地开展市、县级文化生态保护区建设；巩固试点成果，做好推广普及，到2020年基本覆盖到所有乡镇；加强3个国家级、14个省级非物质文化遗产生产性保护示范基地建设，支持各地开展市、县级非物质文化遗产生产性保护示范基地建设；重点对濒危的国家级和省级非物质文化遗产代表性项目进行传承人口述史、传统技艺流程、代表剧（节）目、仪式规程等抢救性记录；与相关高校和科研机构协同开展非物质文化遗产理论研究，依托各类学术期刊开设非物质文化遗产专栏，推出一批非物质文化遗产理论研究成果；培育和弘扬精益求精的三晋工匠精神，促进传统工艺走进现代生活、现代设计走进传统工艺，促进传统工艺提高品质，形成具有山西特色的工艺品牌；在具备条件的传统村落、历史文化街区和自然、人文景区，支持设立一批非物质文化遗产传习展示中心，协助打造传统文化旅游基地和非遗产品展销基地；与相关部门合作，探索和创新非遗传承保护新机制；支持对非物质文化遗产项目在继承核心元素和典型特征基础上进行创造性转化、创新性发展。

第五节 文化体制改革不断深化

山西文化体制改革起步虽晚，但势头猛、进度快、效果好。2003年，山西拟定了《山西省文化体制改革试点工作方案》，明确提出了试点工作的总体要求和主要任务，提出了开展改革试点工作的范围、组织领导和进展要求。确定了新闻媒体、出版单位、文化事业单位、文化企业单位和综合性市县5个方面的29个试点。要求通过在国家重点扶持的文化事业单位进行试点，探索如何完善相关政策，加强分类指导，增强市场竞争力和发展活力，确保党对重要思想文化阵地的领导，转换经营机制，优化资源配置；通过在非营利的公益性文化事业单位进行试点，探索如何加大政府投资，保证公益性文化机构的日常经费，扩大资金来源，强化内部管理，提高服务水平；通过在文化企业进行试点，探索如何制定和完善发展文化产业的政策措施，逐步建立现代企业制度，实行依法管理；通过在有代表性的市、县进行试点，探索如何加强党委对文化体制改革和文化产业发展的领导，从中寻求出带有规律性的经验。

2009年，中共山西省委、省政府发布《关于深化文化体制改革的实施意见》，山西文化体制改革全面启动。山西文化体制改革施行"四轮驱动"战略，即领导决策驱动、舆论造势驱动、政策保障驱动、督导检查驱动，把文化体制改革与经济工作同部署、同考核，成为"一把手工程"。中共山西省委要求"各级党委、政府要以大思路、大手笔、大气魄不断加大改革力度，不断解放和发展文化生产力"。由省长担任省文化体制改革和文化产业发展领导小组组长，要求强化措施、加大投入、落实政策，确保改革任务全面完成。山西全省11个市全部由书记或市长担任文化改革和发展领导小组组长，全力推动改革进程。

为了减少改革中的阻力和困难，《山西日报》、山西电视台以舆论造势，开设专栏、专题，大力宣传改革的重要性和必要性，宣传改革的政策和要求，宣传改革中涌现的典型事迹和典型经验。改革攻坚阶段，各媒体大规模、大范围地集中报道改革的进展情况，激励先进、鞭策后进，极大地推动了改革的全面推进。山西省委宣传部牵头成立改革督导组，深入各地，帮助解决改革中遇到的困难。同时还实行了"一周一检查一汇报一通报"的办法，强化督导检查效果。经过改革，山西全省11个市、119个县（区、市）进行了"三局合一"，成立了新的文化广电新闻出版局。274家经营性文化事业单位转企，成为新型文化市场主体，万余"事业人"变为"企业人"。274家转企改制的单位无一例上访、无一人下岗。山西省文化体制改革工作"两步并作一步走"，三年任务两年完成，跨入全国先进行列。中宣部等四部委授予山西省全国文化体制改革工作先进地区，文化晋军跻身全国第一方阵。文化体制改革为推动山西经济转型提供了强大的动力支撑。

"十二五"期间，山西省文化行政管理体制进一步理顺。省级新闻出版和广电合并成立省新闻出版广电局；市、县两级文化、广电、新闻出版三局合一；省、市、县三级广电"局台分开"，电台、电视台合并，成立文化市场综合执法机构。省级部门依法减少和规范文化行政审批事项82项。出台文化体制改革实施方案等十多个政策性文件，为文化改革发展注入了新动力。经营性文化事业单位转企改制全面完成，出版、发行、影视、演艺、新闻网站、非时政类报刊等领域578家经营性文化事业单位全部完成转企改制，核销事业编制1.51万个。文化事业单位分类改革顺利完成，公益性文化事业单位改革迈出坚实步伐。互联网管理体制机制逐步建立。传统媒体与新媒体融合发展不断加强，舆论引导能力有效提升。山西文化体制改革"四轮驱动"改革经验在全国推广，连续4次被评为"全国文化体制改革先进地区"。山西文化体制改革中最值得借鉴的经验是"始终坚持深入实际、深入基层、深入群众的工作方法，始终坚持以维护广大文化工作者根本利益为出发点，始终坚持群众满意不满意、群众支持不支持为评价改革成败的标准，不断探索完善推进改革发展的有效途径"。

文化企事业单位的改制极大地促进了山西文化事业的发展，并越来越产生出显著的社会效益。山西博物院作为山西事业单位改革试点单位，2014年率先成立了山西博物院理事会，并召开理事会会议，制定了《山西博物院章程》，随后按照要求完成了全院职工的岗位设置，调整了部门架构。经过改制，山西博物院的发展焕发出勃勃生机。在创造社会价值的同时，山西博物院的品牌影响力正在日益形成。

"十三五"以来，山西继续深化文化体制改革，贯彻落实政企分开、政事分开原则，进一步理顺文化行政部门与文化企事业单位的关系，努力转变政府职能。建立公共文化机构法人治理结构，推动公共图书馆、博物馆、文化馆等组建理事会。加快国有文化企业公司制股份制改造，形成体现文化企业特点、符合现代企业制度要求的资产组织形式和经营管理模式。加强对文化类社会组织的引导、扶持和管理。建立健全党委领导、政府管理、行业自律、社会监督、企事业单位依法运营的文化管理体制和富有活力的运行机制。

第十一章
生态文明建设实现强势崛起

改革开放以来，山西省委、省政府领导全省人民坚持不懈地治理水土流失，植树造林，建设生态农业，在生态环境保护和治理方面做了很大努力。但山西作为全国能源重化工基地，在为国家经济建设作出巨大贡献的同时却并未能遏止全省生态恶化的趋势。20世纪行将结束的时候，山西的头顶上被戴上了一顶"全国污染最严重省份"的黑帽子。进入21世纪以来，山西省委、省政府高度重视环保工作，山西的生态文明建设逐步走出困境，实现强势崛起。

第一节　环境保护工作在积极探索中推进

1979年国务院环境保护领导小组在全国环境保护工作会议上提出了全面加强环境管理，以管促治的方针，这是我国环境保护事业的历史性转折。此后，山西省环境保护工作开始进入以防为主、防治结合、综合治理的阶段，逐步开展了环境科研、环境监测、环境立法和环境生态工作，并综合运用行政、法律、经济和技术的手段管理环境，有力地推动了山西环保工作的开展。1979年下设在山西省计划委员会的"三废"办公室升格为省环保局，山西省环保局正式挂牌成立，成为主管山西省行政区域内环境保护工作的部门。从1979年《环境保护法（试行）》出台到1989年《环境保护法》正式颁布，环保工作总体上属于"尾部治理"，从决策层、学术界到广大普通群众，对此都缺乏应有的了解。从那时起，开展环保宣传教育、提高社会公众的环境意识和环保科普知识，成为环保部门的一项主要工作任务。1984年年初，国务院召开了第二次全国环境保护会议，提出了"环境保护是我国一项基本国策"和"经济建设、城乡建设、环境建设同步规划、同步实施、同步发展"的战略方针，确立了环境保护在现代化建设中的战略地位，这是环境保护史上一个新的里程碑。以此为起点，山西的环境保护开始纳入国民经济和社会发展计划，成为经济和社会生活的重要组成部分。从1987年开始，全省每年用于环境污染治理和生态保护的专项资金增加到5700万元。"七五""八五"时期，全省环保工作在贯彻执行强化环境管理制度的同时，积极进行了工程治理，在着重进行重点污染源治理的同时，区域环境综合整治开始起步，全省环保工作形成了上下结合、齐抓共管、以管为主、管治结合的工作体系，环境保护工作开始起步。

据1999年的有关资料显示，当时山西生态环境呈现以下特点：一是地形零碎，干旱少雨，水土流失较为严重。山西是一个被黄土广泛覆盖的山地高原，内部地形复杂多样，山地、丘陵、台地、盆地等交错分布，其中山地、丘陵面积占全省总面积的80%以上。由于降水集中，约60%的雨水集中在6到9月份，且多暴雨，加上植被覆盖率低，全省水土流失面积达10.8万平方千米，占土地总面积的69%，其中黄河流域水土流失面积约为6.76万平方千米，占黄河流域总面积的69.4%；海河流域水土流失面积约为4.04万平方千米，占海河流域总面积的68.3%。全省多年平均输沙量达4.56亿吨，平均输沙模数3000吨/平方千米。严重的水土流失给生态环境、农业发展和人民生活带来巨大危害，成为当地人民脱贫致富的主要制约因素之一。二是森林面积严重不足，覆盖率低，分布不均衡。全省森林资源贫乏，林地面积约为183.6万公顷，人均占有林地仅为0.043公顷，不及全国平均水平的1/2，森林覆盖率为11.72%，在全国排名第22位。森林分布不均，主要分布在管涔山、关帝山、中条山、吕梁山、五台山、太行山等山地和河流源头。由于森林资源稀少，自然植被稀疏，沙线南移，荒漠、沙化面积不断向南扩展。三是煤炭资源的不合理开发加剧了对生态环境的破坏。山西作为全国能源重化工基地，炼焦冶电等产业是全省的主导产业，这些产业的大规模扩张导致矿区耕地塌陷、水资源浪费严重。据初步测算，到1998年年底，山西全省因采煤已经造成300多个村庄26万人无饮用水，2.6万公顷沙地变成旱地，累计塌陷、破坏和煤矸石占压耕地面积达7.5万公顷，严重制约了当地的经济发展。四是土地盐渍化、荒漠化面积逐步扩大。截至1998年年底，山西全省土地盐渍化总面积达到53.7万公顷，主要分布在北中部盆地，约占总盆地面积的15%。全省土地荒漠化面积达到80万公顷，受风沙严重危害的沙化耕地约1万公顷，主要分布在毛乌素沙漠外围前沿的晋西北、晋北地区。

此外，山西的环境污染十分严重。到2000年，全省主要城市空气质量全部超国家三级标准，全国污染最严重的30个城市中，山西占了13个，前五名均属于山西，依次为临汾、太原、忻州、阳泉、榆次。多数城市二氧化硫、氮氧化物污染呈上升趋势。全省12条主要河流104个断面各项指标能达到功能要求的仅占8.7%。作为山西的母亲河的汾河流域生态环境破坏严重：一是由于降水减少，经济社会发展对水资源需求量增加等，汾河中游干流河道断流；二是工业和城市生活严重依赖地下水开采以及农业用水增加，致使地下水严重超采，水位急剧下降；三是工业企业废水排放量大，导致汾河地表水严重污染；四是由于污水、垃圾处理水平低，中水价格不合理，回用规模小，水资源的短缺进一步加剧；五是由于煤炭等矿产资源的过度开采，造成了水资源的严重破坏；六是水土严重流失，植被覆盖率低，生态环境陷入恶性循环。

第二节　控制环境污染和扭转恶化趋势

党的十六大对全国实现新型工业化提出了明确要求："坚持以信息化带动工业化，以工业化促进信息化，走出一条科技含量高、经济效益好、资源消耗低、环境污染少、人力资源优势得到充分发挥的新型工业化路子。"而十六大以后正是山西产业结构调整，建设小康社会，加快现代化建设的重要时期，也是控制环境污染和扭转生态环境恶化趋势的攻坚时期。全省环境保护工作开始实施可持续发展战略，贯彻污染防治和生态保护并重的方针，依靠科学技术进步，改善环境质量，保障环境安全。通过污染防治和生态保护促进经济结构调整，在经济结构调整中解决环境问题，在加大整治力度中改善生态问题。"十五"期间，山西环境保护的投入力度不断加大，全省环保投入达到231.9亿元，超过"九五"期间5倍多，占同期 GDP 的 1.56%，达历史最高水平。环境保护的基本国策地位得到明显加强，在全省各界的共同努力下，"十五"期间控制环境污染和扭转生态环境恶化趋势取得积极成效。

一、工业污染防治力度加大

"十五"期间，山西省人民政府下发《关于做好规划环境影响评价工作的通知》，启动了规划环境影响评价工作，促进了环境保护在全省经济宏观调控中的作用。加强工业污染源治理，努力削减排污量，一是实施重点工业污染源限期治理，实现污染源达标排放。"十五"期间，制订了《山西省重点工业污染源全面达标排放实施方案》，山西省人民政府先后下达了5批共计275个限期治理项目。各市县也分别对所辖区域污染严重的企业下达了限期治理任务。至"十五"期末，全省确定的2833家重点工业企业，有1481家完成达标治理任务。焦化行业有15%的企业完成治理任务，火电企业有29%的脱硫项目已经完成；冶金、铸造、耐火、造纸等行业污染治理也取得了较大的进展。二是实施环境污染企业末位淘汰。按照国家和省确定的产业政策，对列入淘汰名录的土焦、小炼铁、小耐火、小造纸等实施淘汰、关停，对当地污染最严重的工业污染源实行年度末位淘汰。三是开展了全省焦化行业专项清理整顿。山西省人民政府先后印发了《关于对全省焦化行业实施专项清理整顿的决定》《关于对全省焦化项目实施分类处置的通知》等一系列规范性文件，基本结束了全省土焦、改良焦生产历史，遏制了焦化行业违法建设、无序发展、污染严重发展的势头。四是通过推行清洁生

企业污水零排放

产和循环经济减少污染物的产生和排放。以焦化、电力、化工、建材等行业为重点，积极开展企业清洁生产审核，加大了对企业清洁生产改造的支持力度，重点行业的清洁生产水平有较大提高。5年间，一批污染严重的企业经过治理改造后进入了环保模范企业行列。

二、重点城市和流域环境综合整治取得阶段性成果

以城市环境综合整治定量考核为重要手段，通过采取多种环境综合整治措施，促进了城市环境综合整治工作，部分城市环境质量有所改善。全省11个城市空气综合污染指数5年下降29.2%，太原市空气质量二级天数由2000年的45天增加到2005年的245

天。全省 11 个重点城市的 23 个集中式饮用水源地水质，达标率达到 82.8%；全省 28.5% 的河流断面水质实现好转，劣Ⅴ类的断面比例下降 9.9 个百分点。5 年间，全省共建成 17 座城镇污水处理厂，形成 120 万吨 / 日的污水处理能力，全省城市污水处理率上升至 56.2%；全省 11 个省辖市基本完成了垃圾处理设施项目的前期准备，部分城市已建成投入运行或开工建设；建成区集中供热普及率达到 46.6%，城市燃气普及率达到 70.7%；烟尘控制区总面积达 688.8 平方千米，比"十五"初期增加了 124.26%；高污染燃料禁烧区新增了 70 平方千米；噪声达标区达 95 个，比"十五"初期增加了 2 倍。长治、晋城 2 市通过了省级环保模范城市验收。

国家确定的海河流域首都水资源保护工作得到加强。"十五"期间，山西省列入海河流域水污染防治"十五"规划的 99 个治理项目，争取到国债资金 5.8 亿元，有 40 个项目已经完成，35 个正在建设；列入首都水资源污染治理项目计划的 61 项治理工程，争取到国债资金 8.8 亿元，有 34 项点源治理工程已经启动，17 个污水处理厂正在建设。开展了大运高速公路和其他高等级公路两侧区域为重点的绿色通道建设。拆除各类烟尘排放筒近千个，清理废渣近 60 万吨，完成锅炉、茶浴炉改造 4000 多台。通过加强五台山、云冈石窟、平遥古城等全省划定的十大重点风景名胜区的污染控制和环境管理，使重点景区的环境质量进一步改善。对国家重点督办的晋陕蒙交界地区电石、铁合金、焦化等行业进行了清理整顿，共取缔、关闭土小企业 219 家，对 35 家企业进行了限期治理，23 家企业实现全面达标。

三、对"绿色山西"建设作出整体规划

为了进一步改善生态环境，为全面建设小康社会、建设新型能源和工业基地提供良好的生态保障，山西省委、省政府于2005年3月25日作出了《关于加快林业发展的意见》，对"绿色山西"建设作出了规划。《意见》提出了加快林业发展，建设"绿色山西"的奋斗目标：全省林业发展分四个阶段推进，一是"10年大突破"。全力抓好国家在全省实施的林业重点工程，从2000年到2010年，平均每年完成400万亩以上的工程造林任务，力争全省森林覆盖率达到18%，部分水土流失严重地区的生态状况恶化趋势得到有效控制。二是"20年初见成效"。从2011年到2020年，在继续造林的同时，加强对新造林地的管理，全省森林覆盖率争取每年增加1个百分点，森林覆盖面积占到国土面积的26%以上，生态状况明显改善。三是"30年实现战略转变"。经过30年努力，到2030年，全省森林覆盖率达到28%，生态效益全面提高，林业发展的重点转向以保护为主。四是"50年绿色山西"基本成型。到2050年，全省森林覆盖率稳定在30%以上，林木覆盖率达到40%以上，绿化程度高于全国平均水平，基本建成以森林植被为主体、林草结合的国土生态安全体系，初步实现山川秀美，生态状况步入良性循环。《意见》指出要抓好重点工程，全面带动林业建设上规模、上水平。林业重点工程是国家在全省实施的天然林资源保护、退耕还林、京津风沙源治理、"三北"防护林与太行山绿化、野生动植物保护和自然保护区建设、速生丰产用材林基地建设六大林业重点工程，这

第十一章 生态文明建设实现强势崛起

六大工程占到全省林业投资的 80% 以上。为保证林业重点工程的建设质量,提高工程造林的成活率与保存率,各地要在工程区实行封山禁牧。《意见》指出要从全省立地条件差、植被恢复能力弱的实际出发,总结多年来林业发展的经验教训,适应林业发展向以生态建设为主的转变,在重点工程造林中,提倡因地制宜,加大柠条、沙棘等灌木林比重,尽快形成生态防护能力。到 2010 年,全省要新增灌木林地 1000 万亩,2030 年灌木林总面积达到 2500 万亩左右,灌木林覆盖率达到 10% 以上。2005 年 5 月 26 日至 27 日,省委、

绿满右玉

省政府在朔州召开全省第六次林业会议,分析了山西林业建设面临的形势,安排部署了会后一个时期山西的林业工作。

四、环境法制建设与监管力度不断提升

"十五"期间,山西省的环境法制建设取得积极进展。在认真贯彻执行国家环境保护法律法规的同时,针对全省实际制定了地方环保法规、规章、条例、标准。省人大审议通过了《山西省汾河流域水污染防治条例》修正案;省人民政府先后颁布了《山西省排放污染物许可证管理办法》《山西省环境违法行为举报奖励暂行规定》《山西省焦炭生产排污费征收使用管理办法》《山西省工业企业环境保护供电管理暂行规定》和《山西省火电厂二氧化硫排放地方绩效标准》等。太原市颁布了《太原市大气污染物排放总量控制管理办法》《太原市锅炉大气污染物排放标准》等城市环保法规和标准。

环境监管力度不断加大。"十五"期间,逐年加大对环境违法行为的查处力度,全省共查处违法案件1592起,有效打击了环境违法行为。排污收费逐年增加,2005年达12.11亿元,比2000年增加了近6倍。省人民政府有关部门连续3年在全省范围内开展了"严肃查处环境违法行为""严厉打击污染反弹遏制死灰复燃""清理整顿不法排污企业,促进经济结构调整"和"整治违法排污企业,保障群众健康"等环保专项行动,取得明显成效。省、市、县各级环保机构设置了12369专线举报电话,受理举报案件1万多件。加强了对污染源的现场监督检查,特别是加强了对产生有毒有害污染物和有较大环境风险污染源的监控。

环保执法队伍得到加强。"十五"期间山西在省级层面先后成立了环境监察总队、环保技术评估中心、宣教中心等处级单位,辐射监督站、培训部由副处级单位升格为处级单位。山西省内大部分县级环境管理机构实现独立行政设置,成立了省、市、县三级环境监察机构,省环保局先后出台了《环境保护执法程序》《违反环境保护法规行为行政处分办法》等。

"十五"期间,共完成环保监管能力投资 2.04 亿元,省本级固定资产比"九五"增长 10 倍多。环境监测能力大幅提升,11 个地级市、11 个县级市和 30 个重点县先后建成了大气环境质量自动监测系统,发布日报的市、县达到 52 个;55 个县配备了监察执法取证设备、交通工具等;建成了黄河万家寨水库、汾河河津大桥两个水质自动监测站,8 个地表水国控断面和 18 个城市集中饮用水源地开展了水质月报。太原、晋城两市建成了重点污染源监控中心。各级环境监测站开展了标准化建设,建成了省环境监测、监理、信息、科研业务大楼,提高了省级信息化、自动化办公水平,实现了省和 11 个地级市局环境信息局域网互联。

第三节　生态文明建设加快推进

"十一五"以来,山西省委、省政府高度重视并全力推进环境保护工作,将环境保护作为落实科学发展观、构建和谐社会的战略重点,着力解决影响和损害群众健康的突出环境问题,生态环境保护取得了新的进展和成效。全省先后出台《山西省重点工业污染监督条例》《山西省减少污染物排放条例》《山西省重点工业污染源治理办法》等 80 多件环境保护管理法规、规章和规范性文件，为强力推进工业污染防治和污染减排提供了法律依据和制度保障。各级政府、各部门把环境保护作为转变发展方式、调整经济结构、改善民生的重点内容，层层实行环保目标责任制，落实环保责任，强化环保工作。环境保护部门坚持落实科学发展观，充分发挥宏观调控作用，创造性地实行了"部门联动""区域限批""末位淘汰""自动监控""奖惩问责"等一系列管理措施，敢于碰硬、严格执法，塑造了山西环保精神。人民群众环境保护意识显著增强，在全社会共同努力下，环境保护工作取得了明显成效。

淘汰落后炼铁企业

一、实施污染减排和蓝天碧水工程

"十一五"期间,山西大力推进污染减排工作:一是强化工程减排。在二氧化硫控制方面,全面完成焦炉煤气脱硫任务,全面提高燃煤电厂烟气脱硫设施的投运率和脱硫效率,启动钢铁行业烧结机烟气脱硫试点工作。化学需氧量控制方面,加快污水处理厂建设步伐,确保如期开工及完工;已建成的要进一步完善配套管网建设,保证出水水质达标。加快重点行业中水回用改造及矿井水综合利用步伐,实现废水闭路循环不外排。二是强化结构减排。抓好落后生产能力淘汰工作,对浪费资源、污染严重的企业实施末位淘汰,为优势产业腾出环境空间。三是强化管理减排。加大对国控、省控重点工业污染源监管,集中开展城镇污水处理厂和电厂脱硫设施运行情况的专项检查。四是严格控制新增污染排放量。将生态环境承载力作为环境准入的前提,把污染总量指标作为审批项目环评的前置条件,实施现有量、削减量与新增量的统一调度,从源头控制污染。五是强化减排目标责任制考核。对污染减排工作情况开展年度全面考核,并定期发布各市年度减排目标完成情况考核结果。在全国率先实现了重点污染源在线监控和所有县(市、区)的环境空气质量自动监测,环境监管能力建设投资13.9亿元,超过了"九五""十五"的总和。"十二五"期间,山西生态环境保护和修复得到进一步加强。全省共批复700余家煤炭企业生态环境保护与恢复治理方案,划定2个生态功能保护区,创建16个国家级生态示范区、8个国家级生态乡镇、3个国家级生态村、2个省级生态县、257个省级生态乡镇及1454个省级生态村。创建省级环保模范城市23个。建成国家和省级自然保护区46处,占全省国土面积的6.5%。

针对工业企业集中分布于重点区域、流域的特点,2006年山西省政府颁布了《山西省人民政府关于实施蓝天碧水工程的决定》,这一工程根据全省环境现状,选择人口密集、产业集中、经济较为发达、环境问题突出、需要尽快改善和重点保护的区域作为实施"蓝天碧水工程"的范围。这一工程的实施,有力推动了全省环境保护工作的深入开展。2006年省政府对退出全国大气环境质量倒数前三名的阳泉市政府给予了100万元的奖励,2007年对环境空气质量明显改善的长治、晋城等7个城市分别给予了200万元的重奖。省政府从2009年开始,对环境质量改善显著的市县分别给予50万元至300万元和200万元至1000万元奖励和环保能力建设资金;对区域环境空气质量排名后10位、退步幅度排名前10位的,予以通报批评,政府主要领导不得参与评奖、评优,连续两年或三年通报批评的,对政府主要负责人进行诫勉谈话,直至予以行政处分,进一步将环保奖惩制落到实处,环境保护工作取得较大进展。

"十二五"期间,全省环境质量总体改善。全省环境空气细颗粒物(PM2.5)年均浓度较2013年下降27.3%,11个设区的市环境空气质量优良天数平均较2013年增加70天。全省城市集中饮用水水源地水质(扣除本底值)全部达标;地表水水质优良断面比例较2010年相比上升9.3个百分点,重污染断面比例减少23.4个百分点,化学需氧量、氨氮平均浓度分别下降54%和63%。主要污染物减排扎实推进。化学需氧量、氨氮、二氧化硫、氮氧化物、烟尘和工业粉尘排放总量分别完成"十二五"规划削减目标的207.4%、127.7%、195.8%、180.1%、157.7%和162.1%,全面超额完成国家及省下达的减排任务。

二、推进兴水富民,实施汾河流域生态修复工程

山西省的水利事业在不同的历史时期有不同的发展内涵和模式。"总结经验、积极探索、重整旗鼓、恢复干劲"是20世纪80年代山西水利建设的主要特点。20世纪90年代,山西省委、省政府确立了"西引黄河、东抓蓄调,腹部盆地,节调并举,东西两翼全方位实施水保综合治理"的水利建设部署。进入21世纪以来,山西紧紧扭住水资源日趋短缺、水供给日趋紧张、水环境日趋恶化的问题,大力推进兴水富民,在水利建设上加大了力度,最为重大

山西芦芽山"汾河源头"雨后天晴更秀美

的项目就是实施了汾河流域生态修复工程。

　　汾河是山西的母亲河，治理汾河事关山西发展大局和沿河人民的切身利益。但是，由于长时间过度开发，尤其是煤炭等矿产资源的过度开采，生态环境受到极大破坏，严重制约了全省经济社会的可持续发展和人民生活质量的提高，也影响了全省的对外形象。作为实施"蓝天碧水"战略的核心工程，山西省委、省政府高度重视汾河流域生态环境治理修复与保护工作，要求在科学发展观的指导下，以生态建设为重点，努力完成流域内经济社会协调发展、人与自然和谐相处，重现"汾河流水哗啦啦"的秀丽景色。为落实好这一重大决策，山西省政府于2008年1月11日召开会议进行了工作部署，责成省发改委牵头，组织水利、环保、林业、国土、煤炭、引黄、扶贫及省经委、省财政厅、省政府决策咨询委员会办公室等部门，共同编制《汾河流域生态环境治理修复与保护工程方案》。该《方案》于2008年5月20日经山西省政府常务会议研究通过。同年5月23日省政府召开了动员会，汾河流域生态环境治理修复与保护工程全面启动。

　　《汾河流域生态环境治理修复与保护工程方案》确定了工程建设的指导思想是以科学发展观统领工作全局，从完成"蓝天碧水"战略任务的高度，围绕全面建设和再现汾河流域自然生态和秀丽景色，构建和谐文明，改善人居环境，提高人民生活质量的总体目标，针对流域生态环境和水资源承载能力存在和需要解决的突出问题，按照"能宽则宽，能弯则弯，人水相亲，和谐自然"和以人为本、因地制宜的理念，坚持治理修复与保护并重的原则，统筹经济建设与生态建设协调发展。通过实施汾河清水复流工程，从外流域调水补给，结束了汾河多年断流的历史，流域地下水位实现了止降回升。

2011年山西启动大水网建设工程,东山供水、西山引黄两项工程正式开工。大水网是以纵贯全省南北的黄河北干流和汾河两条天然河道为主线,构建覆盖六大盆地、11个中心城市、92个县(市、区)的"两纵十横、六河连通"供水体系,其供水区面积占全省总面积的72.4%,受益人口3006万,占全省总人口的84.1%。

2015年7月,山西省印发《汾河流域生态修复规划纲要(2015—2030)》。《纲要》提出,通过5年建设、10年自然修复,总计15年左右的时间,构建形成"两山两盆一河"协调发展格局,在流域内重现山水相依、林泉相伴、河湖相映、溪水长流、湖光山色的田园风光,使汾河水系重现河畅泉涌、碧波荡漾的大河风光,将汾河建设成为三晋腹地植被葱郁、水流清澈的"生态长廊"、适宜人类生活的"宜居长廊"和经济发展的"富民长廊"。《纲要》指出,按照"珍惜节约水、建好大水网、用足黄河水、修复水生态、确保水安全"的治水方略,采取科学配置水土资源、实施"五水济汾"、充分利用洪水资源、严格控制地下水开采、建立河源泉源保护区、加强水污染防治等措施,全面实施汾河流域生态修复工程。依据《纲要》,汾河流域生态修复将重点实施以下六大措施:一是坚持节水优先的原则,通过科学配置水土资源,大力推进节水型社会建设,促进水资源的高效利用;二是依托已建成的万家寨引黄、禹门口提水、和川引沁入汾以及正在建设的中部引黄和东山供水工程,实施"五水济汾",通过大水网向汾河流域调水,增加地表水资源量,保障流域经济社会健康发展;三是充分利用洪水资源,在汾河干流及两侧低洼地带,恢复和建设一批能调蓄径流的"珍珠串""葡萄串"蓄水工程,恢复水域湿地,重建流域水系,加大地下水补给力度;

四是依法划定汾河及九大支流源头保护区，封山育林，恢复植被，涵养水源，增加溪流，兴水增绿；五是严格控制流域内地下水开采，依法关停泉域重点保护区和汾河九大支流河源保护区内的煤矿，强化 8 个岩溶大泉泉域和地下水系的保护；六是在山丘区大力实施清洁小流域建设，在平川区控制污水排放，加强污染防治，对太原城区 10 条汾河支流全面治理，拦截污水，强化处理，实现污水资源化。2017 年 1 月 11 日，山西省第十二届人民代表大会常务委员会第三十四次会议通过《山西省汾河流域生态修复与保护条例》，并于 3 月 1 日起正式施行。《条例》为汾河流域生态修复和保护、为重现"大河美景"建立起一道坚实的法律屏障。

三、进一步加强林业生态建设工程

改革开放 40 年来，山西林业走过了一条从小到大、从单一经营管理到资源保护和开发利用并重的发展之路，实现了以木材生产为主到以生态建设为主的历史性转变。中共十一届三中全会以后，随着山西林业"三定"（稳定山权林权、划定自留山、确定林业生产责任制）政策的落实，林业建设进入恢复和发展时期。从 1978 年开始，山西省绿化发展较快，先后有 32 个县（市、区）列为国家"三北"防护林体系建设，在 1600 万亩耕地上营造了纵横交错的农田林网，48 个县（区）基本达到省级平原绿化标准，家庭林场发展到 3300 多个。1986 年，山西省推进营造林管理体制改革，实行工程造林，全省林业建设进入一个新的历史时期。在这一历史时期，山西省积极开展拍卖"四荒"（荒山、荒沟、荒坡、荒滩）

使用权探索，开征煤炭育林基金，启动实施了太行山绿化、平原绿化和黄河中游防护林等林业重点工程建设。到1997年，山西省共拍卖"四荒"700多万亩，开发治理面积达53%以上，有28个县实现了基本绿化，列入全国平原绿化的40个县全部达到标准，成为全国首个绿化达标省，经济林每年以100万亩以上的速度增长。1998年，按照党中央、国务院的方针和政策，山西省率先在全国停止了天然林采伐，以此为标志，山西省林业进入了以生态建设为主的历史时期。在这一时期，山西林业发展速度大大加快，全省相继启动实施了天然林保护、退耕还林、京津风沙源治理、野生动植物及自然保护区建设等国家林业重点工程。2006年，山西省启动实施了通道绿化、交通沿线荒山绿化、村镇绿化、厂矿绿化、环城绿化和城市绿化等省级六大造林绿化工程。

"十一五"以来，山西省委、省人民政府按照科学发展观的要求，结合山西省情，出台了一系列扶持林业生态建设的政策和措施。2009年11月，山西省委在全省林业工作会议上提出"大力实施生态兴省战略　建设山川秀美新山西"的奋斗目标，出台了《关于实施生态兴省战略加快推进林业改革发展的意见》。2010年7月16日，省人大十一届常委会第十七次会议审议通过《关于大力推进林业生态建设的决定》，7月29日，山西省委在全省领导干部大会上提出加快建设"绿化山西"的宏伟目标。"十一五"期间，山西省启动实施了六大造林绿化工程和以"汾河流域生态环境治理修复与保护""太原西山综合治理""10市生态环境综合治理"为主要内容的"2+10"重点工程，山西省人民政府坚持每年在一个市召开全省造林绿化现场推进会，分类指导，整体推进，使全省造林绿化上了一个大台阶。

壶关太行山绿化工程

2010年10月,山西省人民政府办公厅印发了关于《山西省林业生态建设总体规划纲要(2011—2020年)的通知》。《纲要》指出实施"生态兴省"战略,建设"绿化山西",走出黄土高原和资源型地区发展现代林业的路子,建设持续稳定的国土生态安全体系、城乡宜居的森林环境体系、比较发达的林业产业体系,创建人民群众满意的生态环境。《纲要》在2008年《山西省生态功能区划》划分的5个生态区、15个生态亚区、44个生态功能区的基础上,与这些生态功能区域相衔接,结合各地自然条件和树木生长特性,确立了山西林业生态省建设的总体布局是以汾河两岸为中轴线,以太行山和吕梁山为重点,集中建设晋北晋西北防风固沙林区、吕梁山黄土高原水土保持林区、太行山土石山水源涵养林区、中南部盆地防护经济林区四大生态屏障,发展干鲜果经济林建设、速生丰产用材林建设、林木种苗花卉产业、森林旅游产业、林下资源开发和灌木林产业五大产业集群,推进城乡全面绿化。推进城乡全面绿化,就是要继续坚持"山上治本、身边增绿"的发展理念,以国家六大重点林业工程为骨架,以省十大造林绿化工程为重点,全力推进通道绿化、交通沿线荒山绿化、村镇绿化、环城绿化、厂矿区绿化、城市绿化、河流流域行洪河道两侧的滩涂绿化、城郊森林公园建设、生态庄园建设、碳汇造林等重点区域绿化,努力实现城乡绿化一体化。《纲要》确立了以建造山川秀美的新山西为目标,努力实现大地增绿、林业增效、环境增色、农民增收,开创经济社会和生态建设的新局面的林业生态建设的总目标。

"十一五"以来,山西省紧紧围绕吕梁山生态脆弱区、环京津冀生态屏障区、重要水源地植被恢复区和交通沿线荒山绿化区等四大重点区域,大力实施林业生态保护等六大工程,不仅改善了全省的生态环境,还有效地调节了自然水源,使每年输入黄河的泥沙量由20世纪80年代初的3.7亿吨减少到现在的2.7亿吨。2017年3月1日,《山西省永久性生态公益林保护条例》正式实施。山西在全国率先将重要水源地、河流库区两侧、自然保护区、集中连片天然林等生态区位重要的5600万亩林地资源划为永久性生态公益林,守住了"生态治理"红线。截至2017年8月,山西省已完成全年营造林任务318.14万亩,占年度任务的79.5%。近5年来,全省森林面积积蓄明显增加,共完成营造林2056万亩,其中吕梁山生态脆弱区累计完成营造林597.8万亩。全省森林覆盖率达到20.5%,与全国平均水平的差距缩减到1.13个百分点。全省大力实施天然林保护工程,2000多万亩天然林得到休养生息。林业的快速发展极大地改善了全省生态环境,为全省经济发展、社会进步、自然环境和谐发展和民生改善做出了不可替代的重大贡献。

四、打造强势环保执法，铁腕治污

"蓝蓝的天上白云飘，白云下面马儿跑"，这是现在大同人最喜欢哼唱的歌曲。来之不易的"大同蓝"，让这里的人们仿佛又回到了曾经的塞外草原。

2018年1月20日，山西省环保厅公布了全省环境空气质量排名情况。2017年大同全年二级以上良好天数达到304天，优良率达83.3%。在2017年12月召开的全国生态文明论坛上，大同市被表彰为全国美丽山水城市，是华北地区唯一获此殊荣的城市。"大同蓝"已经成为大同市生态环境的金字招牌。

从"遮黑纱"到"大同蓝"，大同怎样完成了这华丽的"逆袭"？

"云冈大佛遮黑纱，城市处处脏乱差"，在曾经的粗放式发展模式和"唯煤是举"时期，这座被覆盖在煤尘中的城市，给外界留下如此印象。2001年，大同市二级以上天数仅为49天；2003年，全国十大污染严重城市大同"榜上有名"；2005年，大同市在国家环保总局公布的全国113个重点监控城市大气污染综合指数排名倒数第三名。

习近平总书记说"绿水青山就是金山银山"，大同人民对此有了深切的感悟。呵护大同、捍卫"大同蓝"是当前大同全市从上到下的高度共识，有着深厚群众基础和社会基础，这也是"大同蓝"形成的最基础条件。"大同蓝"更是大同人民长期奋斗的结果，是多年来连续不断治理的结果，是下苦功、豁出巨大成本、采取刚性措施得来的结果。

多年来，大同古城内的平房居民取暖主要靠燃煤，为了治理燃煤污染，大同市以政府补助、专项资金支持等方式，每年冬季向古城内平房居民每户免费发放1吨环保型煤，成本价购买2吨环保型煤。仅2015年至2016年两年间，大同市用于型煤补助的资金就达到2000万元。2013年大同市专门划定89平方千米禁燃区，区内严禁使用原煤，推广清洁能源。为此，大同多年来拆除燃煤锅炉3000余台，发展热电联产集中供热5780万平方米，全市集中供热覆盖率达到99.7%，天然气用户覆盖率98.7%；大同市公交车全部置换成为新能源车和纯电动车，建成投入了公共自行车工程……

减污与增绿并举。大同开始大力恢复自然植被，仅2016年，新增建成区绿化面积116万平方米，城市绿化率达40.96%。作为大同之"肺"的环文瀛湖生态建设工程及以御河和口泉河治理为重点的湿地保护工程也如火如荼展开。

有人质疑"'大同蓝'是拿GDP换来的"，大同用数字进行了回应。2013年到2015年，大同的GDP增速分别为8.3%、7.4%、9%，分别在山西省排名第七、第一、第一，而也正是从2013年开始，大同空气质量连续5年排名全省第一。

如今的大同，三季有花，四季见绿，"大同蓝"正在成为"天天蓝"。

"大同蓝"是山西环境逐步改善的真实写照。在相当长一段时间里，由于环保理念没有确立，环保执法停留在以罚代管的层面，失之于宽、失之于软，缺少强有力的执法手段。地方考核评价偏重经济发展，环境考核严重缺失，难以形成有效推力，导致环境不断恶化。

党的十八大以来，特别是2016年下半年以来，山西生态环境保护动作频频、成效卓著,三晋百姓感同身受,交口称赞。更重要的是,在铁腕治污力度不断加大的同时,山西省生态文明制度框架初步构建,"大环保"格局轮廓初现,生态环境保护工作统筹推进,标本兼治,昂首迈上新台阶。2016年7月,山西省推出环保新政,实行"党政同责、一岗双责、权责一致、失职追责"的督察机制。通过体制机制的改革创新,进一步厘清各级党委、政府及相关职能部门的环保工作职责,形成高位推动环保工作的合力,用改革办法筑起源头严防、过程严控、后果严惩"三道防线","大环保"轮廓初现。

2016年10月31日,中国共产党山西省第十一次代表大会召开,提出把生态文明融入经济社会发展全过程,让绿色成为美丽山西的"底色"。2016年12月9日至31日,山西省委十一届二次全会暨经济工作会议召开,为加强创新驱动、转型升级工作指明了具体路径。在新发展理念下,生态文明建设的大局观、长远观、整体观树立起来,全省经济发展与环境保护之间由相互对立进入相互促进的新阶段。

2016年12月16日,山西省人民政府印发了《山西省"十三五"环境保护规划》,明确提出到2020年,大气环境质量、水环境质量得到阶段性改善,土壤环境质量保持稳定,主要污染物排放总量完成国家及省下达的减排任务,环境风险得到有效控制,生态修复治理初见成效,生态环境治理体系和治理能力现代化全面推进,全省的环境形象得到明显改观,生态环境保护质量与全面实现小康社会基本适应。主要指标包括环境质量得到阶段性改善。全省11个设区市PM2.5年均浓度下降20%,城市空气质量优良天数比例达到75.4%;全省地表水监测断面达到或好于Ⅲ类的比例高于60%,

第十一章　生态文明建设实现强势崛起

劣Ⅴ类水体断面比例控制在15%以下；太原市建成区基本消除黑臭水体，其他设市城市建成区黑臭水体比例控制在10%以内；农用地和建设用地土壤环境安全得到基本保障。化学需氧量、氨氮、二氧化硫、氮氧化物等4项主要污染物完成国家下达的"十三五"总量减排任务；烟粉尘排放量比2015年减少10%。"十三五"期间，山西省将以改善环境质量为核心，实行最严格的环境保护制度，强化污染防治与生态保护联动协同效应，围绕大气、水、土壤污染防治三项重点，加快推进生态环境治理体系和治理能力现代化建设，确保2020年全省生态环境质量得到阶段性改善，为全面建成小康社会提供稳固的环境基础。

2017年1至2月份，山西省"四类典型案件"查处量全国排名第一，获得环保部通报表扬。2017年4月底开始，山西省借中央环保督察东风，把配合好环保督察作为一项重要政治任务，增强看齐意识，坚决打破阻碍绿色发展的坛坛罐罐，使生态文明建设成为各级党政官员的一种政治自觉。山西省委、省政府领导率先垂范，带头包案，领办重点环境整改事项。与此同时，全省11市全部建立了党政主要领导领办督办机制，使绿色发展理念深入人心，彻底改变了环保工作"说起来重要，做起来不要"的局面，取而代之的是"人一之、我十之"的行动自觉。在中央环保督察之后，山西省生态环境保护自加压力，省委、省政府环保督察组继续开展自查自纠行动，目前已经实现对全省各省辖市省级环保督察全覆盖。2017年10月，《山西省2017—2018年秋冬季大气污染综合治理攻坚行动方案》出台，这是山西省继铁腕治污、环保督察之后对生态环保的又一次集中治理。山西省环评、许可、执法"一条龙"和一体化工作正在有序推进，各项环境管理制度加紧衔接整合，生态保护红

绿色出行　低碳生活

线管控制度逐步完善，生态保护重要区域日常监控不断加强，这些都标志着山西省环境保护已经改变了"头痛医头、脚痛医脚"的方式，全方位、全地域、全过程生态环境保护框架已经形成。

在多年的努力之下，山西省的生态环境显著改善。据《山西省生态气象监测评估分析报告》显示，全省植被覆盖指数、植被净初级生产力、生态质量指数等呈上升趋势，这标志着山西生态环境呈现明显转好趋势。2017年山西生态质量指数为67.7，较2001年至2016年的平均值升高6.4，是2000年以来的第三个高值年份。2017年全省大部分区域生态质量指数高于60，其中吕梁、阳泉、晋中大部分地区和忻州、临汾、长治、运城、晋城、太原部分地区高于70，吕梁最好。2000年至2017年，全省71个县（市、区）生态质量改善指数在0.6以上。其中，西部吕梁山区、忻州、晋中、临汾等地改善指数大于1.2，是全省生态质量改善最为明显的区域。

第十二章
民主政治建设成效显著

改革开放以来，山西始终坚持与时俱进，在深化经济体制改革的同时坚定不移地推进政治体制改革，民主制度不断健全，民主形式日益丰富，民主政治建设取得显著成效，社会主义民主政治的优越性充分彰显。

第一节 人民当家做主得到切实保障

习近平总书记指出："人民民主是社会主义的生命。没有民主就没有社会主义，就没有社会主义的现代化，就没有中华民族伟大复兴。"改革开放以来，山西通过坚持和完善人民代表大会制度、中国共产党领导的多党合作和政治协商制度及基层群众自治制度，不断健全民主制度，丰富民主形式，拓宽民主渠道，人民当家做主得到了切实的落实和保障。

一、人民代表大会制度不断完善

人民当家做主主要是通过人民代表大会的形式来体现的。人民代表大会制度充分体现了社会主义民主的本质特征，在制度上保证了人民行使管理国家和社会的民主权力，是实现人民当家做主、管理国家事务的根本途径。

同全国一样，山西省人民代表大会制度走过了初步确立、曲折发展、严重挫折，到逐步恢复、全面发展的历程。1954年8月山西省第一届人民代表大会第一次会议的召开，标志着人民代表大会制度在山西正式建立。"文化大革命"期间，人大制度遭到严重破坏，直到1977年12月山西省五届人大一次会议召开，人民代表大会制度在山西才逐步恢复。1979年12月以后，各市、县人大常委会相继成立，山西省人民代表大会制度进入新的发展时期。改革开放40年来，全省各级人大及其常委会在省委和各级党委的领导下，以加强社会主义民主政治建设为根本任务，认真履行宪法和法律赋予的神圣职责，在政治、经济和社会生活中发挥了重要作用。

一是立法工作成效显著。山西省人大及其常委会依法履行地方立法职能，坚持把立法工作与山西改革开放和经济建设的实际相结合，在加快立法步伐的同时努力提高立法质量。1979年至2004年，山西共制定、修订和批准地方性法规414件。2003年至2008年，山西省十届人大常委会在任期内共制定地方性法规42件、修订19件、废止23件，批准太原、大同两市地方性法规59件。2008年至2013年，山西省第十一届人大常委会在任期内共制定、修改、废止地方性法规83件,审查和批准太原、大同两市地方性法规89件。2013年至2017年,山西省第十二届人大常委会积极主动回应经济社会发展中亟需立法规范的重大问题,制定、修改、废止地方性法规74件(次),审查批准11个市的地方性法规98件,备案审查规范性文件210件,保障和促进了全省各项事业的健康发展。这些法规为推进依法治省进程奠定了良好基础。

二是监督工作不断加强。山西省人大坚持工作监督与法律监督相结合、人大监督与人民监督相结合、依法监督与工作支持相结合,通过听取工作报告、执法检查、代表视察和评议等形式,认真开展监督工作,逐步形成了多层次、全方位的监督体系,有力地支持和促进了国家机关依法行政和公正司法,保证了法律法规的实施和党的路线方针政策的贯彻,维护了人民群众的合法权益。改革开放40年来,山西省人大常委会坚持认真听取和审议"一府两院"及有关部门的工作报告,对公安、司法机关的工作进行评议,对省政府的组成人员进行述职评议。同时,各级人大及其常委会还受理了大量人民群众的来信来访,依法监督查处了一批重大违法案件。

三是重大事项决定科学高效。全省各级人大及其常委会依法行使重大事项决定权,代表人民利益,体现人民意志,审议和决定本地政治、经济、文化建设等方面的重大事项,促进了决策的科学化、民主化。在改革开放的40年里,山西省人大及其常委会努力探索,不断创新,使重大事项决定权得到更好更充分的行使,先后就依法治省、环境保护、发展循环经济、计划生育等重大问题作出了决议、决定,及时把省委的重大决策变成全省人民的意志。从2013年到2017年期间,山西省第十二届人大常委会认真行使重大事项决定权,作出实质性决议决定25项。其中包括作出关于山西转型综改示范区行政管理事项的决定，赋予综改示范区部分省级行政管理权限，保障综改示范区打造集聚先进生产要素的政策洼地和发展高地，推动转型综改在更高起点上健康快速发展。

四是人事任免规范严格。全省各级人大及其常委会始终以对党和人民高度负责的精神，依法行使选举权和人事任免权，坚持党管干部原则与人大及其常委会依法选举、任免干部的统一，认真贯彻党委意图，严格遵循程序，充分发扬民主，人事任免工作逐步走上规范化的轨道，保证了国家机关的正常运转。从1981年3月山西省第五届人民代表大会常务委员会第八次会议决定任命霍泛、王西为副省长为起点，截至2014年7月，省人大常委会共任免6096人。仅在2013年到2017年期间，山西省人大常委会严格按照法律程序，任免、决定任免和批准任免了国家机关工作人员862人（次）。2017年，按照中央和省委的部署，在全国率先选举、任命了监察委员会主任、副主任、委员，确保监察体制改革试点工作依法有序推进。

五是代表工作不断改进。从1983年9月山西省六届人大常委会第三次会议决定设立政治法律、财政经济、教科文卫和农村工作委员会起，随着经济社会的发展，山西省人大及其常委会的机构不断建立和完善，为山西省人大及其常委会依法行使职权奠定了坚实的基础。改革开放40年来，全省各级人大及其常委会始终把代表工作作为人大的基础性工作来抓，先后制定出台了《代表法实施办法》《代表视察办法》《评议工作条例》等法规和制度，为代表充分发挥作用提供了制度保障。

二、政治协商制度全面发展

中国人民政治协商会议是中国共产党把马克思列宁主义统一战线理论与中国具体实践相结合的伟大创造,是中国共产党同各民主党派、人民团体和各族各界人士长期团结奋斗的伟大成果。1949年9月21日至30日召开的中国人民政治协商会议第一届全体会议标志着人民政协的成立。1954年全国人民代表大会召开后,人民政协作为民主协商机构和统一战线组织,继续在国家政治生活中发挥重要作用。党的十一届三中全会以后,我国进入改革开放和社会主义现代化建设的新时期,统一战线和人民政协也进入一个新的发展时期。

与全国政协一样,山西省政协也走过了从成立、曲折发展到恢复、全面发展的历程。1955年2月山西省政协一届一次会议的召开标志着山西省政协的正式成立。"文化大革命"期间,山西省政协组织遭到严重破坏。1975年11月,山西成立恢复政协筹备工作领导组。1977年12月,山西省政协四届一次会议召开,组织正式恢复,山西省的政协工作从此进入一个新的发展时期。改革开放40年来,历届山西省委和全省各级党委高度重视政协工作,坚持加强对政协工作的领导,促进了山西省政协工作的全面发展。

一是政治协商质量不断提高。改革开放以来,全省各级政协组织始终坚持人民至上,努力发挥政协团结各界、联系群众的优势,积极做好聚民心、汇民意、解民忧、惠民生、促民和等各项工作。例如,2013年至2017年,山西省第十一届政协共收集社情民意信息 3 万余条，编报专刊 400 余期，中央、省领导批办和有关部门反馈 330 余件；围绕民生领域 6 项重点改革举措和脱贫攻坚系列部署实施，组织省市县三级政协委员联动开展专项视察和监督性调研，积极助力民生政策落实和民生问题解决；组织委员送科技、送医药、送文化、送法律到基层，开展技能培训 1.8 万人次、义诊 1.2 万人次、提供法律服务 3.5 万人次、帮扶困难群众 7 万多人，为山西省全面建成小康社会、逐步实现振兴崛起汇集了正能量。

二是参政议政能力不断增强。改革开放以来，全省政协紧紧围绕各个时期各个阶段山西经济建设和社会发展的重大战略问题，认真搞好政治协商，坚持为党委、政府献有用之策、尽切实之责，提出许多具有宏观性、前瞻性和可行性的建议。例如，2013 年至 2017 年，山西省十一届政协紧扣全省中心工作，聚焦转型综改、创新驱动、改革开放、脱贫攻坚和全面从严治党、净化政治生态等方面的 100 多个重点课题，深入调查研究、积极建言献策，提出建议报告 50 多件。

三是民主监督力度不断加大。改革开放以来，全省各级政协组织依据政协章程，坚持办理委员提案、组织委员视察和反映社情民意等有效监督形式，不断拓宽监督渠道，增强监督实效。2013 年至 2017 年，全省政协不断强化民主监督，共征集提案 4930 件、立案办复 4312 件，并积极动员广大委员双岗履职、岗位奉献，为实现政治生态持久的风清气正和转型发展持久的强劲态势贡献了政协力量。

三、基层群众自治制度日趋健全

1982年12月通过的新宪法正式确立了村民委员会作为农村基层群众性自治组织的法律地位。从1979年到1987年，山西省在原有的生产队基础上建立起村民委员会，村民委员会所属的人民调解、治安保卫、文教卫生等委员会也随之成立，部分村民委员会还制定了"村规民约"，基层群众自治有初步发展。按照中央的有关要求和部署，从1988年到1997年，山西省积极贯彻《中华人民共和国村民委员会组织法（试行）》，大力推进村民自治，依法进行了4届村委会换届选举。1998年《中华人民共和国村民委员会组织法》颁布后，山西省依法组织了第五、六届村委会换届选举。2005年9月，山西颁布实施了《山西省村民委员会选举办法》和《山西省村民委员会选举规程》。随后，山西省依法组织了第七、八、九、十届村委会换届选举。

2017年，山西省委、省政府发布《关于认真做好第十一届村民委员会换届选举工作的意见》，大力创新选举模式，大力推行"先定事、后定人、揭榜竞选"和"先晒业绩、后绘蓝图、再选班子"的做法。换届选举前，乡镇全面开展村委会班子及成员任期承诺考核，公开晾晒上届村委会班子及成员"三项承诺"兑现情况，接受群众监督；指导各村围绕新农村建设和脱贫攻坚目标，科学制定今后3年发展规划，组织候选人围绕目标和任务开展竞职承诺、创业承诺、辞职承诺等活动，把农民群众的注意力从"选什么人当官"引导到"选什么人干事"上来，形成了正确的选人用人导向。

与此同时,改革开放以来,山西在城市基层组织建设方面也取得显著成效。2000年,根据中共中央办公厅、国务院办公厅《关于转发民政部关于在全国推进城市社区建设的意见的通知》要求,山西省在阳泉市矿区、太原市杏花岭区开设社区建设试点,2001年推广到10个地级市的22个市辖区和12个县级市一级部分县政府驻地镇。2002年后,山西的社区建设以改制、理顺关系、拓展服务和夯实基础为重点,实现了快速发展。截至2018年,全省居民委员会已经进行了6届换届选举。山西城市居民委员会运行30年来取得明显成效,居委会改制任务全面完成,社区的基层组织体系逐步健全。

第二节 政权机关建设不断加强

改革开放以来,与山西经济体制改革逐步深入和经济社会发展水平不断提高相适应,山西不断加强党政机关建设,在党的领导不断加强的同时,政权机关在组织上也逐步健全。

一、各级人大、政府、法院、检察院的恢复

1979年7月,第五届全国人民代表大会第二次会议通过《关于修正〈中华人民共和国宪法〉若干问题的决议》和《中华人民共和国地方各级人民代表大会和地方各级人民政府组织法》,确定县级以上的地方各级人民代表大会设立常务委员会,在大会闭幕期间

行使法律规定的职权；地方各级革命委员会改为地方各级人民政府，并相应恢复省长、市长、县长等职务。1979年12月召开的山西省五届人大二次会议，决定将山西省革命委员会改为山西省人民政府，从组织体制上结束了存在时间长达12年之久的革命委员会体制。同时，按照宪法的规定，山西省人民检察院于1978年12月5日正式成立，此后全省各级人民检察院相继建立，全省各级法院也全面恢复工作。

二、撤地设市

从1985年到2003年，山西省逐步撤销地区建制，实行市领导县体制。1985年4月，经国务院批准，山西省撤销晋东南地区，实行市管县体制；晋城市升为地级市，并设立城区、郊区；将原晋东南地区的沁水、阳城、高平、陵川4县划归晋城市管辖；将原晋东南地区的襄垣、屯留、平顺、黎城、壶关、长子、武乡、沁县、沁源9县划归长治市管辖。1999年9月，经国务院批准，山西省撤销晋中地区和县级榆次市，设立地级晋中市；市人民政府驻新设立的榆次区；晋中市辖原晋中地区的太谷县、祁县、平遥县、灵石县、榆社县、左权县、和顺县、昔阳县、寿阳县和新设立的榆次区；原晋中地区的介休市由山西省直辖。2000年6月14日，经国务院批准，山西省撤销运城地区和县级运城市，设立地级运城市；运城市设立盐湖区，以原县级运城市的行政区域为盐湖区的行政区域；运城市辖原运城地区的闻喜县、新绛县、平陆县、垣曲县、绛县、稷山县、芮城县、夏县、万荣县、临猗县和新设立的盐湖区；原运城地区的河津市和永济市由山西省直辖。2000年6月，经国务院批准，山西省撤销临汾地区和县级临汾市，设立地级临汾市；临汾市设立尧都区，以原县级临汾市的行政区域为尧都区的行政区；临汾市辖原临汾地区的汾西县、吉县、安泽县、大宁县、浮山县、古县、隰县、襄汾县、翼城县、永和县、乡宁县、曲沃县、洪洞县、蒲县和新设立的尧都区；原临汾地区的侯马市和霍州市由山西省直辖。2000年，经国务院批准，山西省撤销忻州地区和县级忻州市，设立地级忻州市。2003年10月23日，经国务院批准，山西省撤销吕梁地区和县级离石市，设立地级吕梁市；吕梁市辖原吕梁地区的交城县、文水县、兴县、岚县、临县、方山县、中阳县、柳林县、交口县、石楼县和新设立的离石区，原吕梁地区的县级汾阳市和孝义市由省直辖。

三、基层政权建设不断加强

1982年11月，五届全国人大五次会议通过的宪法修正案明确规定设立乡、镇一级人民政府，以根本大法的形式预告将全面放弃"政社合一"体制。1983年10月，中共中央、国务院发出《关于实行政社分开建立乡政府的通知》，规定撤销人民公社，建立乡（镇）政府作为基层政权，同时撤销作为行政机构的生产大队，普遍成立村民委员会作为群众性自治组织。根据中央精神，山西省委、省政府在先行试点的基础上全面铺开了人民公社体制改革的工作。截至1984年底，全省建立了乡（镇）人民政府1883个、村民委员会19 665个。其余政社尚未分设的29个人民公社、2319个生产大队、

8723个生产队，也于1985年春实行了建乡改制。1983年到1985年，山西省还进行了乡级行政区划体制改革，由1898个公社（镇）改建为1908个乡镇。2000年底，山西省进行了中华人民共和国成立后最大规模的乡镇行政区划调整，到2001年4月，全省1910个乡镇撤并为1198个。撤并后的乡镇，通过强强联合和资源互补，实现了资源的统一规划、开发和利用，促进了区域经济的发展，同时也减轻了农民负担，提高了行政效率。

四、干部人事制度改革

山西的干部人事制度改革从党的十一届三中全会以后开始，改革的重点是解决两个问题，一是拨乱反正，恢复干部人事工作秩序；二是在此基础上开始进行干部人事制度单项改革。按照中央提出的干部队伍革命化、年轻化、知识化、专业化的方针，山西于1982年首次建立了干部退休制度，开启了新时期干部人事制度改革的航程。1983年，山西省在省、地、县三级党政机关进行了机构改革，使全省1.4万名优秀中青年知识分子走上了县团级以上领导岗位。

从1983年开始，山西省下放干部管理权限，由下管两级改为原则上只管下一级。党的十三大以后建立了公务员制度，并以公务员制度建设为重点，建立起科学的干部分类管理体制，干部分类管理格局初步形成。1994年山西省相继出台了《山西省公务员录用实施暂行办法》《山西省公务员考核实施办法》等一系列法规性文件，相应建立了公务员考试录用、考核、回避、职位轮换、工资晋升等制度。

中共十五大召开以后的几年，山西的干部人事制度改革实现了新的突破。一是积极推行公开选拔领导干部工作。2000年，山西拿出21个副厅级职位在全省范围内进行了公开选拔，引起强烈反响，有1000多人报名，854人参加笔试，92人进行了面试，经过竞争，20名优秀年轻干部脱颖而出。二是加大了党政机关内部中层干部竞争上岗工作力度。1999年在省直政府部门的376个正处级领导职位中，有337个通过竞争上岗方式确定了人选，占到90%。在2001年全省撤乡并镇和机构改革中，也普遍采取了竞争上岗的方法。三是实行了党政领导干部任前公示制度。省委组织部先后制定了《山西省党政领导干部任前公示的暂行规定》和《党政领导干部任前公示制实施办法（试行）》，进一步规范了干部任前公示工作。2002年，党政领导任前公示制得到了全面的推行。四是在公开选拔的领导干部中实行了试用期制度。五是试行了考察预告制、差额考察制和全委会表决制。

为了适应"十二五"期间山西转型发展急需合格人才的要求，山西省委在2010年12月推出了深化干部人事制度改革的"6+7"组合拳，包括干部选拔任用改革的6条意见和7个"一批"。6条意见主要包括正确用人导向、优化领导班子结构、"一把手"选拔管理、干部交流、竞争性选拔干部机制等内容；7个"一批"举措主要包括面向全国公开选拔一批副厅级领导干部和国有企业领导人员；从省直部门选拔一批优秀年轻干部到各市担任常委副市长；选拔一批优秀县委书记担任副市厅级领导职务；从省直部门、企事业单位选拔一批优秀年轻正处级干部担任县长；调整交流一批市（厅）、县级领导干部，打破部门限制；从省直党政机关选拔配备一批巡视员和副巡视员；联系一批中直机关、重点科研院所的局、处两级干部以及央企领导人员来山西挂职,并选派一批优秀年轻干部到这些机关锻炼,同时选派一批厅局市县正职到沿海发达地区挂职锻炼。

中共十八大之后,山西发生了系统性、塌方式严重腐败问题,刷新吏治也成为山西重塑政治生态的重中之重。为了完善干部选任工作,山西确定了先立规矩后选人的基本原则,先后出台了《关于做好甄别处理一批、调整退出一批、掌握使用一批干部工作的意见》《关于加强县委书记选拔任用和管理监督的意见》和《省管干部动议酝酿任免议事规则(试行)》等3个规范性文件,严格干部"六查"(查档案、查个人事项报告、查民意、查业绩、查线索、查案件),坚决杜绝"带病提拔"。2015年7月,中共中央办公厅印发《推进领导干部能上能下若干规定(试行)》。结合山西实际,山西省委总结完善2014年9月以来革弊立新、刷新吏治的有效措施与办法,于2016年1月印发《推进领导干部能上能下实施细则(试行)》,对照党中央要求进行细化、具体化,着力破解干部能上不能下的难题。2016年下半年以来,山西省结合省市县三级换届,进一步落实"好干部标准",强化为官必为意识,增强为官会为能力,追究为官不为责任,营造为官愿为环境。

五、纪检监察机构的恢复与国家监察委员会改革

粉碎"四人帮"后,山西在1978年3月重建了中共山西省委纪律检查委员会。为了加强党的纪律检查工作,1984年4月中共山西省委纪律检查委员会改称为中共山西省纪律检查委员会,纪

委由省委的下属机构升格为省级领导班子之一。1987年12月，山西省第六届人民代表大会常务委员会决定设立山西省监察厅。1993年3月，省纪委与山西省监察厅合署办公，山西省监察厅改名为山西省监察委员会，履行纪检监察两项职能。1997年5月，《行政监察法》颁布实施，行政监察法律体系框架开始建立。经山西省委、省政府研究，中央纪委监察部同意，2007年底，山西省监察委员会再次更名为山西省监察厅，仍与省纪委合署办公。

根据中央确定的《关于在北京市、山西省、浙江省开展国家监察体制改革试点方案》，为在全国推进国家监察体制改革探索积累经验，2016年12月，第十二届全国人民代表大会常务委员会第二十五次会议决定在北京市、山西省、浙江省开展国家监察体制改革试点工作。按照《试点方案》的部署，在北京市、山西省、浙江省及所辖县、市、市辖区设立监察委员会，行使监察职权，并将试点地区人民政府的监察厅（局）、预防腐败局及人民检察院查处贪污贿赂、失职渎职以及预防职务犯罪等部门的相关职能整合至监察委员会；试点地区监察委员会由本级人民代表大会产生，监察委员会主任由本级人民代表大会选举产生；监察委员会副主任、委员，由监察委员会主任提请本级人民代表大会常务委员会任免；试点地区监察委员会按照管理权限，对本地区所有行使公权力的公职人员依法实施监察，履行监督、调查、处置职责。

改革伊始，山西省委即成立深化监察体制改革试点工作小组，省委书记任组长，领导小组下设办公室，成立综合组、法律组、组织组和市县指导组，有序推进各项工作。随后，山西以中央方案为依据，经反复讨论研究，先后18易其稿，制定出台《山西省深化监察体制改革试点实施方案》，确立了转隶开局、平稳过渡、逐步深化、规范高效的思路，作出了第一步重点抓"转隶"、第二步重点抓"建制"的两步走安排。2017年1月，省十二届人大七次会议选举了山西省监察委员会主任，通过了山西省监察委员会副主任、委员的任命，标志着山西省监察委员会正式成立。与此同时，在山西省委领导下，山西市县两级党委也都成立了党委书记担任组长的改革试点工作小组，加强组织领导。组成3个调研组分赴全省11个市22个县（市、区）开展了2轮调研指导工作，并在调研基础上形成了《关于市县深化监察体制改革试点工作的指导意见》。经过一段时间的努力，以省市县三级监察委员会正式挂牌运行为标志，山西改革试点工作迈出坚实的一步，整体转入抓全面建制、抓规范运行、抓总体实现改革试点目标的新阶段。

第三节 法治山西建设稳步推进

党的十一届三中全会以来，山西经济社会发展发生了巨大的变化。在经济快速发展、社会深刻变化的同时，山西的法治建设工作也实现了从小到大、从弱到强的历史性发展。2009年，在纪念依法治省10周年之际，山西省委、省政府作出了"法治山西"建设的重大决策，掀开了山西法治建设史上新的一页。

一、地方立法工作长足发展

2000年3月，第九届全国人民大会第三次会议通过《中华人民共和国立法法》，正式确立了我国统一、分层次的立法体制，即在坚持中央立法主导地位的同时，赋予地方一定的立法权。随着我国分层次立法体制的确定以及经济社会形势的发展不断提出新的要求，山西的地方立法得到了空前的发展，制定和实施了大量的地方性法规。1980年3月10日，山西省第五届人民代表大会常务委员会第二次会议批准通过的《关于对排放有毒有害污染物超标单位实行收费和罚款的暂行规定》，是山西省出台的第一件地方性法规。1994年3月1日，山西省八届人大常委会编制印发了《山西省人大常委会1994年制定地方性法规计划》和《山西省八届人大常委会1993—1997年五年立法规划》，这是山西省人大常委会编制的第一个年度立法计划和第一个五年立法规划。2000年以后，山西省地方立法更加完善，诸如《山西省高新技术产业发展条例》《山西省征收征用农民集体所有土地征地补偿费分配使用办法》《山西省非法违法煤矿行政处罚规定》等地方法规和规章相继出台。总体而言，改革开放40年来的山西出台的地方性法规和规章的内容涉及综合经济管理、工业、交通、能源、邮电、城乡建设、环保、测绘、旅游、农业、林业、水利、气象、民政、科教文卫、国防、宗教等经济和社会社会生活的方方面面，对于保障法律、法规在山西省的有效实施发挥了重要的作用。

2015年3月，十二届全国人大三次会议对《立法法》进行修改，规定赋予所有设区的市地方立法权。2015年11月，山西省十二届人大二十三次会议通过了关于运城等设区的市人大及其常委会开始制定地方性法规的决定，明确运城、晋城两市人大及其常委会自决定公布之日起，可以开始制定地方性法规。山西随后逐步放开了设区的市地方立法权。2016年4月，运城市人大制定的《运城市关圣文化建筑群保护条例》获山西省十二届人大二十五次会议批准。这部法规既是运城市首部地方性法规，也是山西省放开设区市的立法权后7个获得立法权的设区的市中首部被批准的地方性法规。

2013年至2017年，山西省人大积极主动回应经济社会发展中亟需立法规范的重大问题，共制定、修改、废止地方性法规74件（次），审查批准11个市的地方性法规98件，备案审查规范性文件210件，保障和促进了全省各项事业健康发展。

总的来说，山西的地方立法工作与山西经济建设和改革开放的步伐相一致，其成效较为可观：一是充分发挥了对经济社会发展的保障和促进作用，为经济社会的健康、有序发展提供了必要的制度规范；二是立法理念不断进步，先进的立法理念不断引入，充分体现了"依法治国，建设社会主义法治国家"的要求；三是立法程序不断改进。在严格维护和遵循国家法制统一的原则下，山西在推进立法程序民主化方面做了大量的工作，在推进立法民主化方面进行了许多积极的探索，对于进一步推动山西立法工作具有重要意义。

二、法治政府建设成效显著

党的十五大召开以来，山西各级政府在中共山西省委、省政府的领导下，认真贯彻依法治国的战略方针，为实现建设法治政府的目标，积极推进政府法治建设，不断开创山西政府法制建设的崭新局面。

一是依法行政不断推进。依法行政是建立完善的社会主义市场经济体制的必然要求，是实施依法治国方略的关键所在。2001年，山西省人民政府作出了《关于全面推进依法行政的决定》，并决定将 2001 年确定为山西省"依法行政年"，并于同年出台了《山西省行政执法条例》。2004 年《国务院关于全面推进依法行政实施纲要》颁布后，山西省政府颁发了《关于贯彻落实〈全面推进依法行政实施纲要〉的实施意见》，围绕依法行政重点任务做了详细的部署和安排。2009 年，山西省政府印发了《山西省全面推进依法行政规划（2008—2012 年）》，从战略层面上确立了之后 5 年山西建设法治政府的总体思路、工作重点与保障措施。"十二五"期间，山西进一步加强法治山西建设，全面推行"六权治本"，在此基础上制定实施了政府建设三年规划和年度行动计划。2016 年，山西省各级政府和部门深入贯彻落实党的十八大、十八届三中、四中、五中、六中全会精神，深入学习贯彻习近平总书记系列重要讲话精神和治国理政新理念新思想新战略，积极推动落实《法治政府建设实施纲要（2015—2020 年）》和《山西省贯彻落实〈法治政府建设实施纲要（2015—2020 年）〉的实施方案》，法治政府建设取得新进展新成效。

二是行政立法工作不断加强。从 1985 年到 1990 年，山西省政府先后向山西省人民代表大会及其常务委员会提出了 26 件地方性法规草案议案，并制定了 2 件规章和十余件规范性文件。从 1991 年到 1997 年期间，山西省政府向山西省人民代表大会及其常务委员会提出了 121 件地方性法规草案议案和地方性法规修正案草案议案，并制定了 97 件规章，修订了 28 件规章，废止了 3 件规章。1998 年以后，山西省政府在全面推进依法行政工作、加快立法步伐的同时着重抓了提高立法质量的工作。从 1998 年到 2004 年，山西省政府向山西省人民代表大会及其常务委员会提出了 63 件地方性法规草案议案，制定了56件规章，同时修订了4件规章、废止了26件规章。"十一五"期间，山西省政府向山西省人大常委会提请审议地方性法规草案48件，制定政府规章45件。"十二五"期间，山西省政府向省人大常委会提请审议地方性法规草案36件，制定政府规章14件。2016年，山西省政府坚持贯彻落实"五大发展"理念，加强重点领域立法，完成了6件地方性法规草案项目任务的审查、送审工作，按时完成了5件政府规章制定工作。为改善山西脆弱的生态环境，保护林业生态红线，制订了《山西省永久性生态公益林地保护条例（草案）》，该条例属全国首例立法，受到国家林业主管部门的高度肯定。

三是行政执法行为进一步规范。从1996年《行政处罚法》颁布实施后，山西省就开始实施执法人员持证上岗、亮证执法制度。2001年出台的《山西省行政执法条例》是山西省制定的第一部以规范行政执法行为为主要内容的地方性法规。为进一步落实行政执法责任制，山西分别于2005年和2007年颁发了《山西省贯彻〈国务院办公厅关于推行行政执法责任制的若干意见〉的实施方案》和《山西省行政执法责任制规定》。"十二五"期间，山西积极推进综合执法和相对集中行政处罚权工作，加大执法主体整合力度，解决执法职能交叉、多头执法问题，并取得了明显成效。2016年，山西省成立了山西省深化综合行政执法体制改革领导小组，并出台了《关于深化综合行政执法体制改革的指导意见》，决定在交通运输、商务等10个领域，省、市、县统筹推进深化综合行政执法体制改革。

四是不断加强行政复议和行政应诉工作。《行政复议法》及其实施条例颁布实施后，行政复议制度在化解行政争议、保护人民群众合法权益等方面发挥着越来越重要的作用。山西各级行政复议机构为把矛盾化解在基层、化解在初发阶段、化解在行政系统内部，付出了巨大努力，社会影响力和公信力逐步提升。2009年，山西为进一步推进行政复议工作，起草并印发了《山西省人民政府办公厅关于进一步加强行政复议工作的意见》；为拓宽行政复议渠道，指导各级行政复议机关依法做好行政复议调解、和解工作，起草并印发了《山西省行政复议调解和解办法》。2015年，太原、晋城两市行政复议委员会正式运行，并取得了明显成效。为落实新修订的《行政诉讼法》，受山西省政府委托，山西省法制办主要负责人代表省政府依法出庭应诉。2016年，太原、晋城两市行政复议委员会健康有序运行，为扩大试点范围积累了丰富经验。为规范行政机关出庭应诉，省政府办公厅制定印发了《山西省行政机关行政应诉办法》。2016年全年全省各级行政复议机关共办理行政复议申请1778件，共办理行政应诉案件4587件，行政复议与应诉工作质量进一步提高。

第四节　党的建设全面推进

中华人民共和国成立以来特别是改革开放以后，中共山西省委坚持全面推进党的建设各项工作，为山西改革开放40年的发展夯实了组织基础，强化了组织保障。

一、深入开展党的思想政治理论建设

改革开放以后,按照山西省委部署,全省各级党组织先后组织了一系列大规模的思想政治理论学习活动。对于全党开展的集中性教育活动,山西省委精心组织、认真开展。

1992年1月18日至2月21日,邓小平视察南方发表重要谈话后,中共山西省委根据中央指示,在1992年2月29日发出学习贯彻邓小平南方重要谈话的通知,组织全省各级党委、政府企事业单位的广大干部群众,围绕加快山西经济发展速度,促进山西经济上新台阶开展讨论和学习。通过学习,全省广大干部群众受到深刻教育。

1994年12月,山西省委决定用3年时间,在全体党员干部中开展学习邓小平建设有中国特色社会主义理论和《中国共产党章程》的"双学活动"。在"双学活动"中,全省县处级以上干部普遍接受了理论培训,共有18.09万人次参加了培训。

1999年3月,根据中央精神,中共山西省委制定了《关于在省级领导班子、领导干部中深入开展"三讲"教育的方案》,在全省范围内开展了"三讲"教育活动。"三讲"教育活动历时两年,全省有县级以上领导干部1.89万多人参加,近99%的领导干部民主测评满意度达到2/3以上。本次教育活动对于群众反映强烈、意见较集中的一些问题进行了纠正和解决,之后,基本形成了比较完备的干部选拔任用工作制度体系。

2000年5月,党中央对学习实践"三个代表"重要思想作出部署。

山西全省普遍开展了学习"三个代表"重要思想活动。在全党普遍开展学习活动的基础上,广大农村地区也开展了有组织的学习活动。这次学习教育活动取得了明显成效,农村基层干部思想政治素质有了新的提高,工作作风和工作方法也有了明显改善。

为进一步加强党的执政能力建设,中共中央决定从 2005 年 1 月开始,用一年半左右的时间,在全党开展以实践"三个代表"重要思想为主要内容的保持共产党员先进性教育活动。2005 年 1 月 20 日,中共山西省委召开全党保持共产党员先进性教育活动工作会议,对全省的先进性教育工作进行了部署和动员,先进性教育在全省范围内展开。到 2006 年 6 月,先进性教育活动基本结束。全省各级党组织和广大党员分三批参加了先进性教育活动。通过先进性教育活动,全省广大党员普遍受到一次深刻的马克思主义教育,党性观念、党员意识进一步增强,各级党组织的创造力、凝聚力、战斗力进一步提高,各级领导班子思想政治建设得到加强,党员干部的思想作风、工作作风有了明显改进。

2013 年 4 月,中央决定用一年左右时间在全党自上而下分批开展党的群众路线教育实践活动。从 2013 年 7 月开始,山西全省 10 万多个党组织、230 多万名党员认真贯彻中央部署,突出为民务实清廉主题,坚持"照镜子、正衣冠、洗洗澡、治治病"的总要求,自上而下分两批深入开展党的群众路线教育实践活动。通过教育实践活动,广大党员干部普遍经历了一次深刻的思想政治洗礼,接受了一次严格的党内政治生活锻炼,整治了一批"四风"突出问题,查处了一批侵害群众利益的突出问题,解决了一批关系群众切身利益的实际问题,联系服务群众"最后一公里"问题逐步疏通破解,基层党组织的战斗力、凝聚力和创造力进一步增强。

2015年4月10日,中共中央办公厅印发《关于在县处级以上领导干部中开展"三严三实"专题教育方案》,对2015年在县处级以上领导干部中开展"三严三实"专题教育作出安排。2015年5月16日,山西"三严三实"专题教育正式启动。通过专题教育,进一步提高了全省党员干部的思想境界,也进一步规范了党员干部的言行,切实增强了各级党组织的战斗力和凝聚力。

2016年2月,中共中央办公厅印发了《关于在全体党员中开展"学党章党规、学系列讲话,做合格党员"学习教育方案》,要求各地区各部门认真贯彻执行。在2016年深入开展"两学一做"学习教育的基础上,2017年4月28日,中共山西省委十一届三次全会对在全省开展推进"两学一做"学习教育常态化制度化、开展维护核心见诸行动主题教育进行了动员部署,要求全省各级党组织和广大党员干部要深刻认识到推动"两学一做"学习教育常态化制度化是全面从严治党的战略性、基础性工程,对于确保全党更加紧密地团结在以习近平同志为核心的党中央周围,具有重大而深远的意义。要深刻认识到抓好维护核心见诸行动主题教育,是2017年推进"两学一做"学习教育常态化制度化的重大举措和鲜明特色,是加强党性教育的重要内容,是严肃的党内政治生活。广大党员真学深学、以学促做、边学边改,在"学"中筑牢思想根基,在"做"中彰显先锋本色。

二、大力加强组织建设

改革开放以来,山西省党的组织建设不断加强,党员数量和基层党组织数量快速增加。截至 2016 年年底，山西全省中国共产党党员总数达 243.6 万名，党的基层组织总数达 12.7 万个。

山西省一方面坚持严格党员标准，大力吸收社会优秀分子入党，另一方面不断扩大基层党组织覆盖面，同时还不断提高基层党组织的组织力。改革开放 40 年里，山西在组织建设方面还形成了很多富有特色和成效的做法。比如，从 2009 年 11 月到 2012 年 11 月底，山西省新建扩建了 9615 个村级组织活动场所，基本实现了村级组织活动场所全覆盖。中共十八大提出加强基层服务型党组织建设的重大任务后，山西省委办公厅随即出台了《关于加强农村和社区基层服务型党组织建设的若干意见》，山西省委组织部发出了《关于开展在职党员到社区报到服务群众工作的通知》，强力推进基层服务型党组织建设。

三、坚定不移纠正不正之风反对腐败

十一届三中全会以后，随着对外开放和对内搞活，党内滋生了新的不正之风，严重损害了党的形象和威信。为此，山西省委、省政府在 1980 年 4 月制定了《关于领导干部生活待遇的有关规定》，对省级领导干部的生活待遇作出了规定。省直各部、委、厅、局和地、市、县的绝大多数党组织也先后制定了相应的规定。改革发展起步不久，中共山西省委四届三次全委会就明确提出必须克服脱离群众、脱离实际、官僚主义、特权思想、违法乱纪和极端个人主义等倾向，并先后针对领导干部为子女结婚铺张浪费、炫耀权势、聚敛钱财、在招工问题上营私舞弊等问题进行了检查处理。

20世纪80年代中期，山西全省各级党委根据省委部署，通过整党整风，对党内存在的以权谋私、官僚主义、特权现象等问题进行了严肃查处。20世纪90年代，山西省委先后通过抓好清房、整顿执法队伍、纠正行业不正之风"三件事"、出台《关于深入开展反腐败斗争的决定》和《关于进一步做好反腐倡廉工作的意见》、集中力量查办大案要案和整顿工作作风等方式，深入推进反腐倡廉斗争，取得重大成效。

进入21世纪后，山西省委、省政府一方面大兴求真务实之风，深入实践、深入基层、深入群众，及时发现新情况，认真解决新问题，反对官僚主义和形式主义；另一方面又制定出台了落实中央建立健全惩治和预防腐败体系实施纲要的《意见》，进一步加大反腐倡廉、治理腐败的力度，先后组织了收受礼金和有价证券、公款旅游、党政领导干部违反规定在企业兼职、领导干部利用婚丧嫁娶收取钱财等专项治理，集中开展了以清车、清房和制止奢侈浪费为主要内容的治理工作。2008年7月，山西省在煤焦领域组织开展了反腐败专项斗争。

2014年9月以来，山西省委认真落实以习近平同志为核心的党中央对山西工作的重要指示，狠抓全面从严治党，以壮士断腕的决心惩治腐败，持之以恒正风肃纪，不断推动管党治党由"宽松软"走向"严紧硬"。以连续集中教育夯实思想基础，以严肃党内政治生活锤炼政治能力，以正确选人用人导向引领从政风气，以深化监察体制改革提升治理效能，构建了"六个从严"的大格局，全面从严治党不断取得新成效，实现了政治生态由"乱"转"治"，推动山西各方面建设和发展迈上新的征程。

四、党内法规制度建设不断加强

改革开放40年来,山西省委和全省各级党委把党的思想、组织、作风等方面建设的成果不断地转化为制度形态。其中,20世纪80年代山西省委出台、批转的《关于选拔培养优秀中青年干部的意见》《关于加强农村基层党组织建设的意见》,90年代出台的《关于加强党的建设、改善党的领导、促进山西经济上新台阶的意见》《关于贯彻〈中共中央关于加强党的建设几个重大问题的决定〉的实施意见》,以及进入21世纪后,山西省委在贯彻落实中央关于保持共产党员先进性长效机制4个文件的基础上制定的实施意见和《山西省推荐领导干部工作规定》《山西省考察领导干部工作规定》《山西省讨论决定领导干部工作规定》等规定,这些都保证了党的建设走上规范化、制度化的道路。

十八大以来,山西省委把党内法规制度建设作为全面从严治党的重要举措,加大力度推进党内法规建设工作。截至2014年底,山西省共分两个阶段清理党内法规和规范性文件,废止534件、宣布失效476件。与此同时,相继出台了《中共山西省委关于全面贯彻好干部标准树立正确用人导向从严管理干部的决定》《省管干部动议酝酿任免议事规则(试行)》《各级党委(党组)在干部选拔任用工作中严格执行民主集中制的办法(试行)》《关于做好甄别处理一批、调整退出一批和掌握使用一批干部工作的意见》和《关于加强县委书记选拔任用和管理监督工作的意见(试行)》《十一届省委常委会工作规则》《十一届省委书记专题会议工作规则》《十一届省委全会工作规则》《关于进一步贯彻落实中央八项规定精神的实施办法》等。这些党内法规的制定和颁布，进一步提升了山西省党的建设的制度化水平。

在党中央和山西省委的指引下，山西全省各级党组织在党建工作方面进行了积极的探索，不断丰富党的建设的载体和形式，拓展党的建设的内涵和外延，在实践中形成了不少具有研究和推广价值的做法和经验。例如，运城市盐湖区立足当地优秀传统文化资源，精心打造了爱国主义、廉政文化、红色文化、德孝文化、忠义文化等五大"教育基地"，深入开展舜帝德孝文化、关公忠义文化实践活动，使党员干部带头传承践行舜帝德孝文化和关公忠义精神的过程，升华为培育忠诚担当、厚德载物、无私奉献的人格品质，为讲好党内政治文化建设的"山西故事"进行了积极探索。开展习近平总书记系列重要讲话精神进机关、进学校、进企业、进农村、进社区、进家庭、进党校的"七进"活动，采用"理论宣讲员+小广播+口袋书+墙体画"等形式，使系列重要讲话精神在广大党员干部中入脑入耳入目入心，不断夯实了党的思想建设根基。在深入盐湖区党政机关、农村、社区、学校和企业进行全面调研的基础上，2017年9月，中央党校党建教研部与盐湖区签订了优秀传统文化和党内政治文化建设课题研究项目合作协议，该课题被中央党校列入党建重点课题。

第十三章
在新一轮改革开放中彰显山西气魄

1987年,中国改革开放的总设计师邓小平同志坚定地指出:"我们要赶上时代,这是改革要达到的目的。"30多年后,习近平总书记进一步指出:"改革开放是决定当代中国命运的关键抉择,是党和人民事业大踏步赶上时代的重要法宝。"改革是中国40年不变的时代呼声,是兴国强国之路。党的十八大以来,习近平总书记亲任组长抓改革,啃骨头、涉险滩,登高望远、蹄疾步稳,开创了全面深化改革的新局面。目前的山西,正努力推动转型发展,实现振兴崛起。振兴动力源自改革,转型发展更有赖于改革。山西省委将改革放在全局工作的核心地位,力求在新一轮改革开放中彰显山西气魄,让山西更多的改革进入全国第一方阵。时不我待,山西必须直面矛盾和问题,以振臂一呼、舍我其谁的勇气,坚定不移地推进改革,以"咬定青山不放松"的定力和久久为功、驰而不息的韧劲,真改深改狠改。回首改革开放40年走过的路,唯有改革才能突破重围,才能涅槃重生。山西今后的发展,取决于今天的选择;山西改革开放的程度,决定着山西的未来。

第一节　永远铭记改革开放 40 年的宝贵经验

改革开放 40 年来，山西经济社会发生了巨大变化，人民群众的生活水平大幅提升。然而，经济的每一次飞跃发展，社会的每一次重大进步都与改革息息相关。40 年改革开放的历程为全省今后的发展积累了宝贵的经验。

经验之一，必须坚持解放思想，更新观念，不断清除改革开放和加快发展的思想障碍。解放思想是中国共产党在成长过程中形成的优良传统和宝贵经验。邓小平同志曾说："解放思想，开动脑筋，实事求是，团结一致向前看，首先是解放思想。只有思想解放了，我们才能正确地以马列主义、毛泽东思想为指导，解决过去遗留的问题，解决新出现的一系列问题，正确地改革同生产力迅速发展不相适应的生产关系和上层建筑，根据我国的实际情况，确定实现四个现代化的具体道路、方针、方法和措施。"正因为掌握了解放思想这一重要法宝，每逢遇到发展道路上的艰难险阻，在生死存亡的关键时刻，伟大的中国共产党才能够作出正确决择，克服困难，迈向新的征程。10 年"文化大革命"使国民经济濒临崩溃，当大多数人还沉湎于无产阶级专政下继续革命的氛围中时，以邓小平同志为代表的中国共产党人，在 1978 年这个决定中国命运的关键时刻，以极大的政治勇气，号召全党全国人民解放思想，实行改革开放，把党的工作重点转移到社会主义现代化建设事业上来，将党领导下的社会主义事业引向了正确的道路。当大多数人还沉迷在高度计划经济的思维模式中，把商品经济特别是市场经济视为洪水猛兽时，以邓小平同志为核心的党中央以卓越的领导魄力、高瞻远瞩的战略眼光引导人们正确把握商品经济和市场经济的本质特征和内涵。当人们还在为市场经济是姓"资"还是姓"社"而争论不休时，邓小平同志在1992年春天的"南方谈话"中进一步指出："计划多一点还是市场多一点，不是社会主义与资本主义的本质区别。计划经济不等于社会主义，资本主义也有计划；市场经济不等于资本主义，社会主义也有市场。"邓小平同志一系列关于社会主义市场经济的思想，从根本上解决了把社会主义与市场经济对立起来的思维束缚，对中国经济体制改革产生了极大的推动作用，成为全党把握改革方向和确定改革目标的基本理论依据。我们党领导的社会主义建设的伟大实践一再雄辩地证明，解放思想是我们找到正确方向，战胜一切困难的法宝，是我们党的优良传统，只要我们把这一优良传统发扬光大，我们就一定能冲破改革创新道路上的一个个难关，不断开创中国特色社会主义事业的新局面。

从历史上看，任何一次社会变革，无不以思想解放为先导，改革的深化也有赖于思想的进一步解放。回顾山西40年改革开放的历史，也正是一部不断解放思想、不断开拓创新的历史。进入改革开放新的历史时期以来，山西各级党委、政府、广大干部群众高扬解放思想的旗帜，改变传统观念、思维惯性，有力推动了经济发展和社会进步，山西这块华夏文明的重要发祥地放射出新的光彩，这个共和国的能源基地和老工业基地焕发出蓬勃生机，这方孕育"太行精神"的革命老区，人民生活质量得到极大提高，社会主义经济、政治、文化、社会建设以及生态文明建设和党的建设取得了显著成就。40年来，我们始终把解放思想作为一大法宝，把理论武装作为引领事业前进的先导，坚持用中国特色社会主义理论体系武装党员、教育人民、完善思路、推动发展。历届山西省委、省政府团结带领全省人民，解放思想、实事求是、与时俱进，在探索山西改革开放和现代化建设道路上取得一个又一个重要的思想成果、制度成果和实践成果。

当前，改革进入攻坚期和深水区，"容易的、皆大欢喜的改革已经完成了，好吃的肉都吃掉了，剩下的都是难啃的骨头"。在这样的情况下推进改革，不进一步解放思想，改革局面就打不开。与发达省份相比，山西省长期形成的保守心态、计划思维、利益藩篱相互叠加、根深蒂固，改革的阻力更大、成本更高，"动奶酪""啃硬骨头"的风险更多、任务更重，不解放思想，以更大的政治勇气推进改革，就很难取得实质性进展。因此，要全面深化改革，必须先解放思想，以敢于动真碰硬的政治勇气，在改革的实践战场上锤炼善于攻坚克难的政治智慧。当前的山西，要善于发挥改革的突破性和先导性作用，要围绕制约资源型经济转型的突出矛盾和问题，重点谋划实施一批重大举措，下决心先啃硬骨头，集中力量打歼灭战，以点带面，以重点领域的改革突破带动各项改革任务的全面实施。要进一步健全产业转型升级促进机制，打造能源革命的排头兵，持续推动能源供给革命、消费革命、技术革命、体制改革，建立健全新兴产业培育扶持机制，完善传统产业转型升级促进机制。要以创新驱动为核心，加快新旧动能转换，实施国家创新驱动发展战略，增强企业协同创新能力，培育打造创新创业平台，加快开发区创新发展，建设好转型综改示范区。要以市场化改革为方向，培育充满活力的市场主体，深化国企国资改革，不断优化国有资本布局、完善现代企业制度、健全国有资产监管体制、妥善解决历史遗留问题。要加快民营经济发展，使民营企业成为推动发展、增强活力的重要力量。要优化提升要素配置效率，加快推进财税体制、投融资体制改革，着力破解融资难、融资贵问题，用市场化的办法进一步加大对实体经济的支持力度。改革的蓝图一旦绘就，就要矢志不渝地提高改革的行动能力，把发展理念变成现实图景。

实践证明，必须坚持解放思想，不断清除改革发展的思想障碍，勇于破除不符合、不适应科学发展观的思想观念，才能推动经济社会又好又快发展。

经验之二，必须坚持实事求是，正确分析把握省情，把党和国家的大政方针与山西的具体实际结合起来，不断探索具有山西特色的加快改革开放的路子。实事求是，就是一切从实际出发，理论联系实际。实事求是，是无产阶级世界观的基础，是马克思主义的思想基础。过去我们搞革命所取得的一切胜利，是靠实事求是；现在我们要实现现代化，同样要靠实事求是。只有解放思想，坚持实事求是，一切从实际出发，理论联系实际，我们的社会主义现代化建设才能顺利进行。回顾改革开放40年的历史可以清楚地看到，什么时候坚持实事求是，党就能够形成符合客观实际、体现发展规律、顺应人民意愿的正确路线方针政策，党和人民的事业就能够不断取得胜利；反之，离开了实事求是，党和人民的事业就会受到损失甚至严重挫折。每一次影响并加速推动中国改革开放进程的重大举措，无不体现了中国共产党一切从实际出发、实事求是、理论联系实际、在实践中检验真理和发展真理的正确路线，而中国革命和建设的历史，就是在实践中不断解放思想、实事求是的历史。习近平同志指出："坚持实事求是，最基础的工作在于搞清楚'实事'，就是了解实际、掌握实情。这就要求我们必须不断对实际情况作深入系统而不是粗枝大叶的调查研究，使思想、行动、决策符合客观实际。"

改革开放以来，正是由于我们坚持了实事求是、与时俱进、求真务实的基本要求，我们才能不断推动中国特色社会主义伟大事业不断前进。可以说坚持实事求是，就能兴党兴国，就能实现中华民族伟大复兴；违背实事求是，就会误党误国，就会葬送中国特色社会主义伟大事业。

回顾40年来山西经济社会取得的巨大成就，同样与全省坚持实事求是的思想路线是分不开的。40年来，全省坚持不懈破解发展难题，保持了经济社会又好又快发展的新态势。依托资源优势，把山西建成了全国重要的能源重化工基地。在此基础上，不断推进产业结构优化升级。煤炭产业集中度和整体素质不断提升，资源回收率大幅提高，煤层气开采利用实现历史性突破，焦炭行业产能和出口量均居全国第一，太钢成为全球最大，装备、技术和管理最先进的不锈钢生产基地，以太原为中心的镁铝合金基地加快建设，装备制造业正在实现新的跨越，煤焦化、煤电铝、煤铁钢等产业链初步形成。与此同时，我们也要清楚地认识到，能源基地和老工业基地、资源型地区、欠发达地区、内陆省份，是山西最基本的省情，煤炭资源丰富、工业基础和原材料条件较好、自然人文资源丰厚，是山西最基本的优势。我们必须不断深化对省情特点和发展规律的认识，以科学发展观蕴含的世界观和方法论，在更广范围和更高层次谋划和推进山西的发展，在国际国内发展大环境中发挥比较优势、增创新的优势。

当前，山西和东部省份相比，差距很大；和中部其他省份相比，差距也不小。时代发展的步伐在不断加快，不进则退，慢进亦退。在这场你追我赶的发展竞赛中，山西明显落后了。思维之困、资源之困、发展之困，形成山西之困。山西之困，究其根本在于改革之困。

第十三章　在新一轮改革开放中彰显山西气魄

梳理此前山西改革之路，可以窥见某些端倪。无论是综改试验区建设还是国企国资改革，无论是政府简政放权还是涉及百姓利益的民生改革，仍有很大空间和余地。冰冻三尺非一日之寒，山西在改革的推进上，落下了步子，拉开了距离。我们必须要坚持实事求是的思想路线，对山西客观存在的问题要勇于面对。作为内陆省份，山西有自身的经济特点和区位特点，发展基础、发展环境、发展条件都不一样，改革和开放不应也不能简单照搬别人的经验和做法。因此，只有立足省情实际和本省的实际情况，创造性地确定改革思路，推进发展进程，才能走出一条既符合时代要求，又符合本地实际，具有自己特色特点的正确道路。作为典型的资源型地区，由于长期以来大规模、高强度、粗放式的煤炭资源开发，山西在为国家发展提供强有力能源支撑的同时，也付出了沉重的资源、环境和后续发展能力的代价，陷入了典型的资源型经济困境，突出表现为经济规模不大、结构不优、质量效益低下、生态环境破坏严重、民生欠账较多等，其中，产业结构的资源依赖是直观问题，资源依赖下的创新与人才挤出效应是深层次原因，生态环境与社会民生短板是伴生难题。破解难题、走出困境，必须正确把握山西省情，把党和国家的大政方针与山西的具体实际结合起来。如今，山西获批国家资源型经济转型综改试验区，山西必须要牢牢把握住这一重大的历史发展机遇，要充分认清山西经济发展的阶段与特征，把发展的方向搞对头，把转型发展的基础打好。要保持定力、持续用力，坚决跳出以往"市场好时无暇调整、市场差时无力调整"的怪圈，彻底摆脱对煤炭的过度依赖，充分发挥市场在资源配置中的决定性作用和更好发挥政府作用，形成促进转型发展的支撑条件和大环境，实现主动转型、创新转型、深度转型、全面转型，走出一条资源型省份创新驱动、转型升级新路,以局部的探索实践创造可借鉴可复制的发展模式。

经验之三,要把改革的着眼点和落脚点放在解放和发展生产力上。发展是执政兴国的第一要务。改革是解决矛盾、发展生产力的必由之路。邓小平同志强调指出:"革命是解放生产力,改革也是解放生产力……社会主义基本制度确立以后,还要从根本上改变束缚生产力发展的经济体制,建立起充满生机和活力的社会主义经济体制,促进生产力的发展,这是改革,所以改革也是解放生产力。过去,只讲在社会主义条件下发展生产力,没有讲还要通过改革解放生产力,不完全。应该把解放生产力和发展生产力两个讲全了。"这一精辟的论述,从解放生产力的高度,充分肯定了改革的重大作用,是对我国社会主义建设经验,特别是对党的十一届三中全会以来改革开放伟大实践经验的科学总结,是对马克思主义、毛泽东思想理论宝库的丰富和发展。40年来,从推行农村联产承包责任制,到建立社会主义市场经济体制,每一次重大改革都为我国经济社会发展注入了强大动力。今天,我们依然需要解放思想、实事求是、与时俱进,按照创新、协调、绿色、开放、共享的发展理念,在理论上作出创新性概括,在政策上作出前瞻性安排,加大结构性改革力度,不断释放经济社会发展的体制动力和内生活力。生产力是社会发展的最终决定力量。我们着力加强结构性改革,进而致力于全面深化改革,就是要坚持解放和发展社会生产力,这是中国特色社会主义政治经济学的核心要义,也是改革开放40年来的经验总结。习近平总书记鲜明地指出,必须以更大的政治勇气和智慧,不失时机地深化重要领域改革,攻克体制机制上的顽瘴痼疾,突破利益固化的藩篱,进一步解放和发展社会生产力,进一步激发和凝聚社会创造力。十八届三中全会以来,党和政府推出一批具有重大牵引作用的改革举措，正是为了矫正要素配置扭曲，扩大有效供给，提高供给结构适应性和灵活性，提高全要素生产率，把我国经济增长巨大潜力转变为现实，引领我国经济迈上新台阶。

改革开放40年来，山西在一些重点领域和关键环节取得了令人瞩目的成绩。但是，改革开放作为一场伟大革命，不可能一帆风顺，也不可能一蹴而就，发展中不可避免会遇到一些矛盾和问题。"发展出题目，改革做文章"，作为典型资源型地区的山西，破解资源型经济转型这个世界性难题，需要靠改革，也只能靠改革，靠改革来出实招、破难题、建机制。在新的历史时期，以习近平同志为核心的党中央作出深化供给侧结构性改革的战略部署，是适应、把握和引领经济发展新常态的重大创新，也是应对经济下行压力和破解供需不平衡等结构性矛盾的必然选择。国家资源型经济转型综合配套改革试验区是习近平总书记为山西指明的金光大道、是山西的二次创业，供给侧结构性改革赋予了转型综改试验区新的时代内涵，必须要用先行先试擦亮这个金字招牌。紧抓新一轮市场倒逼的历史机遇，进一步强化转型综改试验区建设的牵引作用，落实好"三去一降一补"重点任务，通过创新驱动，在推动发展内生动力和活力上根本性转变，全面深化、统筹推进经济社会各领域改革，形成围绕资源型经济转型的综合配套政策体系，大力促进资源型经济的转型升级。要坚持市场主导与政府引导相结合，充分发挥市场在资源配置中的决定性作用，强化组织引导和政策配套，着力推进改革落地实施，既要从制约山西资源型经济转型的体制机制障碍和供给结构不适应需求变化的具体矛盾顺推，直面问题、迎难而上，又要从全面建成小康社会的目标倒排，通盘谋划、分步实施。要充分利用好转型综改试验区这一"国"字号改革的政策优势和平台优势，持之以恒抓好改革任务的落实，推动改革取得实效，以改革促转型，逐步实现山西振兴崛起。

40年来的实践表明，通过深化改革来促进发展，通过发展来确保改革的深化，前进中出现的问题才能真正得到解决。只有牢记发展才是硬道理，一心一意谋发展，用改革的眼光、思路和办法，应对挑战，消除障碍，发展的道路才会越走越宽。

经验之四，必须坚持以人为本，把维护和实现人民群众的利益作为改革开放的根本出发点和落脚点。全心全意为人民服务，这是共产党人的根本宗旨，共产党人也一直在践行。改革开放40年的不平凡历程表明，只有全心全意为人民服务，为人民谋福祉，让人民群众享受到发展的成果，让人民幸福安康，国家才能在现代化道路上稳健前行，党才能不断获得人民群众的强力支持。党的宗旨要求改革的出发点和落脚点必须是维护和实现好最广大人民群众的根本利益。改革开放40年实践证明，我们党领导人民取得一个个胜利的过程，实际上也是使人民群众利益得到较好维护和实现的过程。我们党始终立足和落脚于维护人民群众的根本利益，才取得了政治、经济、文化、社会、生态等各方面的巨大成就。相反，我们党之所以遭受"文化大革命"等重大挫折，归根到底也是脱离或违背了人民群众根本利益的结果。党的十八大报告明确强调，"必须更加自觉地把以人为本作为深入贯彻落实科学发展观的核心立场，始终把实现好、维护好、发展好最广大人民根本利益作为党和国家一切工作的出发点和落脚点，尊重人民首创精神，保障人民各项权益，不断在实现发展成果由人民共享、促进人的全面发展上取得新成效"。党的十八届三中全会再次强调，全面深化改革"必须以促进社会公平正义、增进人民福祉为出发点和落脚点"。党的十八届

第十三章 在新一轮改革开放中彰显山西气魄

五中全会研究制定"十三五"规划重大问题时再次指出,"人民是推动发展的根本力量,必须坚持以人民为中心的发展思想,把增进人民福祉、促进人的全面发展作为发展的出发点和落脚点,发展人民民主,维护社会公平正义,保障人民平等参与、平等发展权利,充分调动人民积极性、主动性、创造性"。当前,我国社会主要矛盾已经转化为人民日益增长的美好生活需要和不平衡不充分的发展之间的矛盾,在社会阶层日益分化,利益矛盾更加复杂的情况下,我们党必须回答好、解决好改革为了谁,如何更好地维护和实现人民群众的多层次需要,如何使人民群众利益最大化、具体化、现实化等一系列问题。改革越处在攻坚阶段,越要坚守党的全心全意为人民服务的宗旨,越要把握好、维护好、实现好人民群众根本利益这个灵魂,这样的改革才是人民需要、欢迎的改革。

40年的改革实践中,山西始终坚持从党和人民的利益出发寻求改革的思路和契机,依据最广大人民的根本利益检验和推动改革开放的各项工作。人民是改革和发展的伟大动力,直接参与改革,因而也应该共享改革成果。目前,教育、就业、社会保障、医疗、住房、生态环境、食品药品安全、安全生产、社会治安、执法司法等诸多民生问题,仍然是全省经济社会发展的难题和瓶颈。而发展不足、改革滞后是导致这些问题产生的重要原因。如今,山西掀起新一轮改革,就是要让全省3700万人民有更多获得感和满足感。以省第十一次党代会为标志,全省全面深化改革进入一个新阶段。当前,全省各项改革已渐次铺开,山西省委、省政府在教育、医疗、就业、养老、生态、食药品安全、扶贫、社会治理等民生领域惠民政策连连出台,不断释放改革红利。与此同时,随着改革不断深入,市场监管、卫生计生、文化旅游、资源环境、农林水利、交通运输、商务流通、安全生产、城乡建设、城市管理等职能部门也开始相继发力,相信人民群众合法权益会得到更好保障,百姓福祉会不断增进。人民只有从改革中得到实实在在的好处,看到未来希望,才能衷心支持改革,不断增强着全社会的创造活力,形成全体人民团结奋斗的强大力量。

40 年辉煌成就来之不易,40 年创业经验弥足珍贵。我们要永远铭记改革开放 40 年的宝贵经验,将全面深化改革向纵深推进,努力走出一条资源型经济创新驱动、转型升级的发展新路,使山西振兴崛起迈出坚实步伐。

壶 口

第十三章 在新一轮改革开放中彰显山西气魄

第二节 以更大的政治勇气和智慧全面深化改革

1978年召开的党的十一届三中全会开启了新中国改革和发展史上的新纪元。40年改革,一路闯关夺隘。40年后的今天,面对阶层分化、利益固化的藩篱,我们必须以敢啃硬骨头,以"明知山有虎,偏向虎山行"的勇气,坚定不移地深化改革。这份勇气来自哪里?就来自改革开放的成功实践,来自我们对改革开放重大意义的深刻认识。就像习近平同志强调的那样,站在新的历史起点上,

我们的事业崇高而神圣，我们的责任重大而光荣。要实现中华民族伟大复兴的中国梦，就必须坚定不移推进改革开放。没有改革开放，就没有中国的今天；离开改革开放，也没有中国的明天。在整个社会主义现代化进程中，我们都要高举改革开放的旗帜，决不能有丝毫动摇。

历经40年不懈奋斗，大家深切体会到，改革开放是强国之路，是山西这样的后发地区加快发展的"牛鼻子"，山西面临的问题一定要通过进一步深化改革来解决。山西实现赶超发展必须坚定不移地全面深化改革，已经在全省上下形成共识。全省第十一次党代会以来，改革意识明显增强，改革举措密集出台，具有"四梁八柱"性质的改革措施基本推出，一些事关全省发展的重点领域和关键环节改革步伐明显加快，一些有利于增强经济发展新动力的改革红利不断释放，一些涉及人民群众切身利益的改革效应逐步显现，翻开了山西改革的新篇章。

山西的改革要敢为人先。审视全国大背景下的山西改革步伐，全省各领域、各方面改革的任务极其繁重，多年的欠账，积累下来可谓千头万绪。山西的改革需要"补课"，补思想保守、创新意识不强的课；补管理体制机制不顺、服务意识不强的课；补与西部发达省份经济发展差距的课。山西的改革需要"争先"，要在一些重点领域进行大刀阔斧的改革，敢为人先；要在探索资源型经济转型发展路上率先垂范，形成样板。要坚持把中央顶层设计与山西省情实际结合起来，自觉用改革办法解决发展中遇到的难题，加快现实性、牵引性、实效性的重大改革步伐。改革争先，就要往快里走、往深里改、往实处抓。要时刻把改革放在心上，抓在手里，再往前探一步，再往深走一步，再往实踏一步。

第十三章 在新一轮改革开放中彰显山西气魄

山西的改革要突出重点抓关键。"举一纲而万目张,解一卷而众篇明。"改革是一项系统工程,只有突出重点抓关键,才能事半功倍。2016年下半年以来,山西省委紧紧围绕山西"政治上塌方、经济上断崖"两大主要矛盾深化改革,坚持问题导向和目标导向相结合,聚焦引领性、基础性、关键性改革取得重大突破。供给侧结构性改革特别是煤炭供给侧结构性改革走在全国前列,截至2016年11月减产量占全国39%,一举扭转了煤炭行业连续26个月的亏损,扭转了PPI连续54个月的下行。用供给侧结构性改革赋予综改试验区建设新的内涵,提升综改试验区战略地位和牵引作用,为破解资源型地区转型难题探索新路。整合太原、晋中两市8个园区,高标准、高起点建设山西转型综改示范区,推动全省开发区整合、改制、扩区、调规,推行"三化三制"改革,推动开发区进行二次创新创业。用改革精神推动全面从严治党向纵深推进,坚持"巩固、深化、提高"全面构建良好政治生态,实现内聚人心、外树形象。

山西的改革要统筹兼顾抓全局。统筹意味着一种顶层设计,更是一种立足全局的执政智慧。"不谋全局者,不足谋一域"。全面深化改革必然要面对千头万绪、千变万化的矛盾和事务,要想保持整体的有序和有效,必须要做到统筹兼顾。当前,改革已进入全面深化阶段,山西省委在重点突破的同时,全面推动"五位一体"和党的建设各领域改革,取得了积极成效。经济领域,国家电力体制改革综合试点、煤层气审批改革试点等一批重点改革事项深入推进,转型升级、创新驱动步伐明显加快。政治领域,司法体制"1市8县"改革试点取得阶段性成果,公安改革取得积极进展,山西安全生产条例、环境保护、煤炭管理等一批法律法规密集出台,为全省改革发展提供了更加有力的法治保障。文化领域,推动现代文化市场体系、现代公共文化服务体系建设,全面迈向文化强省目标。社会领域,统筹推进教育体制改革、医疗体制改革、社会保障体系建设、信访制度建设、公共安全体系建设等重点改革事项。生态领域,推进矿山生态环境恢复治理,建立全省生态治理多元化投融资机制,完善排污许可管理制度,生态文明建设稳步推进。党的建设领域,推进党的组织制度、干部人事制度、人才发展体制机制、群团改革等改革事项,党的建设制度改革不断深化。

山西的改革,要不断创新科学方法,增强改革的系统性、协调性。改革是艰巨复杂的系统工程,推进任何一项改革,都会牵一发而动全局,必须讲求科学方法,提高改革整体效益。2016年下半年以来,山西省委提出改革工作要做到"三个搞清楚",之后又进一步提出了"三个三"抓改革的具体方法,其中,"三个搞清楚"是基础工作,即搞清楚中央和全省部署的重要改革事项落实情况;搞清楚全国同类改革先进经验和典型做法;搞清楚当下推动各领域改革的着力点,摸清底数、找到差距、明确方向。"三个分析"是分类指导,即对已推出的重要改革举措,分析哪些操作性比较强、落实效果比较明显;哪些过于原则、不便于操作、收效不大;哪些与群众切身利益关系密切的改革举措接地气不够、群众的获得感不强,做到心中有数、有的放矢。"三个层面"是政策落点,即统筹安排新提出的改革事项、需要修订完善的改革方案和需要督办落实的改革任务,科学谋划、措施具体。"三个三"是有机整体,核心是问题导向,关键是对标一流,根本是狠抓落实。通过"三个三"抓改革,把中央决策部署与山西实际有机结合起来,把山西改革实践与全国改革布局有机贯通起来,把改革的力度、发展的速度、社会的承受度和人民的满意度有机统一起来,开创全面深化改革新局面。

后　记

　　40年过去，弹指一挥间，中国的改革开放已经走在了"不惑"的时间节点上！回望来时路，在这40年时间里，由贫穷而富裕，由封闭而开放，由计划而市场，由"摸着石头过河"到加强"顶层设计"；在这40年时间里，从农村到城市，从沿海到内地，从经济到政治，中国共产党领导中国人民勇敢开创、胜利推进了一场轰轰烈烈、全面深刻的伟大的社会革命。40年来，"我们党团结带领全国各族人民不懈奋斗，推动我国经济实力、科技实力、国防实力、综合国力进入世界前列，推动我国国际地位实现前所未有的提升，党的面貌、国家的面貌、人民的面貌、军队的面貌、中华民族的面貌发生了前所未有的变化，中华民族正以崭新姿态屹立于世界的东方。"这一场伟大的社会革命推动泱泱中华迎来了从站起来到富起来到强大起来的伟大飞跃，这一场伟大的社会革命推动科学社会主义在21世纪的中国焕发出了强大生机活力，这一伟大的社会革命改变了世界经济政治发展的走势和格局。

　　筚路蓝缕启山林，栉风沐雨砥砺行。"经过长期努力，中国特色社会主义进入了新时代，这是我国发展新的历史方位。"

　　沐浴着改革开放的春风，从太行之巅到汾水之畔，从雁门关外到河东大地，古老的三晋大地焕发出了勃勃的生机，山西在改革开放40年里强劲发展、阔步前进，经济社会发展成就斐然，人民生活显著改善。

从家庭联产承包责任制起步，小流域治理、"四荒"治理、农村税费改革、社会主义新农村建设、土地林地确权、精准扶贫、乡村振兴，山西的农业、农民、农村发生了翻天覆地的变化；从国家能源重化工基地建设起步，到21世纪之初的产业结构调整，再到科学发展观指导下转型跨越发展，直至推进供给侧结构性改革、能源革命排头兵的提出，山西的工业经济、能源经济取得了突飞猛进的成就；从乡镇企业异军突起到国有企业放权让利，再到非公经济快速发展、股份制改革、现代企业产权制度建设，乃至《2018年山西省深化国企国资改革行动方案》出台、新型政商关系的构建，山西的经济主体数量增加、规模扩大、质量提升……特别是党的十八大以来，在以习近平为总书记的党中央坚强领导下，山西实现了"由乱转治""由疲转兴"。改革开放40年来，山西经济规模逐步壮大。1978年全省地区生产总值只有88亿元，2017年增加到14 973.5亿元，增长169.1倍，按可比价格计算，年均增长9.6%；人均地区生产总值365元，增加到40 557元，增长110.1倍。经济结构不断优化。1978年，山西三次产业构成比为20.7∶58.5∶20.8，呈现出第二产业占主导，第一产业比重偏高，第三产业滞后的"二一三"格局。2017年三次产业构成比调整为5.2∶41.3∶53.5，与1978年相比，第一产业比重下降15.5个百分点，第二产业比重下降17.2个百分点，第三产业比重大幅上升32.7个百分点。交通、水利、生态等基础设施建设取得长足进步。高速公路、高铁从无到有，民航由小到大，并不断扩展。到"十二五"末，全省规划的"三纵十二横十二环"高速公路网建成高速公路通车里程达5028千米、占规划里程的约70%。到2017年全省公路通车里程14.3万千米，铁路运营里程5121.6千米，分别比1978年增长3.47倍、1.49倍；民用机场建成运营7个，比1978年增加6个。社会民生事业发展进步。1978年至2017年，城镇居民

后 记

人均可支配收入由 301.4 元提高到 29 132 元，增长 95.7 倍；农村居民人均纯收入由 134 元提高到农村居民人均可支配收入 10 788 元，增长 105.2 倍。城镇居民人均消费性支出由 275 元增加到 18 404 元，增长 339.2 倍；农民人均生活消费支出由 91 元增加到 8424 元，增长 91.6 倍。城乡居民食品消费占消费支出的比重逐步降低，恩格尔系数分别由 1978 年的 55.5% 和 67.3% 降至 23.1% 和 27.4%。能源基础作用充分显现。作为改革开放以来国家布局建设的重要能源工业基地，40 年来山西是全国最大的煤炭产地和供应地，年产原煤量长期居全国第一、二位，占全国总量的 1/4 以上，累计产煤 160 多亿吨，70% 以上外输全国；是全国最大的焦炭产地和供应地，年产焦炭量占全国总量长期保持 1/4 以上，60% 左右外输全国；是全国外输电力大省，外输电量长期居全国前列，发电量的 1/5 ~1/4 外输全国。

回望改革开放 40 年，成绩使人自信，过程需要铭记，经验值得总结。本书就是基于这一目的而进行编撰的。本书简要回顾了山西改革开放 40 年的辉煌历程，初步总结了山西改革开放 40 年的伟大成就，在一定程度上展示了山西改革开放的全景全貌。本书由中共山西省委党校的崔建周、孙丽丽、孙磊、张爱权和山西省国资委的杨静负责编写。在编写过程中，大量参考了国内同行学者的研究成果和各地区、各部门提供的资料以及在新闻媒体上的报道，并得到中共山西省委宣传部、中共山西省委党史办公室及国家电网山西省电力公司等单位的协作与帮助，在此向他们致以崇高的敬意和深深的谢意。

改革开放是决定中国命运的关键一招。与全国相比，山西改革开放的任务还很繁重。我们要以习近平新时代中国特色社会主义思想为指导，以敢于涉险滩、敢啃硬骨头的精神，朝着全面深化改革的总目标不断奋进！

责任编辑：秦继华　高　雷
复　　审：武　静
终　　审：蒙丽丽

图书在版编目（CIP）数据

中国改革开放全景录·山西卷／《中国改革开放全景录·山西卷》编委会编著．—太原：山西人民出版社，2019.1
ISBN 978－7－203－10712－5

I.①中… II.①中… III.①改革开放－历史－山西 IV.① D61

中国版本图书馆 CIP 数据核字（2019）第 016658 号

中国改革开放全景录·山西卷
ZHONGGUO GAIGE KAIFANG QUANJINGLU·SHANXI JUAN

《中国改革开放全景录·山西卷》编委会　编著

山西人民出版社 出版发行
（030012　太原市建设南路 21 号）

山西人民印刷有限责任公司印刷　山西人民出版社经销

2019 年 1 月第 1 版　2019 年 1 月山西第 1 次印刷
开本：787 毫米 ×1092 毫米 1/16　印张：24.5
字数：300 千字
ISBN 978－7－203－10712－5　定价：86.00 元

天猫官网　http://sxrmcbs.tmall.com　电话　0351-4922159
发行营销　（0351）4922220　4955996　4956039　4922127（传真）
版权所有·侵权必究
凡购买本社图书，如有印制质量问题，我社负责调换。